Return of Youth

청년의 귀환

수도권과 지방 간의 인재순환

: 일 · 여가 · 공간 · 사회적 자본의 밸런스

엄창옥 · 노광욱 · 박상우

樋口義雄 · 太田聰一 · 李永俊

박영사

들어가는 말

악순환의 고리

청년집단에 관해 오랫동안 생각해 왔다. 지방의 많은 청년이 지속적으로 서울과 수도권으로 빠져나가고 있기 때문이다. 애써 양성해 놓은 지방의 인적 자원이 유출되니 그 지역의 경제적 역량이 취약해지고, 결국 우수한 인적 역량을 필요로 하는 지역기업까지 지방에서 수도권으로 따라나갈 수밖에 없다. 청년이 빠져나가 버리고 나니 청년을 대변하는 집단의 목소리가 작아지고, 이들을 위한 정치적·사회적 배려가 희미해지게 되니 마침내 청년을 중심으로 하는 문화가 허약해지고 만다. 말하자면 청년을 핵심 고리로 하는 '지방의 악순환'이 우리 지방사회에 경향성으로 뿌리 내리고 있다. 이제 지방에는 청년을 머물게 할 구심력이 존재하지 않는다. 요즘 회자되고 있는 '지방소멸'의 뿌리도 여기에 있다.

지방사회를 뿌리 채 흔드는 청년 유출의 원인이 무엇일까. 일반적으로 그 원인을 경제적 요인에서 찾아왔다. 그래서 청년문제에 관한 대부분의 논의는 노동시장을 근간으로 하는 일자리 문제로 수렴되어 버리고 만다. 이러한 관점은 호황국면에서는 일반화될 수 있을지도 모른다. 그러나 2008년 세계금융위기를 겪으면서 10여 년 전부터 한국경제는 장기적 저성장 국면에서 벗어나지 못하고 있다. 그로 인해 최근에는 서울의 경제적 수용력이 약해지면서 서울인구가 줄어드는 현상이 나타나고 있다. 지방의 관점에서 보면 노동력이 지방으로 회귀하고 있는 것이다. 새로운 흐름이다. 그러나 좀 더 자세히 들여다보면 2010년경부터 나타나는 지방회귀는 장년층 그리고 노년층에게만 일어나고 있고 청년층의 지방 유출은 멈추지 않고 있다는 점을 발견할 수 있다. 이러한 현상은 서울의 경제적 구심력이 떨어지고 있기 때문인 것이지 청년을 끌어들이는 지방의 구심력이 강해져서 일어난 것이 아니다. 그러므로 머지않아 서울과 수도권의 경기가 회복되어 경제적 구심력도 복원되면 이 경향은 사라질 가능성이 높고 청년층 유출은 더욱 가속화될 것이라고 추론할 수 있을 것이다. 언제까지 이러한 반복이 계속되어야 할까. 이것이 이 책을 쓰게 된 원인이다.

우리나라는 지방경제를 활성화하기 위해서 지역적 특성에 맞는 지방활력산업을 육성하여 왔고, 다양한 지역적 인센티브를 기획하고 제공해 왔다. 때로는 대규모 산업단지를 조성하고 대기업 유치와 해외투자 유치에 노력해 왔다. 이러한 노력이 일정한 성과를 얻었고, 앞으로도 계속되어야 한다. 그럼에도 불구하고 청년유출의 행렬은 멈추지 않고 있다. 왜일까? 이 책의 잠정적인 결론은 경제적 요인만으로는 청년문제를 해결할 수 없다는 것이다. 이제는 청년유출을 바라보는 관점을 바꾸어야 한다. 경제적 요인을 넘어 사회·문화적 요인 그리고 자연 환경적 요인으로 관점을 확장할 필요가 있다는 것이다. 왜냐하면 경제는 시장의 원리에 의해 움직인다고 백 번 양보한다 하더라도, 사람은 시장의 원리에 의해서만 움직이지 않을 것이기 때문이다. 나아가 21세기를 사는 동시대의 청년세대는 20세기 산업화 시대의 기성세대와는 매우 다른 문화적 성향을 가지고 있기 때문이다. 오늘날 청년세대의 삶의 특징을 「유목적 삶(Nomade)」이라고 부르는 것처럼, 이들은 바람과 구름과 비처럼 '역사 바깥'에서 서성이며, 위계질

서로부터 탈주하는 이들이다. 동시에 이들은 정주민의 성읍에 들어와 기존의 형식을 파괴하고 변혁하는 '힘의 침입자'이기도 하다. 이 책은 이러한 유목적 청년을 어떻게 하면 지방도시에서 '텐트'를 치고 풍요로운 생활을 꿈꾸게 할 수 있는가에 관심을 집중하고 있다. 그것만이 악순환의 고리를 끊는 길이라고 생각하기 때문이다.

변경인으로서의 지방 청년

지방 청년의 서울 이동은 개인적으로는 기회와 가능성을 위한 자유로운 선택의 결과이다. 그러나 이러한 청년유출은 지방사회의 재생 가능성을 약화시키고 지방의 복원력을 취약하게 하는 거시적 결과를 낳는다. 그렇다고 해서 청년의 선택과 지방소멸 간의 상충관계를 청년의 탓으로 돌릴 수는 없을 것이다. 이러한 상충관계를 상생관계로 전환하는 일은 지방사회의 몫이다.

왜 청년은 지방을 떠나야만 하는가? 세 가지 측면에서 21세기 초반을 사는 한국의 지방 청년은 변경인(邊境人)이라 생각된다. 이들은 지방 사회의 중심에 주체적으로 선 적이 없었다.

첫째, 지방 청년은 4차 산업혁명이라고 하는 새로운 문명의 초입에 서성이고 있는 변경인이다. 청년은 멀지 않은 장래에 인공지능, 빅데이터, 사물인터넷 등에 기반을 둔 새로운 기술혁신이 한국의 산업구조를 빠르게 전환시킬 것이라는 전망에도 불구하고 자신들이 살고 있는 지방은 20세기형 공장제 대량생산체제의 생산과정과 위계적 노동과정에 여전히 머물러 있다는 인식이 강하다. 이들의 눈에는, 서울과는 달리, 자신이 살고 있는 지방에는 여전히 대량생산 산업구조에 최적화된 교육훈련시스템이 지배하고 있고, 그래서 4차 산업혁명에 의한 산업별, 직종별 일자리 소멸의 충격이 자신들이 살고 있는 지방에 집중될 것이라는 위기를 직감하고 있다. 침몰하는 배에서 떠나야 한다는 동물적 감각으로 지방을 탈출하는 것은 어쩌면 합리적인 행동일 것이다.

둘째, 지방 청년은 지방 고유의 전통적 관습과 신세대 풍물 간의 경계에 서 있는 변경인이다. 386세대로 대변되는 기성세대는 산업화를 이루고 민주화를 성취한 위력 있는 세대이다. 그래서 자신감으로 가득 차 있다. 기성세대는 졸업하자마자 번듯한 직장에 취업하였고, 그간의 수고로 소득수준도 높아졌으며, 부동산 가격도 크게 올라 청년세대로는 감히 꿈도 꿀 수 없는 수준으로 큰 부를 이루었다. 그래서 기성세대는 청년세대에게 무용담으로 할 말이 많다. "우리 때는 말이야…", "요즘 애들은 이래서 안 돼, 우리 시절에는……". 그래서 그들은 권력세대가 되었고 꼰대세대가 되고 말았다. 결국 기성세대는 청년세대와 소통이 불가능하게 되었고, 이들 앞에서 청년은 점점 위축되어 할 말이 없어지고, 변경으로 밀려나가고 말았다. 이러한 경향은 지방의 전통적 관습과 결합되어 청년세대의 말문을 막아버렸다. 이 세대 간 갈등의 경계점에 지방의 청년세대가 주눅 들어 서 있다. 이런 갈등은 정치적 갈등, 고용 갈등으로도 확산되어 총체적 갈등으로 귀착된다. 헬조선을 외치는 청년은 3포·5포·7포·N포 세대이다. 청년실신시대, 심지어는 청년달관시대(이런 말들을 더는 언급하고 싶지 않다)에 청년들이 지방사회에서 변경인으로 살고 있는 것이다.

셋째, 그래서 청년은 도시 안에서 변경인이다. 유년세대와 노인세대는 복지라는 범주 안에서 배려의 대상이 되고 있지만, 청년세대는 아니다. 미숙아로 취급을 받고 있다. 이들은 학생이기도 하고, 취업준비생이면 취직될 때까지 도서관이며 학원을 전전긍긍해야 하기 때문이고, 취업 초년생이면 직장 안에서 3년은 보지 못한 듯, 듣지 못한 듯, 말하지 못한 듯 지내야 하기 때문이다. 그런데 지방의 청년은 서울은 그렇지 않을 것이라고 막연히 생각한다. 기득권층의 지배력이 희석되고 익명의 공간에서 상대적으로 자유로움을 확보할 수 있는 서울을 생각한다. 지방 청년은 지방에서 잠잠히 죽어지낼 바에야 차라리 이 공간을 떠나야겠다고 결심할 수밖에 없을 것이다. 이처럼 청년세대에게는 자신이 살고 있는 도시공간에서 아무런 권리도 없다. 단결도 하지 못하고 정치적 지위도 없다. 그래서 그들은 자신의 몫을 늘 챙기지 못한다. 이제 청년세대가 지역에서 당당한 주체로 서기 위해서는 우리의 청년에게 자신들이 살고 있는 도시에 대한 발언권·설계권·주거권과 같은 권리들을 되돌려 주어야 한다.

청년의 도시에서의 권리

청년은 그의 도시에서 자신의 권리를 이야기할 수 있는가? 1968년, 프랑스에서는 68혁명을 경유하면서 도시에 대한 관점에 큰 변화가 있어났다. 당시 프랑스 청년은 프랑스의 도시공간은 개인적 사유지의 집합이 아니라고 생각했다. 도시공간은 도시 거주민이 공유하는 집합적 공간이며 따라서 집합적 거주민이 공동으로 만든(디자인 한) 집단적 작품이라고 생각했다. 그러므로 도시에 거주하는 거주민이라면 누구나 도시가 제공하는 서비스를 받을 수 있는 권리가 있으며 나아가 도시로부터 서비스를 요구할 권리를 가진다고 생각했다. 소위「도시사회운동」이 발흥한 것이다. 지금은 익숙해져 있지만, 당시 청년들은 도시공간에서의 교육에 대한 권리, 주거에 대한 권리, 안전에 대한 권리, 위생에 대한 권리, 도보와 교통에 대한 권리, 자연 환경에 대한 권리, 광장 접근에 대한 권리 등을 요구했다. 이러한 일상적인 도시에 대한 요구들은 도시 거주민이 각자가 스스로 찾아 해결해야 하는 개별적 문제가 아니라 도시에 사는 주민이라면 누구나 당연히 누려야 할 그리고 요구해야 할 '도시에 대한 권리'로 정착해 왔다. 그리고 이러한 도시에 대한 권리가 지금 도시사회운동을 통해 진화하며 확장되고 있다.

　그렇다면 우리나라 지방 청년의 도시에 대한 권리는 어떠한가? 지방도시에서는 기존의 지배권력이 도시권을 독점하고 있고 지방 청년은 수동적 수혜자일 뿐이다. 최근에 와서 청년실업률이 10% 이상을 웃돌고 세대 간 갈등이 문제시되자 지방정치권력은 도시 한 모퉁이에 청년공간을 마련해주고 청년과 대화를 한다고 청년원탁회의를 개최하곤 하지만 허공에 외치는 소리일 뿐이다. 청년수당이니 청년배당이니 하는 이름으로 동냥하듯이 푼돈을 나누어 주면서, 언론에서는 그 비아냥거림이 도를 넘고 있다. 정치적 세력으로 성장하지 못한 청년세대는 도시에 대한 권력으로부터 철저히 배제되어 있다. '대상화된 청년'만이 존재할 뿐이다. 그래서 청년들은 청년정책으로 인해 늘 피곤하다.

　이 책은 청년을 분석 대상으로 삼고 있다. 그러나 우리가 주목하는 것은 대상화된 청년이 아니라 '살아있는 청년'을 희구한다. 살아있는 청년이란 자기 스스로를 실증하는 활동·운동적 상태에 있는 청년을 말한다. 이러한 청년에게는 생래적(生來的)으로 도시에 대한 권리가 내장되어 있다. 청년에게는 청년세대가 자신들의 새로운 문화를 도시공간 속에 디자인함으로써 청년적 공간을 창출할 권리, 그 공간에 접근·사용할 권리가 있으며, 도시 의사결정의 중심에 서서 자신의 정체감을 확보해 가는 참여의 권리 또한 있다. 이처럼 청년 스스로 도시에 대한 자기 권리를 확인함으로써 청년을 도시의 한 주체로 든든히 서게 하는 일이 지방도시의 구심력을 복원하는 길이다. 기존의 지배권력은 청년의 도시권을 청년에게로 돌려주어야 할 것이다. 만일 지방도시가 구심력을 회복하여 지방 청년의 귀환이 가시화되면, 그것은 지방경제 활성화 정책의 결실이 아니라 청년이 사회를 변혁하기 시작하는 징후일 것이다.

이 책이 나오기까지

이 책은 경북대학과 일본 히로사키대학(弘前大學)이 공동으로 한국연구재단(NRF)과 일본문부성(JSPS) 간 국제세미나프로그램에 선정되어 2010년부터 3회에 걸쳐 개최된 한일교류세미나의 산물이다. 2005년부터 진행되어 왔던 한일 비교연구의 주제는 1회 세미나에서는 「지역 청년노동시장의 특징」, 2회 세미나에서는 「지방청년의 수도권 유출」 그리고 3회 세미나에서는 「유출청년의 지방 회귀」였다. 이 교류과정에서 일본의 연구성과로 발간된 책을 2014년에는 『지역청년 왜 떠나는가』(박영사)라는 제목으로 한국어로 발간하기도 하였다. 우리는 그동안 진행되어 온 '유출 청년의 지방귀환 결정요인'에 관한 한일 비교연구결과를 정리하여 논문으로 작성하였고, 그 내용을 일반 시민과 공유하기 위해 평이한 문장으로 고쳐 써서 단행본으로 묶게 되었다. 이 자리를 빌려 13년간의 국제세미나에서 지역청년문제와 지역의 지속가능발전문제를 같이 연구·토론해 왔던 樋口美雄 교수(日本創成會議), 太田聰一 교수(慶應義塾大學), 李永俊 교수(弘前大學), 山田惠子 교수(東京學藝大學), 石黑格 교수(日本女子大學), 杉浦弘晃 교수(愛知大學), 李秀眞 교수(弘前大學)에게 진심으로 감사의 마음을 전하고 싶다. 동시에 감사의 마음을 전해야 할 분이 여럿 있다. 먼저 대구경북연구원의 김세나 박사와 대구광역시청 청년정책과 김요한 과장, (전)이상민 팀장에게도 감사를 드린다. 귀중한 실태조사 자료를 이용할 수 있도록 도와주었을 뿐만 아니라 지역청년문제에 관해 누구보다도 깊은 애정을 보여주고 있기 때문이다. 몇 년 전 청년 유출에 관한 책을 출판해주신 박영사 안종만 회장님께서 이번에는 청년 귀환에 관한 책을 시리즈로 출판해주신 것에 대해 감사를 드린다. 그리고 청년 귀환의 실태를 심층조사하기 위해 대구지역 청년 중에 서울에서 대학을 다니거나 취직한 청년들을 만나 인터뷰를 함께 진행했던 김두한 박사와 이경자 박사께 감사를 드리고자 한다. 그리고 여기에 이름을 밝힐 수 없지만 대학에서, 직장에서, 취업학원에서 면접에 응해준 대구청년들에게도 감사를 드린다. 그때가 겨울 초입 어느 날이었다. 유출 청년 심층면접이 서울 광화문 근처에서 진행되었는데, 저녁 늦게 면접을 마치고 나니 그때 마침 광화문 광장은 2016년 11월의 촛불로 꽉 차 있었다. 나는 면접을 마친 우리 청년들이 역사의 주인이 되어 광장의 촛불 속으로 조용히 스며들어가던 모습을 잊을 수가 없다. 이 책이 청년 이동의 현장에서 기록된 것인 만큼 지방 청년을 이해하는 데, 그리고 지방 청년이 주체로 일어서는 데 작게나마 기여할 수 있기를 바랄 뿐이다.

2018. 10.

저자를 대표하여 **엄창옥**

복현동 연구실에서

차 례
Contents

제Ⅱ부
일본의 지방창생과 청년귀환

제Ⅲ부
경험의 공유와 청년귀환 정책

제7장 한국과 일본 청년의 지역귀환 행동의 결정요인 비교

제8장 지역청년의 정착과 귀환을 위한 정책방향

제 I 부

한국 청년의 정착과 귀환

제 1 장

•

지역청년의 수도권 유출과 지역쇠퇴

제1절 청년유출과 지역위기

■ 지역인구구조의 변화

최근 우리나라는 지금까지 한 번도 경험하지 못했던 문제에 직면하고 있다. 과거에도 전쟁이나 전염병 등과 같은 이유로 인구감소 현상이 있었지만 지금의 인구감소는 자연적 축소라고 할 수 있다. 통계청에 따르면 한국의 인구는 2031년에 5,296만 명으로 정점에 이른 뒤 내리막길을 걷게 될 것으로 예측하고 있다. 지금과 같은 추세라면 약 100년 후인 2118년에는 인구가 지금의 절반수준으로 떨어질 것이란 전망이 나오게 된다. 지역에 따라 인구감소가 본격적으로 시작된 곳도 있다. 지난 10년간(2005~2015년) 전국 226개 시·군·구 중에서 인구가 순감소한 지역은 총 130곳으로 전체의 57.5%에 이른다. 이러한 현상의 배경에는 자연적인 인구감소의 영향도 있지만 수도권으로의 인구이동이 큰 요인이 되고 있다. 특히 수도권으로 청년층의 유출이 심각하게 나타나고 있다.

지역단위에서의 청년층 인구이동의 문제는 대체로 인구유출이라는 관점에서 파악되고 있다. 청년들의 지역 간 이동은 크게 1차 이동

(고등학교 → 대학진학)과 2차 이동(대학 → 직장)으로 구분할 수 있다. 대학진학단계의 경우 수도권 대학으로의 진학과 졸업 이후 수도권에 머물게 됨으로써 청년층 인재유출이 발생하는 것이다. 또한 지역 내의 대학을 졸업하였음에도 해당 지역에 머무르지 않고 수도권 등 타 지역으로 이동하는 문제 역시 인재유출을 발생시킬 뿐만 아니라 지역 내 노동시장 수급문제를 야기하게 된다. 대구와 경북의 경우 1차 이동과 2차 이동이 동시에 일어나고 있어 '인력적자'를 경험하고 있다. 이러한 청년들의 수도권으로의 이동은 다방면에 걸쳐 지역에 부정적 영향을 미치고 있다. 지역청년이 대학진학을 목적으로 이동하는 경우에는 지역의 순 부(富)가 유학비용의 명목으로 빠져나가고, 직장을 목적으로 이동하는 경우에는 막대한 규모의 인적자원 투자비용으로 빠져나가고 있다. 수도권은 지역의 우수 인력을 대량으로 흡수해 지역경제를 뿌리채 흔드는 결과를 초래할 수 있다. 인구이동으로 인해 인구가 감소한 지역들은 사회 인프라가 축소되는 것은 물론이고 장기적으로는 지역의 존속 기반까지 위협을 받게 된다. 한편 수도권으로 떠난 이들은 높은 거주비와 사회적 네트워크의 부재 속에서 점차 무한경쟁으로 내몰리게 된다.

특정 지역의 전체 인구구조에 결정적인 영향을 미치는 것은 저출산과 고령화이지만 중·단기적으로는 지역 간 인구의 전출·입에 의한 인구이동이라고 할 수 있다. 그중에서 가장 핵심적인 계층인 청년층의 이동이 문제가 되고 있다. 지역의 청년 인재들이 '수도권 해바라기'가 된 가장 큰 원인은 일자리를 비롯해 다양한 원인이 작용하고 있다. 지역의 청년 인재들이 지역에 뿌리를 내리고 행복한 삶을 영위할 수 없다면 미래의 지역경쟁력도 취약해질 수밖에 없을 것이다.

■ 청년유출이 지역에 미치는 영향

어떤 지역이 지속적으로 성장발전할 수 있는가? 여기에 대한 대답은 지역경쟁력을 확보하고 있는가 하는 말로 연결될 수 있다. 경쟁력이 있는 지역은 성장하고 그렇지 못한 지역은 쇠퇴할 수밖에 없을 것이다.

지역의 경쟁력을 결정하는 주요 요인들은 상당부분 혁신역량과 관련된 요인이라고 할 수 있다. 해당 지역에 얼마나 많은 첨단기업들이 있는가, 연구개발 관련 인력이 양적 혹은 질적으로 충분한가, 지식기반 산업이 얼마나 존재하는가 등이 중요한 요인들로 손꼽힌다. 이러한 요인들의 바탕에는 인적자원이 있다. 지역에 혁신적인 인력이 충분하다면 외부의 기업이 지역으로 이주해 올 것이다. 하지만 반대로 인력이 충분하지 않다면 기업들은 혁신적인 고급인력을 찾아 타 지역으로 이전해 나갈 것이다. 지역의 혁신을 주도할 인력이 충분하지 못하면 지역발전도 도모할 수가 없다.

지역경쟁력에 대해 명확하게 정의하기는 어렵다. 하지만 많은 학자들은 지역경쟁력을 광의의 개념과 협의의 개념으로 나누어 설명한다. 광의의 개념에서는 주민의 소득수준을 유지하고 향상시킬 수 있는 능력으로 정의하고 있다. 반면에 협의의 개념에서는 마이클 포터가 제시하듯 주로 지역의 생산성으로 정의하고 있다. 즉 한 지역의 경제적 번영은 생산성 혹은 1일 노동투입에 따른 가치창출, 혹은 자본투입 규모 등에 의존한다고 보았다.

우리나라의 경우 지역발전위원회가 지역경제력의 하부지표로 있는 지역경쟁력지수에 관한 통계를 제시하고 있다. 지역경제력은 소득수준, 혁신역량, 인력기반, 산업발전 정도, 사회간접자본(SOC)과 재정력 등으로 구성되어 있다. 이들 지표 중에서 혁신역량지수는 지식기반경제에서 가장 중요한 경쟁력 요소로 간주되고 있으며 지역경제의 지속적 성장의 토대를 반영하는 지표라고 할 수 있다. 또한 인력기반지수는 지역경제의 생산과정에 노동투입을 반영하는 것으로 노동의 질과 양을 모두 포함한다고 할 수 있다.

지역청년들의 서울을 비롯한 수도권으로의 이동은 대체로 연령이 낮고 학력이 높을수록 이동률이 증가하는 것으로 나타나며, 지역의 경제적 특성이 이동의 방향을 결정짓는 데 매우 중요하게 작용한다. 이와 같이 지역경쟁력의 관점에서 볼 때 지속적인 청년층의 지역유출은 지역혁신역량을 떨어뜨릴 뿐만 아니라 지역경제구조를 약화시키는 부정적 영향을 미치게 된다. 이러한 유출은 인적자원의 질적인 측면과 양적인 측면에서 동시에 변화를 유발하게 된다. 인적자원의 변화는 생산성의 변화로 이어지게 되고 이는 기업이동과 밀접한 관련성을 가진다고 할 수 있다. 일반적으로 기업의 입지조건은 인력 및 원자재 확보, 수요지와의 거리, 관련 기업과의 거리, 교통편의성 등 다양한 공간적 요인에 따라 결정된다. 기업이동 요인 중에서 가장 중요하게 여기는 것은 혁신적인 인력의 확보라고 할 수 있다. 특히 4차 산업혁명이 전개되고 있는 지금의 시점에서 볼 때 고급인력의 확보는 기업유치와 지역산업구조를 고도화하는 과정에서 필수요소가 된다. 3D프린터로 만드는 자율주행차, 차세대 기술혁명 엔진인 5G기술, 제2의 석유라고 불리는 빅데이터 등은 모두 고급인력을 기반으로 하고 있다. 기업을 유치한 지역에서는 해당 기업의 종사자 수만큼 지역의 고용이 증가하게 되고, 이러한 고용의 증가는 지역소득 증가, 지역소비 증가, 지역 세수의 증가 등 선순환구조를 가지게 된다. 하지만 그렇지 못한 경우 선순환구조가 아니라 악순환에 빠질 가능성이 매우 높게 된다.

또한 비수도권 청년인구의 수도권 유출은 지역의 인구감소와 인구고령화의 가속화를 통해서 청년인구의 추가적 유출을 초래하고 결과적으로 지역의 존속을 위협할 가능성이 있다. '청년인구 유출→ 지역 인구감소 및 인구고령화 가속화→ 지역 활력 감소→ 청년인구 유출 규모 확대'라는 부정적 순환이 발생할 가능성이 우려된다. 이러한 악순환이 반복적으로 지속될 경우 '지방소멸'이라는 극단적인 결과가 초래될지도 모른다. 특히, 비수도권 청년인구 중에서 남성보다 여성 인구의 순유출 규모가 크다는 것은 지역에서 가임기연령 여성(20~39세) 수의 상대적으로 빠른 감소를 초래하여, 장기적으로 지역의 존속을 위협할 것으로 보인다.

제2절 청년유출의 실태

■ 국내 인구이동의 실태

지역 간 인구이동은 경제·사회·문화 등의 관점에서 불리한 곳을 떠나 자신에게 보다 유리한 곳으로 찾아가는 현상이라고 정의할 수 있다. 비록 같은 지역에 살고 있는 사람이라 할지라도 연령, 학력, 직업 등 개인적인 특성에 따라 이동의 여부 혹은 이동력이 다르게 나타난다. 이러한 현상은 다른 지역으로 떠났을 때 기대되는 이익이나 기존 지역에 있음으로 인해 발생하는 비용이 서로 다르기 때문에 일어난다. 마찬가지로 해당 지역이 거주자들에게 제공할 수 있는 임금수준이나 취업기회, 교육환경, 주거 등 다양한 형태의 기회수준이 다를 경우에도 유출과 유입이 일어나게 된다. 결국 인구이동은 개인적인 수준의 특성과 지역수준의 특성이 상호작용한 결과라고 할 수 있다.

인구의 이동은 연령에 따라 차별적인 특성을 보인다. 유년기에는 부모님을 따라 이동할 가능성이 높기 때문에 이동률도 높게 나타나지만 청소년기에 접어들면서 점차 낮아진다. 그러다가 대학진학이나 사회진출이 일어나는 20대 초반이 되면 높아지기 시작하여 20대 후반과 30대 초반에는 대학졸업, 취업, 결혼 등 생애과정에 따라 큰 변동을 보이게 된다. 연령에 따른 이동성의 변화는 정도의 차이는 있지만 일정한 패턴을 유지하고 있다고 볼 수 있다.

통계청에서 발표한 국내 인구이동의 실태를 보면 1970년 이후 지속적으로 증가하다가 2005년 879만 5천 명을 정점으로 그 이후에는 감소하고 있다. 2017년에는 715만 4천 명이 총이동하여 역대 가장 낮은 수치를 보이고 있다. [그림 1-1]에서 보듯이 1970년대 초와 같이 경제개발 초기에는 인구이동률은 매우 낮은 수준이었지만 경제개발이 본격화되기 시작하면서 급격히 증가하였다. 그 이후 전반적인 경기변동에 따라 인구이동이 등락을 보이고 있지만 전반적으로는 감소하는 추세에 있다고 할 수 있다.

이러한 이동을 연령별로 보면 2017년의 경우 20대(21.4%)와 30대(21.0%)에서 가장 높고, 70대(7.0%)가 가장 낮게 나타난다. 20대와 30대가 높게 나타나지만 증가율을 보면 30대보다는 20대의 이동이 더욱

[그림 1-1] 이동자 수 및 이동률 추이, 1970~2017

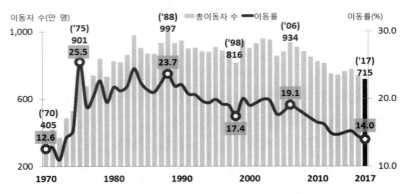

자료: 통계청(2018)

[그림 1-2] 연령별 이동률, 2007~2017

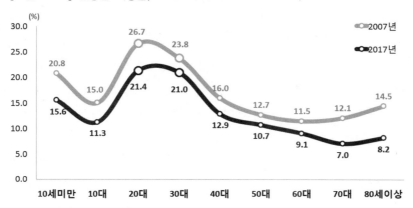

자료: 통계청(2018)

높게 나타나는데 이는 대학을 중심으로 하는 진학과 관련이 있는 것으로 보인다. 한편 성별로 보면 여성보다는 남성의 이동률이 조금 더 높음을 알 수 있다.

한편 성별 이동의 경우 [그림 1-3]에서 보듯이 2017년의 경우

[그림 1-3] 성별 이동률(2017)   (단위: %p)

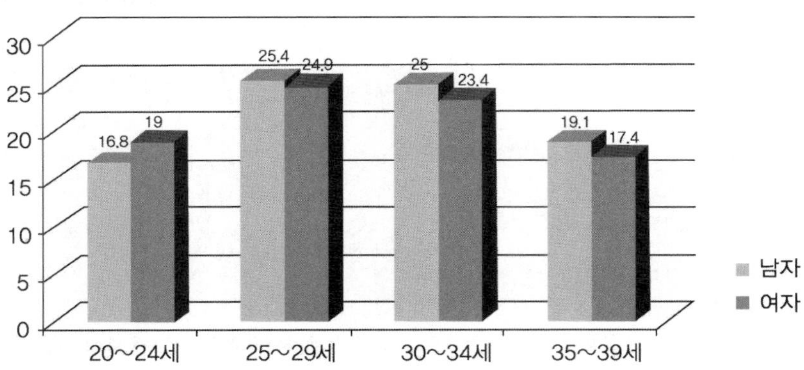

자료: 통계청(2018)을 기초로 작성

20대 초반에서는 여성의 이동이 남성 이동보다 많음을 알 수 있다. 이러한 현상은 20대 초반이 대부분 진학을 중심으로 이동하는 경향이 있음을 감안할 때 진학으로 인한 이동은 여성이 높게 나타난다고 볼 수 있다. 하지만 20대 후반부터는 졸업 후 취업과 관련한 이동으로 볼 수 있는데 이때는 여성보다는 남성의 이동이 더 크게 나타난다. 이러한 경향으로 볼 때 직장을 모색하는 반경이 여성보다는 남성이 더 넓은 것으로 추정할 수 있다.

이와 같은 전체 이동을 시도별로 전출입을 살펴보면 전입률은 세종(31.5%), 제주(16.3%), 서울(15.1%) 순으로 높고, 전출률은 세종(18.2%), 서울(16.2%), 대전(15.2%) 순으로 높게 나타난다. [그림 1-4]는 순이동률(전입률-전출률)을 나타내는데 세종, 제주, 충남, 경기 등의 순이며, 순이동자 수의 규모로는 경기(11만 6천 명), 세종(3만 5천 명), 충남(1만 9천 명) 등 7개 시도에서 순유입이 발생하고 있다. 반면에 전출자가 전입자보다 많아 순유출이 발생한 시도는 서울(-9만 8천 명), 부산

[그림 1-4] 시도별 순이동률 및 순이동자 수, 2017

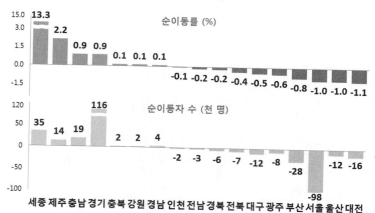

자료: 통계청(2018)

(-2만 8천 명), 대전(-1만 6천 명) 등 10개 시도이다. 서울의 경우 순유출이 많게 나타나긴 하지만 20대의 경우는 절대적인 유입현상을 보이고 있다. 대구의 경우도 순유출지역에 해당되며 1만 2천 명이 유출된 것으로 나타난다.

■ 도시별 청년유출의 실태

전반적인 인구이동의 규모도 중요하지만 보다 중요한 것은 지역의 핵심 인적자원이라고 할 수 있는 20대와 30대의 이동이라고 할 수 있다[그림 1-5]. 인구이동의 특징을 연령층별로 나누어 보면 대체로 중장년층에서는 이동의 정도가 약하지만 청년층의 경우 이동이 매우 크게 일어나고 있음을 알 수 있다. 20대의 경우 세종과 서울, 제주, 경기, 인천, 충남지역에서 순유입이 발생하고 있는 반면, 전남을 비롯한 11개 시도에서는 순유출이 발생하고 있다. 30대는 세종과 제주, 경기, 충남 등 7개 시도에서 순유입이 발생하고 있으며, 서울과 대전, 부산 등 9개 시도에서는 순유출이 발생하고 있다. 서울의 경우 30대에서 순유출이 발생하고 있다는 것은 서울에서의 직장모색이 원활하지 못함을 나타내는 것으로 볼 수 있을 것이다. 한편 대구의 경우는 10세 미만과 80세 이상을 제외하면 전 연령층에서 순유출이 일어나고 있다. 특히 20대의 유출이 가장 큰 비중을 차지하고 있어 문제점으로 지적되고 있다.

대구시의 경우 순유출은 전반적으로 줄어드는 추세이나 수도권이외 지방 광역시의 청년 순유출 폭이 전반적으로 확대추세를 보이고 있다. 대구의 청년 순유출을 보면 2014년에는 9,064명 2017년에는 5,716명으로 줄어들고 있다. 전체 순유출 인구 중에서 청년층이 차지하는 비중도 2008년 75.6%, 2011년 83.7%에서 2017년에는 47.7%로

[그림 1-5] 시도 및 연령별 순이동률, 2017

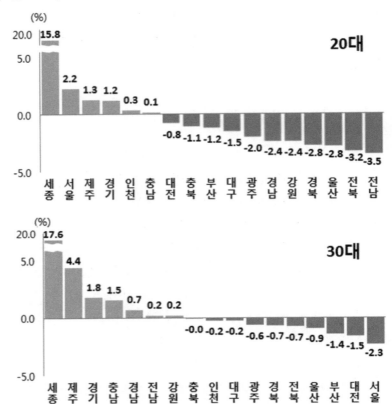

자료: 통계청(2018)

지속적으로 줄어들고 있음을 알 수 있다. 이러한 현상은 서울을 비롯한 수도권에서의 전반적인 경기침체와 더불어 수도권으로 진입하는 것이 반드시 유리한 것만은 아니라는 것을 반영하고 있다.

<표 1-2>의 청년 순유출 현황을 보면 대구의 경우는 감소하는 추세이지만 울산, 대전, 부산 등은 2016년 대비 청년 순유출이 급격히 증가하는 추세를 보이고 있다. 연령대별로 보면 20대 인구이동은 대전

〈표 1-1〉 대구시 청년 순유출 인구 수(비율)

(단위: 명, %)

연도별	2008년	2009년	2010년	2011년	2012년	2013년	2014년	2015년	2016년	2017년
청년 유출	-9,641	-8,668	-8,410	-8,364	-7,910	-7,813	-9,064	-6,912	-5,291	-5,716
인구 (명, %)	75.6%	68.4%	71.0%	83.7%	74.8%	68.8%	58.4%	53.5%	57.2%	47.9%

자료: 대구시 내부자료

〈표 1-2〉 주요도시 청년 순유출 인구

(단위: 명)

도시별	2008년	2009년	2010년	2011년	2012년	2013년	2014년	2015년	2016년	2017년
대구	-9,641	-8,668	-8,410	-8,364	-7,910	-7,813	-9,064	-6,912	-5,291	-5,716
부산	-21,165	-18,921	-17,323	-14,991	-14,141	-11,416	-9,031	-7,658	-9,852	-12,311
광주	-1,430	15	-156	-473	-2,744	-2,461	-3,259	-6,390	-4,824	-5,368
대전	-3,623	-3,123	-239	1,426	-30	167	-3,593	-7,228	-2,824	-5,042
울산	3,125	-1,699	-1,475	1,649	3,434	2,508	2,445	974	-3,127	-5,967

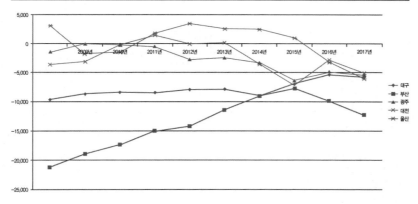

자료: 대구시 내부자료

(−1,684) < 광주(−4,098) < 울산(−4,410) < 대구(−4,987) < 부산(−5,642)
의 순으로 지방도시 전반적으로 순유출이 진행중이라고 할 수 있다. 30대
인구이동은 대구(−729) < 인천(−940) < 광주(−1,270) < 울산(−1,557) < 대
전(−3,358) < 부산(−6,669) < 서울(−36,865)의 순으로 나타나고 있다.

연령대별 유출현황을 보면 대구의 경우 20대 유출은 높은 반면
30대는 매우 낮게 나타나고 있다. 광주와 울산의 경우 대구와 마찬가
지로 20대 유출이 높게 나타나며 30대의 유출도 대구에 비해서는 높은
편을 유지하고 있다. 반면에 부산과 대전은 20대 초반의 유출은 낮으나
20대 후반부터 30대에 대거 유출하는 특징을 보이고 있다.

대구의 청년층 이동을 지역별로 살펴보면 20대와 30대 간에 차
이가 있음을 알 수 있다. 20대의 경우 전체 이동 중에서 전출을 보면
수도권으로의 전출은 38.5%이며 그중 서울이 22.2%로 가장 많고 다
음으로 경기도 13.7%, 인천 2.5%의 순이며, 비수도권으로의 전출은
61.5%이며 세부내역을 보면 경북 33.0%, 경남 6.7%, 부산 5.6%의 순
이다. 한편 전입은 수도권에서 24.3%로 서울 13.0%, 경기 9.4%, 인천

〈표 1−3〉 연령대별 전체청년 대비 순유출청년 비율(2017년)

연령별	대구		부산		광주		대전		울산	
계(%)	0.87	(100%)	1.34	(100%)	1.31	(100%)	1.17	(100%)	1.82	(100%)
20대	0.76	(87.2%)	0.61	(45.8%)	1.0	(76.3%)	0.39	(33.4%)	1.34	(73.9%)
20~24세	0.36	(41.8%)	0.09	(6.8%)	0.56	(42.9%)	0.14	(11.6%)	0.75	(41.4%)
25~29세	0.40	(45.4%)	0.52	(39.1%)	0.44	(33.4%)	0.26	(21.8%)	0.59	(32.5%)
30대	0.11	(12.8%)	0.73	(54.2%)	0.31	(23.7%)	0.78	(66.6%)	0.47	(26.1%)
30~34세	0.10	(12.0%)	0.42	(31.4%)	0.18	(13.4%)	0.38	(32.6%)	0.26	(14.3%)
35~39세	0.01	(0.8%)	0.31	(22.8%)	0.14	(10.3%)	0.40	(34.0%)	0.22	(11.8%)

자료: 대구시 내부자료

〈표 1-4〉 이동지역별(대구 ↔ 타 시·도) 청년층 순이동 현황(2017년) (단위: 명)

구 분	20대					30대				
	전출	비중 (%)	전입	비중 (%)	순이동	전출	비중 (%)	전입	비중 (%)	순이동
계(전국)	28,956	100	23,969	100	-4,987	19,363	100	18,634	100	-729
수도권 계	11,134	38.5	5,835	24.3	-5,299	5,275	27.2	4,324	23.2	-951
서울	6,441	22.2	3,106	13.0	-3,335	2,248	11.6	2,014	10.8	-234
인천	737	2.5	477	2.0	-260	405	2.1	416	2.2	11
경기	3,956	13.7	2,252	9.4	-1,704	2,622	13.5	1,894	10.2	-728
비수도권 계	17,822	61.5	18,134	75.7	312	14,088	72.8	14,310	76.8	222
부산	1,632	5.6	1,442	6.0	-190	1,059	5.5	1,118	6.0	59
광주	158	0.5	185	0.8	27	144	0.7	190	1.0	46
대전	665	2.3	435	1.8	-230	457	2.4	356	1.9	-101
울산	953	3.3	1,151	4.8	198	605	3.1	736	3.9	131
세종	180	0.6	65	0.3	-115	207	1.1	86	0.5	-121
강원	509	1.8	501	2.1	-8	349	1.8	301	1.6	-48
충북	566	2.0	452	1.9	-114	392	2.0	314	1.7	-78
충남	758	2.6	470	2.0	-288	562	2.9	393	2.1	-169
전북	250	0.9	244	1.0	-6	190	1.0	195	1.0	5
전남	266	0.9	249	1.0	-17	201	1.0	200	1.1	-1
경북	9,552	33.0	10,157	42.4	605	7,895	40.8	8,363	44.9	468
경남	1,934	6.7	2,531	10.6	597	1,700	8.8	1,862	10.0	162
제주	399	1.4	252	1.1	-147	327	1.7	196	1.1	-131

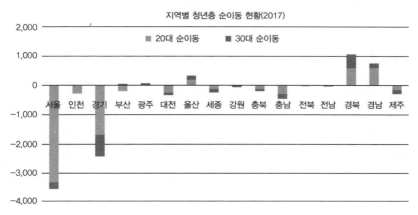

지역별 청년층 순이동 현황(2017)

2.0%의 순으로 나타나며, 비수도권에서는 75.7%의 전입이 있으며 경북 42.4%, 경남 10.6%, 부산 6.0%의 순이다. 전입에서 전출을 뺀 순이동을 보면 수도권으로의 이동은 순유출이 5,299명이며, 서울로의 유출이 3,335명으로 가장 많음을 알 수 있다. 반면에 비수도권 지역에 대해서는 순유입이 발생하고 있다. 경북에서 605명으로 가장 높으며 그 다음으로 경남 597명, 울산 198명 순으로 순유입이 일어나고 있다. 결론적으로 20대는 2017년에 4,897명의 순유출이 발생하였다.

한편 30대의 경우는 순이동의 규모가 20대에 비해 매우 작은 규모로 이동이 발생하고 있다. 특징적인 현상은 전출의 경우 수도권에서는 서울보다는 경기지역으로의 이동이 크게 일어나고 있으며, 비수도권에서는 경북지역이 40.8%로 압도적으로 많고 그 다음이 경남 8.8%, 부산 5.5%의 순이다. 전입의 경우 수도권 23.2% 중에서 서울이 10.8%로 경기 10.2%보다 높게 나타나고 있으며, 비수도권에서는 경북이 44.9%로 가장 높고 그 다음이 경남 10.0%, 부산 6.0%의 순이다. 이러한 현상은 20대와는 많이 다른 양상이다. 20대의 경우 서울을 중심으로 이동하였다면 30대는 경기지역을 중심으로 이동하였음을 나타낸다. 이는 20대의 움직임이 대학을 중심으로 발생하고 30대는 직장을 중심으로 이동하고 있음을 보여준다.

■ 지역 간 인구이동의 유형

앞에서 살펴본 전반적인 인구이동을 지역별로 연령별 순인구이동률을 보면 대체로 다음과 같이 다섯가지 유형으로 구분할 수 있다. 첫째, 전반적 인구증가형으로 거의 모든 연령대에서 인구유입이 발생하며 특히 20대와 30대의 젊은 층의 유입이 두드러진다. 이 유형에서는 인구의 이동으로 양적인 측면에서나 질적인 측면에서 연령구조의 개선과 인구규모의 성장이 동시에 일어나게 된다. 젊은층의 유입은 이들 젊은층이 중장년층으로 안정적으로 이어지게 되므로 인구구조의 고령화를 지연시키는 효과도 있게 된다. 둘째, 청년인구 증가형이다. 중장년층의 인구에서는 유출이 발생하지만 20~30대 중심의 젊은 인구가 높은 수준으로 유입되는 지역으로 서울과 울산이 해당된다. 유입되는 요인으로는 주로 일자리를 비롯하여 경제적인 측면이 강한 것으로 풀이된다. 청년층의 유입은 젊은 인력이 공급된다는 측면에서 지역의 인구구조에 매우 긍정적인 측면이 있다. 하지만 유입된 젊은층의 혼인과 출산이 지역 내에서 적절히 일어나지 않을 경우 생애주기적인 측면에서 지역의 인구구조의 안정성은 크게 떨어지게 된다. 셋째, 부양인구 증가형이다. 이들 지역은 젊은층의 유출과 고령인구의 증가가 동시에 발생하는 현상을 보이고 있으며, 광주와 대전 등이 여기에 해당된다. 인구의 연령구조에는 다소 영향이 있지만 전체 인구규모는 안정적으로 유지되는 특성을 보인다. 넷째, 청년인구 감소형이다. 거의 모든 연령층에서 인구유입이 발생하지만 20대 중심의 젊은층은 유출현상이 심하게 나타나는 지역이다. 주로 충북, 충남, 경남, 제주 등이 여기에 해당된다. 젊은층의 유출이 발생하기 때문에 지역의 역동성이

〈표 1-5〉 지역별 인구이동 유형

유형	특성	해당 지역
전반적 증가형	거의 모든 연령대에서 인구유입	경기 인천
청년인구 증가형	20~30대의 젊은 인구만이 유입	서울 울산
부양인구 증가형	이동인구와 고령 인구만이 유입	대전 광주
청년인구 감소형	20대 인구의 유출 거의 모든 연령대에서 인구유입	충북 충남 경남 제주
악화감소형	모든 연령대에서 인구유출	부산 대구 강원 경북 전북 전남

자료: 이상림(2014)

떨어지게 되고 장기적으로는 인구구조 경쟁력이 약화될 가능성이 있다. 다섯째, 인구구조 악화감소형이다. 청년층의 높은 유출이 발생함과 동시에 다른 연령대에서도 인구유출이 발생하는 지역으로 부산, 대구, 전북, 전남, 경북 등이 여기에 해당된다. 장기적인 관점에서 볼 때 인구구조의 경쟁력이 지속적으로 하락할 것으로 예상되는 지역이다. 이들 지역은 청년인구의 감소와 더불어 전체 인구규모도 감소하고 있다. 특히 대구와 부산은 중장년층의 인구감소도 동시에 진행되고 있어 중장기적으로도 인구구조가 악화되는 유형이라고 할 수 있다.

제3절   지역 청년층 유출의 특징

현재 한국은 수도권과 비수도권으로 인구의 양극화 현상이 일어나고 있다. 이러한 현상은 당분간 특별한 대책이 없는 한 지속될 것으로 보인다. 인구의 양극화는 극단적으로 지역소멸론까지 나오게 만들었다. 특히 청년층의 이동은 지역 인구의 적정수준을 유지함에 있어 매우 중요하다. 제2절에서 살펴본 인구이동의 흐름과 특징을 보면 대체로 ① 수도권 집중 현상, ② 대학진학과 취업으로 인한 유출, ③ 높은 청년여성의 유출, ④ 비수도권 광역도로 순유입되는 중장년의 특징을 갖는다고 할 수 있다(김준영 2016).

■ 수도권 집중 현상

지역에서 유출된 청년들은 대부분 서울을 비롯한 수도권으로 유입되고 있다. 이러한 지역 청년인구의 유출·입은 특정 연도의 출생집단의 연령대별 인구비율을 분석해 보면 알 수 있다. <표 1-6>에서와 같이 1986~1990년에 태어나서 1995년에 5~9세가 되는 인구를

〈표 1－6〉 특·광역시도별 86~90년 출생자의 연령별 인구규모 변화(5~9세＝100)

(단위: %)

	5~9세 (1995년)	10~14세 (2000년)	15~19세 (2005년 A)	20~24세 (2010년 B)	25~29세 (2015년 C)
서울	100	96.1	97.1	102.5	114.5
부산	100	97.3	95.9	92.9	84.9
대구	100	102.0	101.4	96.1	84.7
인천	100	98.0	95.0	96.2	99.8
광주	100	106.1	106.5	102.8	92.9
대전	100	104.8	106.0	105.2	101.4
울산	100	96.4	94.3	88.1	88.0
경기	100	102.0	104.7	111.2	119.7
강원	100	101.0	96.3	93.5	81.0
충북	100	102.3	99.9	97.6	92.0
충남	100	105.3	105.7	104.8	100.4
전북	100	101.5	96.7	88.7	74.5
전남	100	98.0	90.9	80.0	66.4
경북	100	97.2	93.5	90.7	80.2
경남	100	99.2	97.1	91.8	84.6
제주	100	101.1	99.1	95.0	92.6

100으로 두고 5년이 경과할 때마다 해당 연도에 태어난 인구집단의 규모가 어떻게 변하고 있는가를 추적하면 인구변동을 파악할 수 있다. 만약에 1995년의 5~9세 인구규모가 100이고 그 후 해당 지역에서 인구의 유출입이 발생하지 않았다면 이 연령집단이 25~29세가 되는 2015년에도 인구규모는 100을 유지할 것으로 예상할 수 있다. 하지만 이들 5~9세 아동이 성장하면서 다른 지역으로 유출된 규모

만큼 타 지역으로부터 유입이 없다면 출생집단의 규모는 100보다 작아지게 될 것이다. 반대로 순유입(전출인구 < 전입인구)이 발생했다면 출생집단의 인구규모는 100보다 더 커지게 될 것이다.

<표 1-6>을 보면 청년층 인구의 순유출이 발생한 지역은 비수도권 11개 지역이며 그중에서 전남의 인구유출 규모가 가장 크게 나타난다. 한편 인구가 순유입된 지역으로는 서울, 경기, 대전, 충남 등 4개 지역이다. 청년층이 차지하는 비중을 보면 경기도가 119.7로 가장 높고 서울도 114.5로 비교적 높게 나타나고 있다. 서울의 경우 2005~2015년 기간에 총인구는 1,017만 명에서 1,002만 명으로 감소하였음에도 불구하고 청년인구는 비교적 많이 순유입되었다. 지역별로 볼 때 청년층이 가장 많이 유출된 지역으로는 전남, 전북, 대구 순이다.

[그림 1-6] 연령별 인구 증감률

(단위: %p)

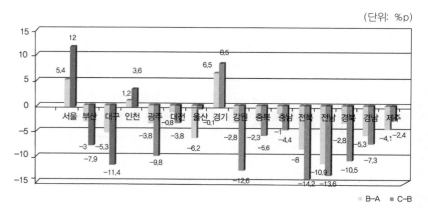

주: A, B, C는 <표 1-6>의 4, 5, 6열의 것임
자료: 통계청, 『주민등록인구현황』, 김준영(2016)에서 재작성

■ 대학진학과 취업으로 인한 유출

　　지방 청년인구 대규모 유출의 첫 번째 계기는 대학진학이라고
할 수 있다. 지역 간 교육격차가 크게 발생하고 있는 한국의 현실을
감안할 때 교육기회의 질적·양적 확대 측면에서 청년층의 이동이 발
생하게 된다. 이러한 변화는 연령별 인구구조의 변화를 통해 확인할
수 있다. 비수도권 청년 인구는 [그림 1－6]에서 보듯 15～19세에서
20～24세 사이에 첫 번째로 큰 폭으로 감소하였다. 특히 청년인구 유
출규모가 가장 큰 전남을 포함한 모든 특·광역시도에서 5～9세 인구
대비 15～19세 인구비율은 90.0 이상이 유지되나, 대학진학 연령인
20～24세가 되면 서울, 경기, 인천 등 수도권을 제외한 비수도권 전
지역에서 15～19세 대비 인구규모가 큰 폭으로 감소함을 알 수 있다.

　　15～19세와 20～24세 연령 사이의 인구규모를 보면 전남(－10.9%p) >
전북(－8.0%p) > 울산(－6.2%p) > 경남(－5.3%p) 등의 순으로 크게 감
소하였지만, 반대로 경기(＋6.5%p), 서울(＋5.4%p), 인천(＋1.2%p) 등에
서는 증가한 것으로 나타났다. 이러한 현상은 수도권 소재 대학에 진
학한 비수도권 출신 대학진학자들이 대거 유입함으로 인해 수도권의
20～24세 인구규모가 증가한 것으로 보인다.

　　<표 1－6>에 따르면, 비수도권 광역시는 광역도에 비해서 20～
24세 인구규모 감소폭이 상대적으로 작다. ‘5～9세 인구 대비 20～
24세 인구비율’(이하 20～24세 인구비율)은 부산 92.9, 대구 96.1, 광주
102.8, 대전 105.2 등 대부분 지역에서 90.0을 상회하였다. 이와 같이
비수도권 광역시가 비수도권 광역도에 비해 20～24세 인구비율이 상
대적으로 덜 감소하는 것은, 인근 광역도에 거주하는 고등학생들이
광역시 소재 대학으로 진학하면서 광역시 지역의 청년인구 감소를
완화시키기 때문으로 보인다.

　　비수도권 광역시 중에서 20～24세 인구규모가 90 이하로 감소하

는 유일한 지역은 울산(88.1)인데, 이는 울산은 광역시 중에서 유일하게 국립대학이 없고 4년제 대학 수도 상대적으로 적은 지역의 교육환경 특성이 반영된 결과로 보인다.

지방 청년인구의 순유출이 가장 큰 규모로 발생하는 연령은 병역의무를 마친 남자와 대학 졸업자의 다수가 첫 취업을 하는 25~29세이다. [그림 1-6]에서 보듯이 25~29세의 인구비율은 서울, 경기, 인천을 제외한 모든 비수도권 광역시도에서 감소하였다. 인구비율의 감소폭은 전북(-14.2%p) > 전남(-13.6%p) > 강원(-12.6%p) > 대구(-11.4%p) > 경북(-10.6%p) 등의 순으로 크다([그림 1-6]의 C-B 참조). 전북과 전남은 15~19세와 20~24세 사이에 비교적 큰 폭으로 인구가 순유출되었으나, 20~24세와 25~29세 사이에는 이보다 더 큰 규모의 인구 순유출이 발생하였다.

하지만 서울, 경기, 인천 등 수도권에서는 20~24세에 비해 25~29세 사이의 청년인구가 더욱 큰 폭으로 순유입되었다. 이러한 현상은 전반적으로 취업으로 인한 것이 가장 큰 원인으로 보인다. 수도권에서 취업을 계기로 청년층이 증가하는 것은 크게 두 가지 관점에서 설명이 가능하다. 하나는 진학을 목표로 수도권으로 진입한 청년이 수도권에서 직장을 구함으로 인해 고향으로 돌아가지 않는 경우이고, 다른 하나는 비수도권에서 교육을 받았던 청년들이 직장을 찾아 수도권으로 유출되었기 때문이다. 어떤 형태로든 비수도권에서 수도권으로의 청년이동은 비수도권 지역의 인적자원에 크게 영향을 미치게 된다.

■ 높은 청년여성의 유출

청년 여성인구의 순유출은 지역존속을 위협하는 요인이다. 마스다 히로야(2014)는 가임연령 여성(20~39세) 인구수를 지방존속을 좌

우하는 핵심 지표로 보고, 2040년에 이 20～39세 여성인구가 절반 이하로 감소할 것으로 전망된 일본의 기초자치단체 896개(전체의 49.8%)가 잠정적으로 소멸될 것으로 전망하였다. 이상호(2016)는 마스다 히로야의 방법을 적용하여 우리나라에서도 '20～39세 여성인구 비중'이 10% 이하인 79개 시·군·구는 소멸 위험이 높다고 진단하였다. 즉, 여성 청년인구의 이탈 → '20～39세 여성인구 비중' 감소 → 지역합계 출산율 감소 → 인구고령화 진전 → 인구 감소 → 지역 활력 저하 → 여성 청년인구의 이탈 가속화 → 지방소멸이라는 악순환이 우려되는 상황이다.

〈표 1-7〉 성별 청년인구 규모 변화

		5～9세 (1995년)	10～14세 (2000년)	15～19세 (2005년) A	20～24세 (2010년) B	25～29세 (2015년) C
서울	남자	100.0	96.3	96.5	97.8	107.6
	여자	100.0	95.9	97.7	107.8	122.3
부산	남자	100.0	97.3	95.8	92.6	83.4
	여자	100.0	97.3	96.0	93.2	86.7
대구	남자	100.0	102.3	101.3	96.1	83.1
	여자	100.0	101.6	101.5	96.2	86.8
인천	남자	100.0	97.8	95.0	96.2	99.5
	여자	100.0	98.1	95.1	96.3	100.2
광주	남자	100.0	106.2	106.6	102.7	92.2
	여자	100.0	105.9	106.5	102.9	93.7
대전	남자	100.0	104.6	105.6	104.2	101.0
	여자	100.0	105.0	106.4	106.2	101.9

		100.0	96.5	94.3	89.7	90.6
울산	남자	100.0	96.5	94.3	89.7	90.6
	여자	100.0	96.3	94.2	86.2	84.9
경기	남자	100.0	101.9	104.5	110.4	119.7
	여자	100.0	102.2	105.0	112.1	119.6
강원	남자	100.0	101.2	97.2	100.6	88.5
	여자	100.0	100.9	95.4	86.1	72.9
충북	남자	100.0	102.3	100.2	100.0	94.7
	여자	100.0	102.4	99.7	94.9	88.9
충남	남자	100.0	105.1	104.7	105.1	104.4
	여자	100.0	105.5	106.9	104.4	96.0
전북	남자	100.0	101.3	97.1	91.8	77.0
	여자	100.0	101.7	96.2	85.3	71.9
전남	남자	100.0	98.0	91.7	84.3	69.2
	여자	100.0	98.1	90.0	75.3	63.4
경북	남자	100.0	96.7	93.7	92.4	81.9
	여자	100.0	97.8	93.3	88.7	78.2
경남	남자	100.0	99.0	97.5	94.4	86.6
	여자	100.0	99.4	96.7	88.8	82.3

자료: 통계청, 『주민등록인구현황』, 김준영(2016)

비수도권 광역도에서 청년인구의 순유출 규모는 여성이 남성보다 크게 나타나고 있다. 강원, 충북, 충남, 전북, 전남, 경북, 경남 등 대부분의 비수도권 광역도에서 여성의 25~29세 인구비율이 남성보다 낮다는 것은 청년여성이 청년남성에 비해 인구 순유출이 더 많이 발생하고 있다는 것을 의미한다. 청년인구의 순유출 규모가 가장 큰 전남의 경우, 25~29세 인구비율은 여성이 63.4로 남성의 69.2에 비해 5.8%p가 작다. 강원도의 25~29세 인구비율은 남성이 88.5로 비교적

[그림 1-7] 연령별 여성 인구 증감율

(단위: %p)

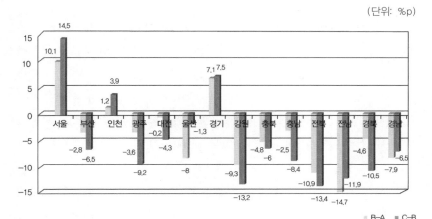

주: A, B, C는 〈표 1-7〉의 4, 5, 6열의 것임
자료: 통계청, 『주민등록인구현황』, 김준영(2016)에서 재작성

감소폭이 작은 반면에 여성은 72.9로 대폭 감소하였다.

　서울로의 인구 집중 역시 여성이 남성보다 뚜렷하다. 서울의 5~
9세 인구 대비 15~19세 인구비율은 여성이 97.7, 남성이 96.5로 남녀
간 차이가 거의 없으나, 20~24세 인구비율은 여성이 107.8로 남성
(97.8)에 비해 10.0%p가 높다(<표 1-7> 참조). 25~29세 인구비율에서
서울의 남녀 간 격차는 더욱 확대되어 여성이 122.3으로 남성(107.6)에
비해 14.7%p가 높다. 한편 같은 수도권에서도 경기도의 경우는 25~
29세 인구비율이 남성이 119.5, 여성이 119.6으로 남녀 간의 차이가
없다. 이와 같은 사실은 청년층 여성의 취업선호도가 높은 서비스업 일
자리가 서울에 집중되어 있는 현실이 반영된 것으로 보인다.

■ 비수도권 광역도로 순유입되는 중장년

중장년의 경우 청년층의 움직임과는 달리 서울을 비롯한 수도권에서 비수도권의 광역도로 순유입되는 현상이 발생하고 있다. 중장년의 경우 대부분 자녀들의 진학이나 본인의 직장에 대한 문제가 해결된 시기라고 볼 수 있다. 이들에게 있어 거주지에 대한 선택조건이 달라지게 된다. 앞에서의 분석과 마찬가지로 이번에는 1995년 시점의 35~39세 인구(1956~1960년 출생자)를 100으로 두고 5년 간격으로 동일연도 출생집단의 인구규모를 계산하면 중고령 인구의 유입과 유출규모를 알 수 있다. <표 1-8>에서 볼 수 있듯이 1995년 35~39세 인구를 100.0이라고 하면, 전국적으로 이 출생집단의 인구규모는 2000년에 98.2, 2005년에 96.2, 2010년에 97.0, 2015년에 95.2로 감소하였다. 이 같은 인구변동을 지역별로 보면 커다란 차이가 있음을 알 수 있다. 특히 수도권과 비수도권 도시 간에는 서로 다른 움직임이 일어나고 있다.

"집값에 고통받기 싫다"

서울 을지로의 중소기업에 근무하는 박모(38)씨는 동작구의 20평대 아파트에서 반(半)전세 아파트에 살다가 최근 '탈(脫) 서울'을 결심했다. 가족 4명으로 방 3개가 있는 30평대 아파트가 필요한데, 서울에선 외곽으로 나가도 30평대 아파트 전세가 4억원에 육박했기 때문이다. 그는 수도권 외곽 신도시 중 집값이 가장 저렴한 경기도 양주신도시로 다음 달 이사하기로 했다. 그가 이사할 'e편한세상 양주신도시 1차'는 30평대 아파트 전세금이 2억원 정도다. 박씨는 "쥐꼬리만 한 월급 받아서 월세로 60만원 잘라주고 생활비 걱정하는 생활에 지쳤다"며 "양주로 이사하면 출퇴근은 좀 힘들어도 새 집이고 월세 걱정은 안해도 될 것 같다"고 했다.

서울 집값과 전세금 강세가 이어지면서 주거비 부담을 느낀 30~ 40대들의 '서울 엑소더스'가 빠른 속도로 진행되고 있다. 통계청에 따르면 지난해 서울에서 경기도로 전입한 인구는 총 34만 2433명으로 나타났다. 이 중 30~49세는 13만 6602명으로 전체의 40%에 달한다. ▲2015년 14만 5356명(41%) ▲2016년 14만 8203명(40%) 등 3년간 총 41만 명의 30~40대 가 서울에서 경기도로 빠져나간 것이다.

○○○부동산114 리서치센터 팀장은 "서울은 중소형 아파트 한채 값이 5억원 넘는 곳이 많아 30~40대가 부모 도움없이 자력으로 내집마 련하기는 쉽지 않다"며 "임금이 집값 상승률을 따라가지 못해 젊은층의 탈 서울은 당분간 이어질 것"이라고 했다.

자료: 조선일보 2018. 4. 16

수도권에서 중장년의 인구규모가 가장 크게 줄어든 곳은 서울이며, 그 다음으로 인천지역이다. 특히 서울의 경우 청년층은 계속적인 유입을 보이고 있지만, 중장년의 경우 지속적으로 감소하고 있음을 알 수 있다. 1995년의 35~39세 인구를 100으로 두면, 2005년 (45~49세)에 87.9, 2015년(50~59세)에 79.4로 감소하여, 16개 특·광역시 중에서 가장 많이 감소하였다. 이와 같은 서울의 중고령 인구의 감소는 은퇴 후 경제적 수입은 그닥 없는 상황에서 높은 주택가격과 최근의 주택 전세가의 급격한 상승 등의 영향으로 서울의 중고령자가 대거 인근 경기도 지역으로 이주하고 있기 때문으로 보인다. 특히 이들의 이동은 귀농이나 귀촌으로 인한 것들도 다수 있을 것으로 보인다. 이러한 현상은 대구의 경우도 크게 예외는 아니다. 35~39세 인구 대비 55~ 59세 인구비율(이하 55~59세 인구비율)을 보면 부산과 대구는 90.0 이하로 감소, 그 밖의 광역도는 90.0 초반대로 하락하는 등 대부분의 대도시권에서 중장년 인구가 순유출되었다.

〈표 1-8〉 중·고령층의 연령대별 인구규모

(단위: %)

	35~39세 (1995년)	40~44세 (2000년)	45~49세 (2005년A)	50~54세 (2010년B)	55~59세 (2015년C)	증감(%p)	
						B-A	C-B
전국	100	98.2	96.2	97.0	95.2	0.8	-1.8
서울	100	92.5	87.9	86.1	79.4	-1.8	-6.7
부산	100	95.3	90.7	88.9	84.7	-1.8	-4.2
대구	100	97.0	92.8	90.9	86.5	-1.9	-4.4
인천	100	97.9	93.0	93.7	93.2	0.7	-0.5
광주	100	99.8	96.0	94.4	90.8	-1.6	-3.6
대전	100	101.3	98.9	97.2	92.9	-1.7	-4.3
울산	100	96.5	94.2	93.6	91.4	-0.6	-2.2
경기	100	103.1	106.7	110.5	110.7	3.8	0.2
강원	100	100.3	97.8	100.4	102.2	2.6	1.8
충북	100	101.2	100.0	103.6	105.7	3.6	2.1
충남	100	104.7	107.0	112.6	111.0	5.6	-1.6
전북	100	99.9	96.4	96.9	97.5	0.5	0.6
전남	100	99.8	96.6	98.2	100.2	1.6	2
경북	100	99.5	97.7	100.5	103.1	2.8	2.6
경남	100	98.8	98.2	100.5	101.2	2.3	0.7
제주	100	99.6	99.1	101.2	107.1	2.1	5.9

반면에 비수도권 광역도에서는 중장년 인구가 순유입되고 있다. 55~59세 인구 비율은 충남(111.0)이 가장 높고 그 다음으로 강원 (110.7) > 제주(107.1) > 충북(105.7) 등의 순으로 높다. 청년층 인구가 가장 큰 폭으로 순유출된 전남 역시 55~59세 인구 비율은 100.2로 소폭 증가하였다. 전북은 비수도권 광역도 중에서 유일하게 55~59세

인구비율이 97.5로 감소하였지만 전국 평균(95.2)에 비해서는 높다.

지역 간 청년층의 이동과 중고령층의 상이한 이동은 지역의 인구구조에 커다란 변화를 초래하게 된다. 특히 중고령 인구 변동의 지역 간 차이는 지역 간 인구고령화 격차를 확대시키는 요인이 된다. '청년 인구의 순유입－중장년 인구의 순유출'이 진행되고 있는 서울은 2015년 기준 인구 고령화율(65세 이상 인구/총인구)이 11.1%로 특·광역시도 중에서 가장 낮았고, 2005～2015년 기간에 인구고령화율이 3.9%p 증가하여 인구고령화가 비교적 완만하게 진행되고 있음을 알 수 있다.

중장년층의 이동도 있지만 최근에는 30～40대의 탈서울도 조금씩 나타나고 있다. 이들의 '서울 엑소더스'는 대부분 서울의 집값과 전세금 강세가 이어지면서 주거비 부담 때문에 발생하고 있다. 서울을 떠나는 30～40대들은 1기 신도시보다는 2기 신도시, 그중에서도 서울 연계 교통망이 편리한 분당, 평촌, 일산 등을 찾는 경우가 많다.

경기도에서 30～40대 인구가 가장 많이 늘어난 곳은 화성시와 김포시이다. 화성시의 경우 2015년에 22만 6,716명에서 2017년에는 26만 394명으로 3만 3,678명이 증가했다. 김포시 역시 2015년 12만 2,905명에서 2017년에는 13만 6,453명으로 1만 3,548명 증가한 것으로 나타났다. 이러한 이동은 대부분 수도권 중심의 광역 교통망에 대한 확충계획이 발표되면서 증가한 경향도 있지만 집값을 포함한 전반적인 서울의 생활이 녹록치 않음을 보여주는 결과라고 생각된다. 이러한 이동은 앞으로도 지속될 것으로 보인다.

제4절 청년의 지역귀환 가능성을 위하여

■ 청년문제에 대한 인식전환

한국사회를 절벽의 사회라고 한다. 최근 들어 절벽이란 용어(임금 절벽, 주거 절벽, 일자리 절벽, 재벌 절벽, 창업 절벽)가 많은 사람들의 입에 회자되고 있다. 그만큼 한국의 경제적·사회적 상황이 어렵다는 것을 시사한다. 세계적인 경제 예측 전문가 해리 덴트는 2014년에 펴낸 『인구 절벽』(Demographic Cliff)이란 책에서 인구구조 변동과 소비지출 흐름이라는 두 지표를 중심으로 경제현상을 설명하고 있다. 미국의 가계자료를 기초로 소비지출이 정점에 이르는 45~49세 연령대 인구가 줄어드는 시기에 들어서면 소비가 급속히 하강한다는 뜻에서 인구절벽이란 용어를 쓰고 있다. 한국에 대해서는 47세에 소비가 정점에 이를 것이며, 이를 기반으로 해서 볼 때 한국의 소비는 2010년~2018년에 정점을 찍고 47세 인구가 감소하기 시작하는 2018년부터 인구절벽이 나타나기 시작할 것으로 전망했다. 인구절벽은 곧장 소비절벽으로 이어질 것으로 보인다. 이러한 현상은 일본이나 미국에서 벌써 경험한 바 있다.

이와 같은 인구절벽과 소비절벽, 그리고 이로 인한 경제적·사회적 파급효과를 어떻게 하면 완화시킬 수 있을까. 그 해답은 현재 진행되고 있는 청년문제에 대한 해결과 직결되어 있다고 생각한다. 청년은 우리 사회의 지속가능한 발전을 이끌어 갈 책임과 권한을 가진 주권자들이며, 사회경제적·신체적 조건에 의해 차별받지 않고 헌법이 보장하는 인간의 보편적 기본권을 행사할 수 있는 존재이다. 하지만, 이미 저성장 단계에 들어선 경제, 심화되는 불평등으로 인해 청년은 취업난, 주거불안, 학자금 부채 등 다양한 영역에서 위기 속의 삶을 살아가고 있다. 특히 청년의 자립기반이 무너지고 연애·결혼·출산 등을 포기하는 이른바 삼포세대에서 이제는 5포(3포＋인간관계와 희망 포기)를 넘어 N포세대로 돌입하고 있다. 이러한 현상이 확대됨에 따라 우리 사회의 지속가능성이 크게 위협받고 있다.

특히 현재의 청년들은 사회구조적 불평등에 놓여 있으며 청년들 스스로의 힘으로는 도저히 해결할 수 없다고 봐야할 것이다. 저성장 단계로 진입한 경제구조, 수출중심의 성장이 있다고 하지만 고용으로 연결되지 않는 노동시장구조 등으로 인해 학생에서부터 사회안착까지는 최소 10여 년이 걸리고 있다. 청년들의 삶이 불안정하다는 것을 우리 사회는 인식해야만 한다.

■ 청년 삶 전반의 정책 수립

청년들이 역량을 발휘하고 잠재력을 키울 수 있는 환경을 조성하는 것이 필요하다고 모두들 인식하고 있다. 하지만 오늘의 현실은 청년들이 기량을 마음껏 펼치며 살아가기가 참으로 어려운 상황이다. 이러한 청년문제의 심각성을 인식하게 됨에 따라 각 지역마다 청년과 관련한 다양한 정책들이 쏟아져 나오고 있다. 하지만 이 시점에서 되짚어 봐야 할 것은 지금 제시되고 있는 정책들이 청년들의 요구에 부응하는 것인가 하는 점이다. 과연 청년들의 애환을 제대로 담아내고 있는가 하는 것을 돌아봐야 한다는 것이다. 인구학적으로 청년들은 결혼과 출산의 주체이며 사회적으로는 10~20년 후 지역과 국가를 이끌어 나갈 중장년 세대로 성장할 세대들이다. 청년에 대한 비전과 미래가 없다는 것은 우리 사회가 그만큼 앞날이 어둡다는 것을 말해준다.

비수도권 지역이 가지는 중요한 청년문제 중의 하나는 지역의 인재들이 다른 지역으로 유출된다는 것이다. 이러한 유출현상의 가장 중심에 있는 문제가 일자리와 관련된 것이라 할 수 있다. 지역에서는 청년의 눈높이에 맞는 일자리를 찾기 힘들다는 것이 청년들의 목소리다. 어른들은 눈높이를 낮추라고 말하고 있지만 청년들은 자신들의 눈높이에 맞는 기업유치를 비롯하여 새로운 일자리가 만들어지기를 원하고 있다.

하지만 지역의 청년들이 지역에 머물며 지역사회를 견인할 수 있는 선순환구조를 만들기 위해서는 단순히 일자리만으로는 안 될 것이다. 일자리와 더불어 주거문제인 살 자리, 자신들의 이야기를 마음껏 펼칠 수 있는 놀 자리, 사회밖 청년들이 자신이 원하는 활동을 해볼 수 있는 설 자리 등이 종합적으로 보장될 때 지역의 청년들은 지역에 대해 자부심을 가질 수 있을 것이다.

서울을 비롯한 수도권으로의 청년이동으로 지역을 떠난 이에게도 지역에 남는 이에게도 매우 힘겨운 일들이 기다리고 있다. 수도권으로 떠난 이들의 경우 높은 거주비와 사회적 네트워크의 부재 속에서 점차 무한경쟁으로 내몰리는 것을 경험하게 된다. 또한 지역에 남는 이들은 인구감소로 인해 사회 인프라가 제대로 공급되지 않아 불편을 겪게 된다. 사회 인프라의 축소로 지역은 도시기능이 저하되는 이른바 '축소도시(shrinking city)'의 진행과 더불어 장기적으로는 지역의 존속기반까지 위협받게 되는 상황이 발생하게 될 것이다. 지역인재가 지역 대학에 입학하고, 지역대학을 졸업한 인재가 다시 지역사회 발전을 위해 일할 수 있는 인재 선순환시스템을 구축하여야 한다. 이를 위해서는 기업을 유치할 수 있는 환경조성과 더불어 젊은 지식근로자들의 라이프사이클에 따른 정주여건을 마련함과 동시에, 청년들이 자신의 미래를 설계할 수 있도록 건강한 지식생태계가 구축되어야 한다.

■ 지역 청년고용정책 수립

청년들이 가장 절실히 원하는 것은 삶의 물질적 토대가 되는 좋은 일자리라고 할 수 있다. 청년고용문제는 양질의 청년일자리 부족, 숙련·정보·수급의 미스매치, 대−중소기업 간 근로조건 격차 등 우리나라 노동시장의 구조적 문제들이 복합적으로 작용한 결과로, 이를 해소하기 위해서는 단계적, 종합적 처방이 필요하다고 할 수 있다. 일자리가 부족하니 지역의 청년유출이 또한 중요한 문제로 등장하고 있다. 수도권으로의 인구유출은 대구가 수년째 1위를 하고 있다. 수도권으로 떠나는 가장 주된 이유는 '직업' 때문이라고 한다. 대구경북연구원의 지역청년들의 정주의향에 관한 조사에 따르면 설문 응답자의 77%가 대구에서 계속 거주하기를 희망하고 있다. 문제는 일자리다. 청년유출이 심각한 대부분의 지자체에서는 청년고용과 관련한 실업률, 고용률을 개선하기 위하여 다양한 정책을 진행하고 있다. 청년일자리 정책은 크게 세 가지 유형으로 구분할 수 있다. 첫째. 일자리미스매치 해소, 둘째, 새로운 일자리 수요 창출, 셋째, 일자리의 질 개선 및 신 고용노사문화 등이다.

청년고용정책을 추진함에 있어 다음과 같은 사항들을 제언하고자 한다. 첫째, 청년고용정책은 청년들의 삶 전체를 포괄하는 종합적인 측면에서 접근해야 한다. 고용을 중심으로 설계하되 일자리 정책만으로 한정해서는 안 된다. 삶에 대한 청년들의 태도는 기성세대와는 다르다는 점을 인식해야 한다. 둘째, 생애주기별 고용지원정책이 만들어져야 한다. 현실적으로 기혼 청년의 경우 '일−가정 양립'에서 가장 큰 어려움을 겪고 있다. 일−가정 양립문제는 무엇보다 기업 CEO들의 인식전환이 중요하다. 마지막으로 공공, 민간 등 다양한 이해관계자들이 함께 참여하는 협력적 지역고용거버넌스 구축이다. 특히 지역별로 설립되어 있는 지역인적자원개발위원회를 중심으로 지역단위의 현장 훈련거버넌스를 구축함과 동시에 현재 직업훈련을 담당하고 있는 기관 간 역할분담 및 협력체제의 구축이 중요하다. 지역에서 청년정책을 수립할 때 지역의 청년들을 외지로 밀어내는 원심력(push)은 최소화시키고 청년들을 끌어당길 수 있는 구심력(pull)은 최대화시켜야 한다는 것은 어쩌면 너무나 당연한 일인지도 모른다. 지역사회의 의사결정권을 가지고 있는 기성세대들은 지역청년들의 니즈가 무엇인지를 정확히 파악하려는 노력과 아울러 청년들을 이해하고자 하는 노력을 지속적으로 해야만 한다.

제 2 장

●

지역청년의 정주 및 귀환 결정요인
- 대구지역 사례분석을 통하여 -

제1절 지방 활력의 상실

1960년대부터 시작된 한국의 산업화 과정은 산업도시로의 인구 집중의 과정이었다. 그러나 산업도시로의 인구집중이 80년대 이후부터는 국토의 불균형발전이 구조화되면서 서울을 중심으로 하는 수도권 인구집중으로 심화되었다. 그 결과 21세기의 한국은 '지방 소멸' 위기를 절감하고 있다. 이러한 위기는 단순한 지방의 인구감소와 지역생산의 하락만이 아니라 지역청년층의 지속적인 유출과 출산율 저하로 인한 '지방 활력의 소멸'로 구조화되고 있고, 이 현상은 시간이 지나도 해결될 가능성이 없는 것으로 보인다. 이에 따라 각 지방마다 청년 유출의 문제를 넘어 청년 귀환의 문제를 제1의 화두로 고심하고 있다.

지금 지방의 청년층 노동시장은 두 가지 측면에서 동시에 논의되어야 한다. 첫째는 한국경제의 '지속적 저성장' 국면과 동시에 진행되는 '고용 없는 저성장'으로 인해 수도권의 노동시장이 위축되면서 취업 입직구(入職口)가 좁아지고 노동시장의 경쟁이 격화되는 한편

이것으로 인해 수도권에서 밀어내는 실망 실업자 혹은 실업노동자의 지방으로의 회귀현상이다. 둘째는 지방의 장기적 경기 침체로 인해 지방의 '괜찮은 일자리'가 없어지면서 신규 노동시장에 진입하는 지방의 청년층이 그나마 상대적으로 취업확률이 높은 서울로 집중하는 한편 지방에는 '괜찮지 않은 일자리'만 남아 있는 상태에서 그 일자리를 두고 수도권에서 회귀한 노동력과 지방 청년노동력의 경쟁이 심화되는 현상이다. 이 두 가지 축이 겹치면 지역사회는 '이중의 압착'을 받고 있는 것이다. 한편으로는 지방인재의 수도권 유출이 심화됨으로써 지방 인적자원의 고갈이 심화되고 다른 한편으로는 저임금과 노동조건 악화라는 지역노동시장의 기형화가 심화됨으로써 지역사회가 격심한 활력상실의 늪에 빠지고 있다.

이런 점에서 본 장에서는 청년의 지역정착 조건과 유출 청년의 귀환조건을 검토하고, 청년의 지역정착과 유출 청년의 지역귀환을 위한 정책방향을 적극적으로 모색해 보고자 한다.

제2절 정주와 귀환에 관한 새로운 관점

■ 지역이 가지는 원심력과 구심력

지금까지 청년층의 유출 및 유입에 관한 연구의 대부분은 노동시장의 관점에서 분석했다. 지방 청년의 유출입을 취업 가능성, 임금격차, 기업규모와 같은 경제적 요인에서 찾아왔다고 할 수 있다. 이런 변수들을 수도권의 그것과 비교하면 지방의 노동시장은 열등하므로 지방의 청년인재의 유출은 당연한 것으로 간주해왔다. 이런 관점 안에서는 별다른 해법이 없을 것이다. 지방에서는 스스로 이러한 격차를 해소할 방안이 없기 때문이다. 예를 들면 지방정부는 대기업 유치를 위해 노력했지만 이미 인재가 떠난 곳에 대기업을 유치하는 것은 불가능하였고, 매우 성공적으로 대규모 국가공단을 유치한다 해도 그 공단에 채워지는 것은 대기업의 단순생산직이나 열악한 노동조건의 중소기업 일자리뿐이기 때문이다.

이런 점에서 본 장은 이전의 연구와 비교하여 두 가지의 다른 관점을 가진다. 청년층의 유출과 귀환을 분석할 때, 이들을 밀어내는 지역의 '원심력'이라는 관점과 이들을 끌어들이는 지역의 '구심력'이라는 관점을 주목해야 한다는 점이다. 그러므로 어떤 지역의 청년층 유출 혹은 귀환은 청년을 그 지역에서 밀어내는 원심력과 그 지역으로 끌어당기는 구심력의 상호작용에 의해 결정될 것이다. 이 관점은 오늘날의 청년 집단이 과거와는 다른 고유의 성향을 가진다는 점과 연관되어 있다. 최근에 와서 청년층의 성향이 변하고 있다는 점이다. 오래된 저출산 경향이 낳은 결과일지도 모른다. 첫째, 지금 노동시장으로 나오는 청년은 딸이든 아들이든 대부분이 하나뿐인 자식일 경우가 많다. 그래서 부모는 하나뿐인 자식을 먼 곳으로 보내려하지 않는 경향을 보인다. 동시에 하나뿐인 아들 딸로서의 청년도 여러 가지 불안요인을 안고 경쟁이 격심한 낯설고 물선 곳에서 위험을 부담하지 않으려는 경향을 보인다. 둘째, 청년층의 직장 결정요인도 변하고 있다. 지금까지는 직장을 결정하는 데 있어서 가장 중요한 요인이 임금 수준이었지만, 최근에 와서는 높은 노동강도를 기반으로 하는 높은 임금보다 여유 있는 삶을 더 중요시한다. 그 여유를 통해 자기를 실현하고 자신만의 삶을 가지려하는 경향이 점점 더 현저해지고 있다. 셋째, 이런 상황에서 청년은 자신과의 관계망을 중요시하며 직장이 이런 관계망을 폭력적으로 해체하면서 삶 속으로 들어오는 것을 거부한다. 그러므로 평생직장이라는 개념, 즉 자신의 삶을 한 직장에 묶어 두고 그 구조 속에서 나타나는 위계적 질서를 전 생애적 관점에서 이해하고 받아들여야 하는 직장관행이 사라지고 있다. 그래서 청년층의 직장은 높은 휘발성을 가진다. 그리고 이러한 휘발성 높은 직장에서 받는 임금으로는 집을 구하거나 결혼을 하기에 턱없이 부족하다. 지금의 생계비용이 너무 높기 때문이다. 이런 상황이 결혼율을 낮추거나 합계출산율을 낮춘다. 이런 여러 요소들이 결합되어서 청년은 부모와의 관계를 긴밀하게 한다. 부모의 가업을 잇거나 부모가 형성해 놓은 사회적 관계자본 위에서 적정규모의 창업을 할 수도 있을 것이다.

그리고 이런 관점은 인구의 유출입을 경제적 요인으로 수렴시키려는 경제환원주의적 관점을 비판적으로 재검토하고자 한다. 전통적으로는 임금수준, 기업규모, 기업의 외형적 성장과 같은 노동시장의 특성이 수도권과 비수도권 간에 큰 격차를 보였기 때문에 이런 요인들이 지방청년들에게는 수도권으로의 원심력으로 작동했다. 그러나 최근에는 지역의 구심력이 작동하고 있다. 일차적으로는 수도권의 장기적 경기 침체가 수도권으로 불러들이는 구심력을 낮추고 있고, 반면에 위에서 지적한 청년문화의 새로운 경향들이 지방에서의 구심력을 만들어 가고 있기 때문이다.

예를 들면 지방의 중소기업에서 일반적으로 나타나는 보수적 기업문화는 청년집단을 서울로 밀어내는 원심력으로 작동할 수 있고, 서울의 개방적이고 다양한 문화가 지방청년을 서울로 끌어들이는 구심력으로 작동할 수 있다. 반면에 자신의 익숙한 친구관계나 부모의 보호망과 같은 사회적 관계자본이 지방청년에 대한 지역 구심력이 될 수 있을 것이다.

그리고 청년의 의사결정에서 간과해서 안 될 중요한 요인으로 주목하는 것은 청년이 향유하는 문화적 요소이다. 청년문화, 디지털 정보, 자연친화적 환경, 직장환경, 삶과 일의 밸런스 등으로 표현되는 삶의 만족도와 같은 문화적 요소들이 청년의 이동 방향과 직장선택에 중요한 결정요인으로 작동할 수 있으므로, 이러한 문화적 요인이 지방이 만들어 내는 구심력의 핵심요인이 되기도 한다.

또한 최근에 와서 더욱 주목을 받는 것은 2016～2017년 '촛불'로 대변되는 주체적 참여가 그것이다. 만일 자신이 살고 있는 지역이 청년의 목소리에 귀를 기울이지 않는다면, 이런 사회환경 속에서 청년층은 숨죽여 지내거나 아니면 자신들의 이야기가 의미를 갖는 열린 공간으로 이동해버리는 원심력이 작용할 것이다. 반면에 촛불이 사회를 변화시킨다는 사실을 경험한 지역청년층이 지역적 사안에 적극적으로 참여하며 자신의 목소리를 지역사회에 반영할 가능성이 높아지면 주체적 참여는 지역의 구심력으로 작동할 수 있을 것이다. 이런 현상을 「유목적 성향」이라고 특정해서 말하지만, 해당 지역의 이런 특성은 구심력과 원심력의 관점에서 말하면 청년의 유출과 귀환의 가능성이 상존하는 영역이다. 그러므로 청년문화와 청년의 주체적 참여를 향유할 수 있는 공간은 지역청년의 구심력과 원심력을 결정하는 중요한 요건이 된다. 최근에 지방자치단체마다 지역청년센터를 설립하는 것은 청년의 목소리를 지역사회가 듣겠다는 것을 의미한다. 그러므로 청년의 주체적 참여와 열린 문화의 존재 여부는 그 지역의 청년을 밀어내는 원심력이 될 수도 있고, 비록 경제적 여건이 부족해도 그 지역청년을 끌어들이고 정착하게 하는 구심력으로 작동할 수도 있다.

본 장에서는 이런 점에서 지역이 가지는 구심력과 원심력을 ① 경제적 조건, ② 문화적 조건, ③ 관계적 조건, ④ 주체적 조건으로 대별하고 지역청년을 대상으로 설문조사를 하였다. 특히 대구지역 청년을 대상으로 한 설문조사에서 질문한 문항을 정리하면 <표 2-1>과 같다.

〈표 2-1〉 구심력과 원심력의 요소

경제적 조건	문화적 조건	관계적 조건	주체적 조건
월 가구소득 월 지출 적정연봉 수준 부모의 경제적 수준 부채의 여부 고용상의 신분	삶의 만족도 여가의 만족도 직장에서의 만족도 만족스러운 문화 활동 지역문화 활성화 정 책방향 정보 서비스 일과 삶의 밸런스	대구 거주 기간 초·중·고등학교의 대구 졸업 부모와의 동거 여부 부모의 대구 거주 여부 친구 관계 인턴 경험 근무 연수	창업 의지 여부 지역청년 정책 참여 의지 청년센터 활용 의사 청년관련 지원 프 로그램 요구 지역청년 정책에의 관심

■ 지방 구심력과 원심력의 실태 조사와 분석

(1) 조사 자료

　본 장에서 사용된 실태분석 자료는 대구광역시와 대구경북연구원에서 「2016년 대구시 청년실태조사」[1]를 위해 실시한 설문조사 결과를 사용하였다. 설문지는 대구거주 청년과 서울거주 대구청년을 대상으로 하는 구조화된 설문지이다. 본 설문지는 실태분석을 위해 설계된 것이지만, 로지스틱 회귀분석을 위해 설문결과를 재구성하였다.

　조사대상은 대구지역에 거주하는 청년(만 19세~39세의 대구시 거주자)과 서울로 출향한 대구 청년(만 19세~39세의 서울시 거주 직장인)이다. 대구지역 거주 청년에게는 정착의 가능성을, 서울출향 청년에게는 귀환의 가능성을 분석하였다. 조사기간은 2016년 5월 20일부터 6월 22일 32일간 실시하였다. 표본의 크기는 지역청년 900명, 출향청년 100명이며, 면접조사 및 자기기입식 조사를 병행하였다. 표본

---

1) 「2016년 대구청년실태조사결과」, 대구광역시, 대구경북연구원, 2016.12. 이
　보고서는 「2020 청년희망 대구」의 별책부록이며, 보고서에 설문지가 실려
　있다.

〈표 2-2〉 표본의 구성

구 분		지역거주 청년	서울출향 청년
전 체		900	100
연령분포	19~24세	236	14
	25~29세	227	45
	30~34세	214	29
	35~39세	223	12
성 별	남	452	45
	여	448	55
직 업	학 생	214	-
	취준생	140	-
	전업주부	81	-
	직장인	404	100
	자영업자	61	-
결혼여부	미 혼	619	82
	기 혼	281	18

의 일반특성은 다음과 같다. 19세에서 39세까지 대상 청년을 5개의 영역으로 나누어 표본에 골고루 분포되도록 하였다. 청년의 경제·사회적 지위에 따라 정착과 유출의 태도가 다를 것으로 판단하여 대학생, 취업준비생(실업자), 전업주부, 직장인, 자영업자로 구분하여 표본을 구성하였다.

(2) 분석

대구지역에 거주하는 청년에게는 위에서 제시한 ① 경제적 조건, ② 문화적 조건, ③ 관계적 조건, ④ 주체적(참여적) 조건에 따라 지역 청년 스스로가 지역에 정착할 것인가, 아니면 타 지역으로 출향할 것인가를 연관지움으로써 지역청년의 정착조건을 확인하고자 한다. 이 것을 분석하기 위해서는 지역정착(1)과 출향(0)을 독립변수로 하고, 구 심력과 원심력을 결정하는 변수를 설명변수로 하는 로지스틱 회귀분 석을 통해 정착의 결정요인을 분석하였다.

동시에 서울로 출향한 청년에게는 지역귀환(1)과 서울 정주(0)를 독립변수로 하고, 위에서 제시한 원심력과 구심력의 변수를 설명변수 로 하는 로지스틱 회귀분석을 통해 귀환의 결정요인을 분석하였다.

지역청년의 자기 지역에 대한 생각의 결은 다양할 것이다. 그래 서 청년집단을 유사한 성격을 갖는 몇 개의 임의 집단으로 재구성하 였다. 요인분석을 통해 대상 청년을 새로운 잠재적 집단으로 재분류 하고, 이 집단들이 정착과 귀환의 결정요인에 어떻게 반응하는지를 살펴봄으로써 지역청년의 정착과 귀환의 결정요인을 보다 구체화하 고자 한다.

제 3 절   지역청년의 정착과 귀환의 결정요인

■ 대구지역 청년(전체)의 정착-유출 가능성에 대한 분석

다음의 <표 2-3>은 어떤 요인들이 지역청년들로 하여금 지역 에 머물게 하는가(+ 값) 또는 수도권으로 나가게 하는가(- 값)를 나타 내고 있다.[2] 앞에서 제시한 <표 2-1>의 많은 변수들 중에 대부분이

---

2) 이 분석은 대구지역 청년의 정착(1)과 유출(0)을 독립변수로 하고, 경제적 조건과 문화적 조건, 관계적 조건, 주체적 조건의 문항을 설명변수로 하는 로지스틱 회귀모형의 분석결과이다. <표 2-3>은 회귀모형에 포함된 설명 변수의 회귀계수(B), 회귀계수의 표준오차(S.E), Wald(Wald 통계량), 통계량 의 유의확률과 오즈값(Exp(B))을 제시하고 있고, 변수선택법으로는 후진제

통계적으로 청년의 지역정착과 유출을 설명할 수 없는 것으로 분석되어 제거되고 말았다. 지금부터는 통계분석 과정에서 제거되지 않고 남은 설명변수를 중심으로 지역청년의 정착과 유출의 가능성을 설명해보고자 한다.

우선 우리가 청년들에게 물을 수 있는 일반적 특성인 '나이', '학력', '출생지' 등은 청년의 지역정착에 통계적으로 유의미한 영향을 미치지 않는 것으로 나타났다. 그래서 변수선택과정에서 이들 설명변수들이 자동으로 제거되어 <표 2-3>에 표현되지 않았다. 다만 '결혼여부' 문항에 있어서는 오즈값(Exp(B))이 3.104인데, 이것이 기혼인 사람이 미혼인 사람에 비해 지역정착의 가능성이 3.104배로 증가한다는 통계적 의미를 가진다. 청년의 결혼 여부가 지역정착에 큰 영향을 미치는 요인인 것이다. 최근 부산에서나 광주, 그리고 대구에서도 청년들 스스로가 결혼대상자 찾아주기 이벤트를 유행시키고 있는데 이런 행사가 지역청년 정착에 의미를 갖는다는 것을 청년 당사자도 직감적으로 느끼고 있는 것으로 보인다.

다음으로 주목할 만한 것은 경제적 조건에 해당되는 여러 문항(소득, 부모의 경제적 수준, 부채 등)은 대부분 제거되고 '직업'만 남았다는 점이다. '직업'은 정착 여부에 양의 반응을 보이는데 이것은 직장이 안정적이면 정착 가능성이 증가한다는 것이다. 그렇지만 직장인·자영업·주부 등은 취업준비생에 비해 정착 가능성이 높지만 통계적 유의성이 낮다. 그러나 학생의 경우, 정착 가능성이 취업준비생에 비해 −0.430배로 감소하고 있음을 보여주는데, 이는 취업준비생에 비해 학생의 유출가능성이 높다는 것을 의미한다. '현재 삶을 어렵게 하

거법을 사용하여 제거하고 남은 변수만을 표에 실었다. 여기서 오즈값(Exp(B))은 해당하는 공변량(설명변수)이 한 단위 증가할 때의 종속변수에 미치는 확률값을 말한다.

는 요인'이 무엇인가라는 질문에 교육, 자녀양육, 소득, 주거, 직업 등의 다양한 요인이 있지만 모두 제거되었고 그중에 청년의 정착과 유출에 통계적 의미를 가지는 변수로는 '직업' 설명변수만이 설명력을 가지는 것으로 나타났다. '직업'의 문제가 지역청년 정착의 가능성을 −0.521배로 감소시킨다. 말하자면 지역청년들은 직업의 문제가 해결되지 않아 지역을 떠날 가능성이 높다는 것이다.

문화적 조건과 관련되는 문항도 일부는 제거되고 말았지만, '삶의 만족도', '여가 만족도' 설명변수가 통계적으로 유의미하게 나타났다. '삶의 만족도'는 1점 증가할 때마다 정착 가능성이 1.203배로 증가한다. 청년의 지역정착에 있어서 '삶의 만족'이 중요한 결정요인으로 나타나고 있다. 특히 주목할 만한 것으로는 청년들의 삶의 만족감을 더하는 여가활동 중 '사회활동'(봉사, 종교, 계모임, 동호회 등)에 적극적인 사람의 지역정착 가능성이 매우 높은 것(오즈값이 2.605)으로 나타난다. 이것은 지역청년의 삶의 만족이 사회적 관계망 속에서 발생한다는 것을 보여주며, 이러한 사회적 관계망이 청년의 지역정착에 큰 영향을 미친다는 것을 확인시켜주고 있다. 여가생활의 만족도 역시 청년의 지역정착에 긍정적 영향을 미치지만 통계적으로 유의성을 보여주고 있지는 않다. 다만 여가활성화 방향 중에 '전문인력 양성', '동호회 육성'에 관심을 보이는 청년의 지역정착 가능성이 높은 것으로 나타났다.

관계적 조건의 변수는 '부모와의 동거 여부' 항목을 제외하고는 모두가 제거되었다. 그러나 우리의 예상과는 달리 지역청년이 부모와 동거하고 있는 것이 지역정착 가능성을 감소시키는 것으로 나타났다.

다음으로 주체적 조건을 묻는 여러 문항 중에 청년의 지역정착과 통계적 의미를 가지는 설명변수는 '창업 의지', '청년정책에 대한 참여'로 나타났다. 먼저 '창업 의지'를 가지는 청년의 지역정착 가능성

〈표 2-3〉 대구지역 청년(전체)의 정착 여부(정착(1)·유출(0))에 대한 로지스틱 회귀모형

독립변수 \ 통계값	B	S.E	Wald	유의확률	Exp(B)
상수항	-1.948	1.943	1.005	0.316	0.143
결혼여부(ref:미혼)	1.133	0.358	10.004	0.002**	3.104
직업(ref:취준생)			24.150	0.000***	
- 직장인	0.224	0.288	0.608	0.436	1.251
- 자영업	1.277	0.686	3.463	0.063	3.588
- 전업주부	0.341	0.532	0.410	0.522	1.406
- 학생	-0.845	0.287	8.674	0.003**	0.430
출생지(ref:제주)			9.034	0.250	
- 대구	1.908	1.779	1.151	0.283	6.742
- 경북	2.216	1.784	1.541	0.214	9.166
- 수도권	1.957	1.831	1.141	0.285	7.076
- 경남	2.400	1.809	1.759	0.185	11.021
- 충청	-0.589	2.108	0.078	0.780	0.555
- 전라	1.741	1.927	0.817	0.366	5.704
- 강원	22.716	14224.131	0.000	0.999	b
현재 삶의 만족도	0.185	0.057	10.680	0.001**	1.203
삶의 어려움 - 직업	-0.652	0.225	8.402	0.004**	0.521
만족스러운 여가 - 사회(봉사, 종교, 계 등)	0.958	0.447	4.588	0.032*	2.605
여가생활 만족도	0.207	0.106	3.810	0.051	1.230
여가 활성화방향 - 전문 인력 - 동호회	0.706 0.504	0.241 0.227	8.570 4.903	0.003** 0.027*	2.025 1.655
부모와 동거	-1.011	0.265	14.558	0.000***	0.364
창업 의지	-0.247	0.112	4.866	0.027*	0.781
청년 관심프로그램 - 청년 정책의제 발굴	0.811	0.226	12.920	0.000***	2.251

$\chi^2 = 4.515$, 자유도=23, 유의확률=0.808, Nagelkerke $R^2 = 0.289$

*: $p < 0.05$, **: $p < 0.01$, ***: $p < 0.001$

b: complete separation 경우임

N: 811

은 −0.781배로 감소하는 것으로 나타났다. 이것이 의미하는 것은 대구지역의 창업환경이 열악하여, 지역청년이 창업의 의지를 가지고 무엇인가를 하면 대구에서는 창업이 어렵다는 것을 느끼고 지역을 떠날 가능성이 높아진다는 것을 의미한다. 이는 지역청년의 정착을 위해 청년의 창업환경을 개선하는 것이 중요하다는 것을 말하고 있다. 마지막으로 이 분석에서 매우 의미 있는 결과를 얻을 수 있었는데, 그것은 대구청년센터에서 수행하고 있는 여러 가지 프로그램 중에서 '청년 정책 의제 발굴'에 관심을 가지는 청년의 지역정착 가능성이 2.251배로 크게 증가한다는 점이다. 이것은 청년센터와 같은 창구를 통해 청년으로 하여금 지역문제에 주체적으로 참여하도록 하는 것이 지역정착의 가능성을 크게 높인다는 것을 의미한다.

■ 대구지역 청년의 지위별(학생, 취준생, 직장인) 정착−유출의 가능성 분석

지금까지는 대구지역 청년 전체를 대상으로 지역정착과 유출의 가능성을 살펴보았다. 그러나 청년 세대는 학생, 취업준비생(실업 상태), 직장인 등의 지위에 따라 자신이 처한 입장이 현저하게 다를 것이며, 그 상황에 따라 지역의 정착과 유출이 매우 유동적일 것이므로 청년의 지위에 따른 각각의 분석이 필요할 것으로 생각된다. 다음 <표 2−4>는 대구지역 청년을 <학생−직장인−취준생>별로 나누어 정착 여부에 대한 로지스틱 회귀분석을 실시한 결과이다. 앞에서의 분석과 마찬가지로 종속변수를 정착(1)과 유출(0)로 설정하고 기존의 설명변수에 대하여 모델Ⅰ은 학생, 모델Ⅱ는 직장인, 모델Ⅲ은 취준생을 대상으로 로지스틱 회귀분석을 실시하였다.

(1) 청년 학생의 정착조건

<표 2-4>의 제1열은 청년 학생의 정착 조건을 분석한 것이다. 청년 학생 분석에서 특징적인 점은 대부분의 경제적 조건을 나타내는 설명변수는 통계분석 과정에서 제거되고 문화적 조건과 주체적 조건의 문항들만이 제거되지 않고 남아서 높은 통계적 유의성을 보이고 있다는 점이다. 여가 만족도의 정착 오즈값(Exp(B))이 1.663으로 계산되었는데, 이것은 여가 만족이 1단위 증가할 때 청년 학생의 정착 가능성이 1.663배 증가하는 것을 의미한다. 청년 학생들에게 있어서 지역에서의 여가활동이 지역정착에 얼마나 중요한 요인인가를 잘 보여주는 결과이다. 이 조사에서 여가의 종류를 6가지로 분류하였는데, '문화예술'의 관람과 참여, 스포츠의 관람과 참여, '관광', '취미오락', '휴식' 그리고 '사회'(봉사활동, 종교, 클럽, 동호회, 동창회 등의 계모임) 등이다. 이 모델Ⅰ 통계 분석에서는 이들의 여가는 모두 기각되고 사회적 관계망과 관계가 깊은 '사회'활동만 통계적으로 유의미하며 오즈값도 4.678로 매우 높게 나타났다. 사회관계망을 통한 여가활동이 1단위 증가함에 따라 청년 학생의 지역정착 가능성이 4.678배 증가한다는 것이다. 여가활성화 방향 중 '전문인력 양성'·'질 좋은 프로그램 개발'·'제도 개선'과 같은 '소프트웨어 개선'에 관심을 보인 청년 학생의 정착 가능성이 3.029로 높게 나타났다.

청년의 주체적 조건에 관한 항목 중에 '창업', '청년센터', '청년정책'이 통계적으로 유의미하게 학생 청년층의 지역정착에 영향을 미치고 있다. '창업'이라는 설명변수 그 자체는 청년 학생의 지역정착과 통계적 의미는 없으나, 창업 애로사항 중에 '창업에 대한 지식 부족'을 강하게 느끼는 청년 학생일수록 지역정착의 오즈값이 마이너스 값을 가지고 있어 창업의 어려움을 느낄수록 지역 유출의 가능성이 증가하고 있음을 보여주고 있으며, 창업을 통해 '안정적 일자리'를 선

호하는 학생일수록 지역정착 오즈값이 4.301로 크게 증가하였다. 따라서 창업을 통해 지역에서 안정적 일자리를 기대하는 청년 학생에게 창업 관련 정보를 제공하는 일이 청년의 지역정착을 위해 중요한 정책임을 알 수 있다. 동일한 점에서 '창업교육의 필요성'을 느끼는 청년 학생일수록 지역정착의 가능성은 1.530배 증가한다. 따라서 청년 대학생을 대상으로 하는 창업활성화 정책이 지역정착을 위한 중요한 정책이 될 수 있음을 알 수 있다. 또한 지역의 학생 청년은 '청년정책 참여' 혹 '청년센터 활용'에 대해서는 무지한 상태여서 취업준비생이나 직장인 청년집단과는 달리 통계적 반응을 보이지 않았다. 그러나 청년들이 관심을 갖는 프로그램 중에 '청년축제 및 청년주간 행사', '국내외 청년 네트워크활동'에 관심을 보인 청년이 각각 −0.474배, −0.372배로 오즈값이 마이너스로 나타났다. 이러한 결과는 청년관련 행사에 대해서 청년 학생의 지역정착 가능성이 감소하고 있음을 의미한다. 짐작컨대 이러한 행사가 청년 학생들의 만족을 충족시키지 못하고 있기 때문일 것으로 생각된다. 이상의 분석에서 확인되는 것은 청년 학생의 지역정착을 위한 조건으로 여가 만족도와 사회적 관계망이 매우 중요하며, 특히 청년의 주체적 참여의 중요성이 부각되면서 현재의 청년정책에 대한 비판적 재검토가 필요함을 분명히 보여주고 있다.

(2) 청년 직장인의 정착조건

<표 2−4>의 제2열은 청년 직장인의 정착조건을 분석한 결과를 보여주고 있다. 모델Ⅱ는 대구지역 청년 직장인의 정착여부(정착과 유출)가 설명변수에 의해 54.0%($R^2 = 0.54$)로 설명되고 있다. 상당한 설명력을 가지고 있음을 의미한다. 통계분석 과정에서 제거되지 않고 남아 있는 일반적 특성변수 중 통계적으로 의미가 있는 변수는 '기혼자'

청년의 반응이다. '기혼자'가 '미혼자'에 비해 정착의 가능성이 6.792배 증가한다. 그리고 통계적 유의성이 없다는 전제하에서, 학력이 높을수록 정착의 가능성이 낮아지고 유출의 가능성이 높아지는 것으로 나타났으며, 다만 대졸 직장인 청년의 경우가 대학원졸 직장인에 비해 정착의 오즈값이 −0.06배로 감소한다는 것이 통계적으로 유의미하다.

경제적 조건의 변수들은 대부분이 제거되고 '직장결정요인'만이 통계적으로 유의미한 설명변수로 남아 있다. 직장을 결정하는 데 '기업규모'와 '성장가능성', '직장분위기', '일과 가정의 병행' 모두가 마이너스 방향을 나타내고 있다. 이것은 '기업의 규모', '성장가능성', '직장분위기', '일과 가정의 병행'을 고려하는 청년은 그렇지 않은 청년보다 유출 가능성이 높다는 것을 의미한다. 대구지역의 직장 여건이 좋지 않다는 것을 반영한다고 할 수 있다.

특히 '직장 분위기'와 '일과 가정의 병행'에 관한 계수값(B)도 높으며 유의수준(P)도 높게 나타나고 있다. 이것은 대구지역의 '기업의 규모', '성장가능성', '직장분위기', '일과 가정의 병행'의 조건이 청년의 정착에 불리하게 작용하고 있음을 의미한다. 직장인 청년의 지역정착을 위해서는 대구지역의 기업문화가 변화될 필요가 있다는 것을 나타내는 부분이다.

직장인 청년에서는 문화적 조건에 관한 설명변수가 제거되지 않고 많이 남아 있다는 점이 특징적이다. '삶의 전반적 만족도'에서는 만족도가 1단위 증가할 때 지역정착의 가능성이 2.234배로 증가하는 것으로 나타났으며 통계적 유의수준도 매우 높다. 직장인 청년에게 있어서 삶의 만족도는 결혼보다는 낮지만 매우 중요한 지역정착 결정요인이다. 직장인 청년에게 있어서 삶의 만족을 떨어뜨리는 설명변수로는 '교육'을 꼽았다. 그러므로 계수값이 음수(−)로 나타났다. 교육에 대한 관심이 1단위 높아질수록 유출의 가능성이 −0.151배로 높아지는 것을 의미한다. '여가만족도' 설명변수는 제거되었지만, '만족스러운 여가활동'에 대한 응답에서 모든 설명변수들의 계수값이 음수(−)로 나타났다. '사회적 활동', '휴식', '취미오락', '관광', '문화예술' 전반에 걸쳐 지역정착의 오즈값이 마이너스이다. 이것은 직장인 청년에게 있어서 대구지역의 여가활동 전반이 불만족스러우며, 이 불만족이 지역 유출의 원인이 되고 있음을 의미한다. 특히 '문화예술'의 불만족이 지역정착의 가능성을 낮추는 것으로 나타났다. 대구지역의 여가문화를 활성화하는 방향에 대해 '제도 개선'이 필요하다는 지적이 통계적으로 유의미하다. '제도 개선' 1단위가 일어날 때 직장인 청년의 지역정착 가능성은 3.739배로 증가하는 것으로 나타나 제도 개선이 정착 가능성을 높이는 요인으로 분석되었다.

　　다음으로 주체적 조건의 변수들 중에 '청년정책 참여 의향', '청년센터 활용 의향', '청년의 관심 프로그램', '청년정책 주력분야', '대구시 청년정책'의 설명변수들이 통계적 유의성을 가지면서 제거되지 않고 남아 있다. '청년정책 참여 의향'은 음(−)의 계수로 나타나고 있는데, 이것은 직장인 청년이 대구지역의 청년정책에 관심을 보일수록 오히려 청년의 지역 유출을 증가시킨다는 것을 의미하는데, 이는 직장인 청년이 대구지역 청년정책에 대해 부정적 견해를 갖고 있음을 의미한다. 다음으로는 '청년센터를 활용할 의지'를 보인 직장인 청년의 지역정착 가능성은 2.177배로 높게 나타나고 있어, 직장인 청년에게 있어서 대구청년센터가 순기능적으로 작동하고 있음을 의미한다. 대구청년센터의 청년관심프로그램 중 '청년정책의제 발굴 프로그램'이 가장 높은 통계적 유의성을 보여주고 있다. 직장인 청년이 대구청년센터의 청년정책의제 발굴 프로그램에 1단위 참여할수록 지역정착 가능성이 9.963배 증가하는 것을 의미하는데, 이것은 청년의 주체적 지역 참여가 지역정착에 얼마나 중요한가를 잘 보여주고 있다. 그러나 청년정책에 주력해야 할 분야에 대해서 '청년정책 의견제시', '혁신·도전활동 지원'에 대한 정착 오즈값(각각 −0.132, −0.360)이 마이너스로 나타났다. 이것은 직장인 청년이 이 문제에 대해 관심은 있지만 기존의 정책에 대해 비판적 견해를 가진다는 것을 의미한다고 할 수 있다. 마지막으로 대구시의 청년정책 중 주력해야 할 부분에 관해서는 '진로취업교육'에 높은 통계적 유의성을 보이고 있다. '진로취업교육' 1단위 증가가 직장인 청년의 지역정착 가능성을 3.397배 증가시키는 것으로 나타났다. 이상의 분석결과는 직장인 청년의 지역정착을

⟨표 2−4⟩ 대구지역 청년의 ⟨학생·직장인·취업준비생⟩별 로지스틱 회귀분석

분석모델 설명변수	Model I (대구청년: 학생)			Model II (대구청년: 직장인)			Model III (대구청년: 취준생)		
	B	P	Exp(B)	B	P	Exp(B)	B	P	Exp(B)
상수항	−1.222	0.238	0.295	24.807	0.999	a	−4.353	0.029*	0.013
결혼여부(ref:미혼)				1.916	0.004**	6.792			
직업(ref:취준생) − 직장인 − 자영업 − 전업주부 − 학생									
학력(ref:대학원) − 고등학교 − 전문대학 − 대학				 −1.562 −1.983 −2.816	0.012* 0.179 0.074 0.006**	 0.210 0.138 0.060			
출생지									
부모와의 동거	−0.904	0.018*	0.405	−2.441	0.000***	0.087			
삶의 만족도				0.804	0.000***	2.234			
삶의 어려움 − 직업 − 교육				 −1.888	 0.001**	 0.151			
직장결정 요인 − 기업규모				 −1.468	 0.018*	 0.230			

변수	Model I B	Model I p	Model I Exp(B)	Model II B	Model II p	Model II Exp(B)	Model III B	Model III p	Model III Exp(B)
－ 성장가능성				－1.170	0.017*	0.310			
－ 직장분위기				－1.684	0.001**	0.186			
－ 일·가정 병행				－1.549	0.003**	0.212			
대구기업취업의사							1.751	0.000***	5.762
필요주거지원								0.067	
－ 공공주택							－2.443	0.060	0.087
－ 주거비							－2.999	0.022*	0.050
여가만족도	0.509	0.005**	1.663						
만족스러운 여가									
－ 사회	1.543	0.033**	4.678						
－ 휴식				－2.605	0.001**	0.074			
－ 취미, 오락				－2.265	0.008**	0.104			
－ 관광				－2.618	0.001**	0.073			
－ 문화예술				－3.182	0.000***	0.042			
여가활성화방향									
－ 전문인력	1.108	0.015*	3.029						
－ 동호회									
－ 제도개선				1.319	0.017*	3.739			
창업의지									
창업애로									
－ 지식부족	－1.435	0.026*	0.238						
－ 안정적일자리	1.459	0.015*	4.301						
창업교육필요	0.425	0.030*	1.530						
청년정책참여의향				－0.519	0.038*	0.595			
청년센터활용				0.778	0.004**	2.177	0.868	0.024*	2.381
청년관심 프로그램									
－ 청년정책의제발굴				2.299	0.000***	9.963			
－ 청년행사	－0.747	0.044**	0.474						
－ 청년네트워크	－0.988	0.022**	0.372						
청년정책주력									
－ 정책의견제시	2.520	0.018*	12.434	－2.022	0.004**	0.132	－1.764	0.030*	0.171
－ 혁신활동지원				－1.021	0.058	0.360			
대구시청년정책									
－ 진로취업교육	－0.940	0.010*	0.391	1.223	0.005**	3.397			

Model I : $\chi^2 = 5.917$, 자유도＝12, 유의확률＝0.657, Nagelkerke R2＝0.336
Model II : $\chi^2 = 2.298$, 자유도＝30, 유의확률＝0.970, Nagelkerke R2＝0.540
Model III : $\chi^2 = 8.722$, 자유도＝6, 유의확률＝0.388, Nagelkerke R2＝0.514
*: $p < 0.05$, **: $p < 0.01$, ***: $p < 0.001$
a: complete separation 경우임
빈칸은 후진제거법에 의해 자동적으로 설명변수가 제거된 결과임 위한 조건으로 결혼, 교육뿐만 아니라 청년의 문화적 여가의 중요성 및 청년의 주체적 발언과 참여의 중요성을 잘 보여주고 있다.

(3) 취업준비생 청년의 정착조건

<표 2-4>의 제3열은 취업준비생 청년의 정착조건을 분석한 것이다. 취업준비생의 각 설명변수는 전진 선택법에 의해 대부분 제거되어 버렸다. 통계적 유의성을 가지는 설명변수는 주체적 조건의 변수 중 '청년센터활용 의사', '청년정책 주력분야'만이 남았다. 취준생 청년의 '청년센터 활용 의사'가 1단위 오를 때마다 지역정착의 가능성이 2.381배 증가한다. 대구청년센터와 같은 청년의 참여가 지역정착에 중요하다는 것을 반영한다. 반면에 청년정책 주력분야에 대해서 '청년정책 의견 제시'가 음(−)의 계수로 나타났는데, 이는 취준생에게 있어서 청년정책 의견 제시가 잘 반영되지 않는다는 등의 부정적 견해를 가지고 있음을 의미한다.

경제적 조건 중에 유일하게 통계적 유의성을 가지는 설명변수는 '대구지역 취업의사'이다. 취준생(실업자)이 대구지역에서 취업할 의사가 1단위 증가하면 지역정착의 가능성이 5.762배로 증가하는 것으로 나타났다. 역시 취업은 취준생에게 있어서 지역정착의 매우 중요한 변수이며, 취준생 청년이 지역기업에 취업되면 지역정착 가능성이 매우 높아진다는 것을 의미한다. 취준생 청년은 대구시의 지원에 대해서는 주거 지원을 희망했다. 그러나 계수가 음(−)으로 나타나고 있어, 취준생 청년에게 지금 당장 주거 지원이 긴요하지만 대구시의 청년 주거 지원에 대해서는 부정적 시각을 가지고 있음을 의미한다.

■ 서울로 출향한 청년의 대구로의 귀환 가능성

<표 2-5>는 서울로 출향하여 서울에서 직장에 다니는 대구청

년 100명을 대상으로 설문조사를 하여 대구로의 귀향 가능성을 분석
한 결과이다.[3] 선택된 변수는 경제적 조건에 관한 변수(근무기간, 연봉
수준)와 관계적 조건에 관한 변수(부모의 대구거주, 부모의 경제적 수준)
몇몇이 제거되지 않고 남아 있어 통계적 유의성을 보이고 있다.

먼저 표본의 일반적 특성을 검토해보기로 하자. 일반특성변수인
'연령'은 통계적 유의성은 없으나, 20세 후반은 대구 귀환에 음(−)의
가능성을 가지지만, 20세 전반과 30세 전반은 대구 귀환에 양(+)의
가능성을 가진다. 이것은 대학생활의 마지막을 보내고 있거나 갓 졸
업한 취업 초년생의 청년은 대구로의 귀향보다는 서울정주의 경향이
있다는 것이며, 대학생이거나 졸업 후 취업을 한 청년의 경우는 '연
령'만으로 볼 때 대구로의 귀향 가능성이 존재한다는 것을 의미한다.
'남성' 역시 '여성'에 비해 양(+)의 가능성을 가지지만 통계적 유의성
이 낮다. '학력' 또한 대구 귀환에 음(−)의 상관을 가지는데, 대학원
졸 청년에 비해 고졸, 전문대졸, 대졸 청년은 서울 정주의 의향이 강
하며, 서울정주 의향은 학력이 높아갈수록 낮아지고 있으나 통계적
유의성은 낮은 것으로 나타났다. 대구지역 거주 청년과는 다르게 '결
혼' 여부는 '미혼자'에 비해 '기혼자'가 귀환의 의지가 낮은 것으로 나
타났다. 통계적 유의성은 낮지만 서울에서의 결혼은 대구 귀환의 의
지를 낮추는 경향이 있다는 것을 보여줄 뿐이다. '서울에 온 시기'가
귀환의지에 영향을 미치는지를 분석해보았으나 통계적 유의성이 거
의 없는 것으로 조사되었다. 다만 결혼을 위해 출향한 경우와 비교해
서 학업을 위해 출향했을 때의 귀환 가능성이 더 높은 것으로 나타났

---

3) 이 분석은 종속변수를 대구로의 귀환(1)과 서울 정착(0)으로 설정하고 실행
   한 로지스틱 회귀분석 결과이다. 후진제거법으로 통계적 유의성이 없는 설
   명변수는 제거되었다. 통계적 과정에서 제거되지 않고 선택된 설명변수로
   대구 귀환(1)과 서울 정착(0)을 설명하는 설명력은 56.2%($R^2 = 0.562$)이다.

다. 위의 분석결과를 귀향 가능성의 관점으로 정리하면 다음과 같다. 갓 취업하였거나 취업에 몰두하는 연령대는 귀향에 대한 생각이 없으나 재학시절 혹은 취직 후에는 귀향에 대해 긍정적인 생각을 한다는 점, 남성이 여성보다 그리고 기혼자보다 미혼자의 귀향의지가 더 강하다는 점, 그리고 학력이 높아질수록, 젊은 시절에 출향할수록 귀향의지가 더 강하다는 경향을 보인다. 다만 이런 경향은 본 분석에서 통계적 유의성이 낮다는 점을 전제로 한 것이다.

문화적 조건 중에 통계적으로 유의미한 변수로서는 '삶의 만족도'이다. 우선 '서울에서의 삶의 만족도'가 높을수록 귀환의 가능성은 −0.372배로 감소하고 있음을 보여주고 있다. 이것은 당연한 결과라고 할 수 있을 것이다. 그러나 동시에 서울에서의 '삶의 어려움'이 1단위 증가할수록 귀환의 가능성은 −0.119배로 감소하고 있음을 알 수 있다. 이는 서울생활에서의 어려움이 귀환을 결정하는 데 부정적이다는 것인데, 이러한 현상은 성공해서 고향에 돌아가려는 출향자의 심리적 경향이 있기 때문이 아닐까 생각된다.

이것과 연관해서 흥미로운 점은 '서울 출향을 결정한 것에 대해 만족'하는 청년이라 할지라도 출향 만족이 1단위 증가할 때 귀환의 가능성도 6.299배로 크게 증가하고 있다는 것이다. 이것이 의미하는 바는 '서울 오기를 잘했다'고 생각하는 청년은 서울이 자신의 성장에 큰 도움이 되었고, 또한 서울에서 성공적인 삶을 살았다고 할 수 있는데, 이런 청년일수록 고향으로 돌아가는 '귀환의 부담'이 낮아진다는 것을 의미한다고 할 수 있을 것이다. 우리나라에서 흔히 말하는, 성공해서 고향으로 돌아가는 '금의환향'의 개념과 연관이 있을 것으로 생각된다. 한편 '앞으로도 계속 서울에 거주할 의향'이 있는 청년의 경우, 서울거주 의향이 1단위 증가할수록 귀향의 가능성은 −0.100배로 감소하고 있는데 이것은 서울 정착의향이 강할수록 귀향의사가

〈표 2-5〉 서울로 출향한 대구청년(직장인)의 대구로의 귀환에 관한 로지스틱 회귀분석

독립변수 \ 통계값	B	S.E	Wald	유의확률	Exp(B)
상수항	13.555	5.242	6.687	0.010*	770435.47
연령(ref:34~39세)			3.996	0.262	
- 19~24세	0.714	2.134	0.112	0.738	2.043
- 24~29세	-0.703	1.863	0.142	0.706	0.495
- 30~34세	0.922	1.721	0.287	0.592	2.514
성별(ref:여성)	1.519	0.882	2.970	0.085	4.570
학력(ref:대학원졸)			0.363	0.948	
- 고졸	-1.197	2.207	0.294	0.588	0.302
- 전문대졸	-0.881	1.944	0.205	0.650	0.414
- 대졸	-0.841	1.486	0.320	0.572	0.431
결혼 여부(ref:미혼)	-0.498	1.265	0.155	0.694	0.608
서울로 온 시기(ref:결혼시)			2.408	0.661	
- 대학진학시	2.670	1.970	1.836	0.175	14.439
- 대학원진학시	1.442	1.901	0.575	0.448	4.227
- 취업시	1.648	1.994	0.683	0.408	5.197
- 취업준비시	1.434	1.694	0.716	0.398	4.194
부모 대구거주 여부	0.195	0.877	0.050	0.824	1.216
서울 출향 만족 여부	1.840	0.874	4.436	0.035*	6.299
서울 계속 거주 여부	-2.299	0.811	8.042	0.005**	0.100
삶의 만족 정도	-0.988	0.340	8.463	0.004**	0.372
삶의 어려움	-2.130	0.888	5.749	0.016*	0.119
부모의 경제적 수준	0.442	0.373	1.404	0.236	1.556
서울직장 근무기간(ref:10년 이상)			7.453	0.114	
- 1년 미만	-0.510	1.703	0.090	0.764	0.600
- 1~3년 미만	-2.071	1.975	1.099	0.294	0.126
- 3~5년 미만	0.580	2.095	0.077	0.782	1.785
- 5년~10년 미만	-3.985	2.273	3.074	0.080*	0.019
연봉(ref:4,500만 원 이상)			2.853	0.723	
- 1,500미만	-0.008	1.693	0.000	0.996	0.992
- 1,500~2,000	-2.003	1.448	1.913	0.167	0.135
- 2,000~2,800	-0.762	1.235	0.380	0.537	0.467
- 2,800~3,500	-1.116	1.187	0.883	0.347	0.328
- 3,500~4,500	-0.511	1.119	0.209	0.648	0.600
현직장 만족	-0.352	0.421	0.700	0.403	0.703

카이제곱(χ^2) = 53.723, 자유도 = 28, 유의확률 = 0.002, Nagelkerke R^2 = 0.5620
*: $p < 0.05$, **: $p < 0.01$, ***: $p < 0.001$
N: 100

낮아진다는 당연한 결과를 보이고 있는 것이다.

경제적 조건에 해당되는 설명변수 중에 제거되지 않고 남은 변수로는 '서울직장 근무기간'이다. 10년 이상 근무한 사람과 비교해서 대부분의 근무자는 귀환의향이 감소하는 것으로 조사되었고 통계적 유의성도 낮았다. 다만 5~10년의 직장인은 통계적 유의성이 있는 수준에서 귀환의 가능성이 감소하는 것으로 나타났고, 취업해서 어려움이 가장 큰 기간으로 보여지는 3~5년 차 직장인은 귀환의 가능성이 증가하는 것으로 나타났지만 통계적 유의성이 낮다. 서울 출향 직장인 청년은 취업 초기에 직장에서 적응하고 경쟁하는 시기에는 귀향 가능성이 낮은 반면, 10여 년이 지난 후에는 귀향의 경향성이 증가하는 것으로 생각된다. 그리고 생각했던 것과 달리 '연봉'과 같은 경제적 조건도 귀환을 설명하는 결정적 변수가 아니었고 통계적 유의성도 없다. 연봉 4,500만 원 이상의 고연봉자에 비해 낮은 구간의 연봉자나 높은 구간의 연봉자나 모두 귀환의 가능성이 감소하고 있으며, 모두 통계적 유의성을 보이지 않고 있다. 고액 연봉자에 비해 저액 연봉자가 서울 생활의 고단함으로 인해 귀향의 의지가 증가하리라 예상했지만 그렇지 않았고 통계적 유의성이 없는 수준에서 귀환과는 음(−)의 상관을 보여주고 있음을 알 수 있다. 즉 고액 연봉자에 비해 저액 연봉자는 서울 정착 가능성이 더 크다는 것이다.

관계적 조건의 변수로는 두 개('부모의 대구거주 여부', '부모의 경제적 수준')가 선택되었다. '부모의 대구거주 여부'는 귀환과 양(+)의 가능성을 보이고 있지만 통계적 유의성은 낮다. 부모의 경제적 수준 역시 귀환과 양(+)의 가능성을 보이지만 통계적 유의성이 낮다. 통계적 유의성이 낮다는 전제 위에서 서울 출향자는 부모가 고향에 살고 있는 점이, 그리고 부모의 경제적 수준이 높을수록 귀향 가능성이 커진다는 것을 의미한다.

이상의 분석에서 서울 출향 대구청년의 대구 귀환은 경제적 조건이나 관계적 조건에서 통계적 유의성을 갖지 않는다는 점과 서울에서의 삶의 질 그리고 출향의 만족도가 귀환 의사와 깊은 관계가 있음을 보여준다.

제4절 삶의 만족과 정착 및 귀환의 가능성

앞 절의 분석에서 확인된 것이지만, 지역에서의 삶의 만족도가 높을수록 청년이 그 지역에 정착할 가능성(즉 지역 구심력)이 높았고, 만족도가 낮을수록 그 지역에서 유출될 가능성(즉 지역 원심력)이 높았다. 본 분석에서는 삶의 만족도를 구체화하기 위해 대구 청년에 대해서 '총체적인 삶의 만족도', '여가 만족도', '관계 만족도'를 조사하였다. 본 절에서는 이러한 삶의 만족도가 청년 정착과 귀환에 어떤 영향을 미치는가를 분석하고자 한다. 각각의 만족도에 유사한 반응을 하는 청년을 같은 집단으로 묶고, 이 집단이 지역의 정착과 귀환에 미치는 영향을 분석하였다. 요인분석이라는 방법을 통해서 대구지역 청년을 특성별로 3개의 군집으로 분류하였다. 이와 같이 다양한 특성을 가지는 대구지역 청년 집단이 지역에서 그리고 서울에서의 만족도(종속변수)에 어떻게 응답하고 있는지를 분석함으로써 대구지역 청년의 정주 및 귀환의 조건을 모색하고자 하였다.

■ 대구거주 청년의 만족도로 본 지역정착 가능성

요인분석은 많은 수의 변수들로 구성된 자료를 몇 개의 잠재적 요인에 따라 그 특성을 설명하고자 하는 분석이다. 이 분석은 <표 2-6>에서 보듯이 요인분석을 통해 3개의 요인으로 전체 변이의 52.9%를 설명하는 것으로 나타났다.

<표 2-7>은 요인분석을 통해 구성된 3개의 군집에 특성을 부여한 것이다. 회전된 요인행렬에 의하면 제1요인 군집은 참여적 성격이 강한 청년집단이고, 제2요인 군집은 대구 정주의사가 있는 청년집단이며, 제3요인 군집은 출향의사가 비교적 강한 청년집단으로 명명할 수 있다.

이런 특성을 가진 각 군집(3개의 집단)에 속하는 대구지역 청년이 대구지역에서 느끼는 지역청년의 '삶의 만족도', '여가 만족도', '관계 만족도'와 어떤 관계를 가지는가를 분석한 결과(다중회귀분석)를 다음 <표 2-8>에 정리하였다.

모델Ⅰ은 삶의 만족도에 관한 분석이다. '참여적 의향'을 가진 청년집단(제1요인 군집)일수록 삶의 만족도는 증가(b = 0.194)하며, 대구지역 '정착의지'를 가진 청년집단(제2요인 군집)의 삶의 만족도는 더 큰 비율로 증가(b = 0.315)한다. 반면 '출향의지'를 가진 청년집단(제3요인 군집)일수록 삶의 만족도는 감소(b = -0.283)하는 것으로 나타났다.

〈표 2-6〉 설명된 총분산

요인	초기 고유값		
	전체	분산	누적(%)
1	1.844	23.051	23.051
2	1.313	16.408	39.459
3	1.075	13.442	52.901
4	0.895	11.192	64.094
5	0.876	10.951	75.045
6	0.828	10.352	85.397
7	0.768	9.601	94.998
8	0.400	5.002	100.000

추출방법: 주성분분석

〈표 2-7〉 회전된 요인행렬[a]

잠재적 요인	요인		
	1	2	3
군집의 특성	참여적 청년 군집	대구 정주의사 청년 군집	출향의사 청년 군집
대구거주 기간	0.007	0.327	0.002
앞으로 대구에 정착의사	-0.003	0.544	-0.067
부채의 정도	-0.104	0.298	0.197
부모의 경제적 수준	0.000	-0.028	-0.341
창업의향 여부	0.215	-0.057	0.269
교통정책에 관심 (예 버스시간 운행연장)	0.243	-0.278	-0.012
청년정책 형성에 참여의사	0.744	-0.079	0.037
청년센터 활용의사	0.793	0.002	0.071

추출방법: 주성분분석
회전 방법: Kaiser 정규화가 있는 베리멕스
a: 5회 반복계산에서 요인회전이 수렴

일반적으로 통계적 유의성은 없지만 직장인에 비해 학생, 주부, 취준생, 자영업 청년의 삶의 만족도는 직장인에 비해 음(-)의 값을 가지는 것으로 나타났는데, 통계적으로 유의미하게 직장인 청년에 비해 만족도가 낮은 청년은 취준생뿐이다. 취준생의 삶의 만족도가 얼마나 열악한지를 잘 보여주고 있다. 통계적 유의성은 낮지만 남성에 비해 여성이, 미혼자에 비해 기혼자가 삶의 만족도에 양(+)의 상관성을 가진다.

대구지역 청년 중에 참여의지와 정착의지가 있는 집단(각각 군집1유형, 군집2유형)은 삶의 전반적인 만족도에 긍정적 반응을 보이는 반면, 출향의지가 있는 집단(군집3유형)은 삶의 만족도에 부정적인 반응을 보이고 있다는 것을 확인할 수 있고 이러한 경향이 청년의 지역정착에 결정적 영향을 미칠 것으로 생각된다.

〈표 2-8〉 대구지역 청년의 만족도에 따른 정착 가능성

분석모델 (종속변수) / 설명변수	Model I (삶의 만족도)			Model II (여가 만족도)			Model III (관계 만족도)		
	b	t	유의확률	b	t	유의확률	b	t	유의확률
상수항	5.476	20.214***	0.000	3.349	23.481	0.000	1.432	10.764***	0.000
나이(ref:19~24세)									
-25~29세	-0.282	-1.424	0.155	0.040	0.380	0.704	-0.024	-0.250	0.803
-30~34세	-0.095	-0.411	0.681	-0.205	-1.678	0.094	-0.071	-0.621	0.535
-35~39세	-0.290	-1.172	0.242	-0.090	-0.692	0.489	-0.300	-2.467*	0.014
성별(ref:남성)	0.249	1.944	0.052	-0.034	-0.511	0.609	-0.035	-0.561	0.575
결혼여부(ref:미혼)	0.244	1.072	0.284	-0.277	-2.320*	0.021	-0.059	-0.530	0.596
직업(ref:직장인)									
-자영업	-0.240	-0.979	0.328	0.110	0.853	0.394	0.124	-0.250	0.302
-전업주부	-0.267	-1.082	0.279	-0.042	-0.326	0.744	0.080	-0.621	0.509
-학생	0.106	0.496	0.620	-0.189	-1.682	0.093	-0.243	-2.467*	0.021
-취준생	-0.741	-4.054***	0.000	-0.259	-2.691**	0.007	-0.299	-3.329***	0.001
학력(ref:고졸)									
-전문대졸	0.240	1.037	0.300	0.057	0.467	0.641	-0.088	-0.773	0.440
-대졸	0.265	1.180	0.238	-0.008	-0.068	0.946	-0.191	-1.738	0.083
-대학원졸	0.460	1.500	0.134	0.263	1.630	0.103	-0.295	-1.955*	0.050
군집1유형 (참여적 청년)	0.194	3.227***	0.001	-0.061	-1.914	0.056	-0.022	-0.752	0.452
군집2유형 (대구 정주의향 청년)	0.315	4.108***	0.000	0.114	2.814***	0.005	0.433	11.500***	0.000
군집3유형 (출향 성향 청년)	-0.283	-4.492***	0.000	-0.157	-4.722***	0.000	-0.041	-1.323	0.186

Model I: F=4.855***, 자유도=24, 유의확률=0.000, R^2=0.122
Model II: F=3.560***, 자유도=24, 유의확률=0.000, R^2=0.092
Model III: F=11.985***, 자유도=24, 유의확률=0.000, R^2=0.255
*: $p < 0.05$, **: $p < 0.01$, ***: $p < 0.001$
N: 811

다음으로 Model Ⅱ는 여가 만족도를 종속변수로 하고 있다. 여가 만족도는 대구에 '정착의지'를 가진 청년집단에게서 긍정적으로 나타난 반면에 대구로부터 '출향의지'를 가진 청년집단에서는 부정적인 것으로 나타났다. 여유로운 생활과 문화적 만족도가 지역청년의 정착의지에 영향을 미치고, 출향의지가 있는 청년에게는 지역의 여가환경이 출향의 원인이 된다는 것을 알 수 있다. 반면에 '참여의지'를 가진 청년 집단에서는 여가 만족도가 부정적인 계수값(−)을 갖지만 통계적 유의성이 없는 것으로 분석되었다. 직장인에 비해 취준생의 여가 만족이 부정적으로 조사되었고, 미혼자에 비해 기혼자의 여가 만족이 마이너스로 조사되었다.

마지막으로 Model Ⅲ은 관계적 만족도를 종속변수로 하고 있다. 관계적 만족도는 대구 정착의지를 갖는 청년집단에만 통계적 유의성을 가진다. 지역청년의 가족관계, 사회적 관계자본이 강할수록 지역 정착의향이 증가한다는 것을 알 수 있다. 참여적 성향을 갖는 청년집단이나 출향적 성향을 갖는 청년 집단에게는, 통계적 유의성은 없지만, 관계 만족도가 부정적으로 나타나고 있다.

취업준비생, 대학원 졸업생은 관계적 만족도가 부정적인 것으로 조사되었는데, 이는 이들 청년이 구직의 어려움을 겪거나 학력이 높아 적합한 일자리를 구하지 못함으로 오는 괴리감 같은 상황과 결부되어 있을 것으로 보인다.

■ 서울에 거주하는 대구청년(직장인)의 만족도로 본 지역 귀환 가능성

서울에 거주하는 대구청년 중에 100명의 직장인을 대상으로 설문조사한 결과를 앞에서 분석한 방법과 같은 방식으로 3개의 잠재적

〈표 2-9〉 설명된 총분산

요인	초기 고유값		
	전체	분산	누적(%)
1	2.150	26.876	26.876
2	1.997	24.965	51.841
3	1.185	14.809	66.650
4	0.869	10.863	77.513
5	0.737	9.218	86.731
6	0.520	6.501	93.232
7	0.354	4.425	97.657
8	0.187	2.343	100.000

추출방법: 주성분분석

집단(요인)으로 분류하고, 이들 집단이 서울에서의 '삶의 만족도'와 '직장에서의 만족도', 그리고 '출향한 것에 대한 만족도'에 대해 어떻게 생각하고 있는지를 분석하였다. 우선 〈표 2-9〉에서 보듯이, 요인분석을 통해 고유값이 1 이상인 요인을 3개 발견하였고, 이 3개의 잠재적 요인으로 3개의 집단을 구성하면, 그 집단이 전체 변이의 66.7%를 설명하는 것으로 분석되었다.

〈표 2-10〉에서 볼 수 있듯이, 3개의 군집에서 중요한 특성을 발견할 수 있다. 제1요인 군집은 대구에 대한 '부정적 견해'를 가지고 있으며 이들은 대구로의 귀환의사가 없다는 특징을 가지고 있는 군집이다. 제2요인 군집은 상당기간 서울에 거주하면서 안정적인 직장과 소득을 가지는 자들로서 '서울에 정착'한 청년집단이며 이들은 대구로의 귀환에 부정적인 성격을 가진다. 제3요인 군집은 서울에서의 거주기간이 길지 않음에도 불구하고 대기업, 고액연봉을 누리는 성

〈표 2-10〉 회전된 요인행렬[a]

잠재적 요인	요인		
	1	2	3
군집의 특성	대구에 부정적 인식으로 귀환의사가 없는 군집	서울에 정착한 귀환의사가 없는 군집	서울에 성공적으로 정착한 귀환의사가 있는 군집
서울 거주기간	0.102	0.798	0.193
서울로 오게 된 이유	0.888	0.016	0.085
대구에서의 불편함	0.922	− 0.073	0.036
대구로 돌아갈 의향	− 0.621	− 0.156	0.179
부모의 경제적 수준	− 0.019	0.244	− 0.625
서울에서의 직장 근무 기간	− 0.012	0.831	− 0.050
서울 직장의 규모	− 0.139	0.214	0.763
총연봉 수준	0.082	0.470	0.732

추출방법: 주성분분석
회전 방법: Kaiser 정규화가 있는 베리멕스
a: 4회 반복계산에서 요인회전이 수렴

공적 정착 집단으로서 대구로의 '귀환의사'를 가지고 있다는 특성이 있다.

서울에서의 '삶의 만족도'(모델Ⅰ), '출향 만족도'(모델Ⅱ), '직장 만족도'(모델Ⅲ)를 종속변수로 하는 3개의 모델을 설정하고, 나이·성별·학력·결혼 등의 일반특성 변수와 제1요인 군집, 제2요인 군집, 제3요인 군집이 이들 만족도와 어떤 상관관계를 가지고 있는지를 분석하였다(다중회귀분석). 그 분석 결과를 정리한 것이 <표 2-11>이다.

Model Ⅰ은 '삶의 만족도'를 종속변수로 하고 있다. 대구에 대한 '부정적 견해'를 가진 청년집단(제1요인 군집)은 서울에서의 삶의 만족

〈표 2-11〉 서울 출향 청년(직장인)의 만족도에 따른 귀환 가능성

분석모델 (종속변수)／설명변수	Model I (삶의 만족도)			Model II (출향 만족도)			Model III (직장 만족도)		
	b	t	유의확률	b	t	유의확률	b	t	유의확률
상수항	5.976	8.574***	0.000	3.556	17.060***	0.000	1.432	10.764***	0.000
나이(ref:19~24세)									
− 25~29세	0.229	0.453	0.652	−0.070	−0.463	0.645	−0.024	−0.250	0.803
− 30~34세	−0.100	−0.168	0.867	−0.155	−0.866	0.389	−0.071	−0.621	0.535
− 35~39세	−1.242	−1.456	0.149	0.089	0.348	0.728	−0.300	−2.467*	0.014
성별(ref:남성)	−0.378	−1.085	0.281	−0.149	−1.430	0.156	−0.035	−0.561	0.575
결혼여부(ref:미혼)	0.426	0.874	0.385	−0.090	−0.617	0.894	−0.059	−0.530	0.596
학력(ref:고졸)									
− 전문대졸	0.261	0.352	0.726	−0.092	−0.413	0.680	−0.088	−0.773	0.440
− 대졸	0.214	0.434	0.666	−0.142	−0.413	0.340	−0.191	−1.738	0.083
− 대학원졸	−0.247	−0.358	0.721	−0.028	−0.134	0.894	−0.295	−1.955*	0.050
대구에 부모 거주 (ref:거주함)	−0.263	−0.632	0.529	−0.122	−0.976	0.332			
가구소득(ref:200미만)									
− 200~300 미만	0.445	1.015	0.313	−0.170	−1.300	0.197			
− 300~400 미만	0.733	1.379	0.172	−0.365	−2.296*	0.024	−0.088	−0.773	0.440
− 400~500 미만	0.661	0.982	0.329	−0.093	−0.464	0.644	−0.191	−1.738	0.083
− 500~600 미만	0.392	0.460	0.647	−0.131	−0.516	0.608	−0.295	−1.955*	0.050
− 600 이상	1.174	1.523	0.132	−0.108	−0.469	0.640			
직장지위(ref:정규직)							−0.088	−0.773	0.440
− 비정규직	0.206	0.389	0.698	−0.159	−1.001	0.320	−0.191	−1.738	0.083
− 자영업	−0.859	−0.579	0.564	−0.106	−0.239	0.812	−0.295	−1.955*	0.050
군집1유형 (대구 부정적 청년)	0.421	2.708**	0.008	0.779	16.749***	0.000	−0.022	−0.752	0.452
군집2유형 (서울 정착청년)	0.246	1.345	0.182	0.030	0.552	0.582	0.433	11.500***	0.000
군집3유형 (귀환의사가 있는 안정적 정착청년)	−0.212	−1.139	0.258	0.045	0.804	0.424	−0.041	−1.323	0.186

Model I : F=1.091*, 자유도=19, 유의확률=0.376, R^2=0.206
Model II : F=19.945***, 자유도=19, 유의확률=0.000, R^2=0.826
Model III : F=1.485, 자유도=19, 유의확률=0.114, R^2=0.261
*: p < 0.05, **: p < 0.01, ***: p < 0.001
N: 100

에 양(+)의 상관관계를 가지는 것으로 조사되었다. 말하자면 서울에서의 삶의 만족이 증가할수록 대구로의 귀환 의사가 없는 것이다. 통계적으로 유의성도 높은 것으로 나타났다. 그러나 서울에 성공적으로 정착한 '귀환의사'가 있는 청년집단(제3요인 군집)은 서울에서의 삶에 그리 큰 만족을 느끼지 않는 것으로 나타났다. 성공한 청년 집단임에도 불구하고 귀환의사가 존재한다는 것이다. 그러나 그 계수의 값이 통계적으로 유의성이 낮다는 점을 전제로 한 것이다. 그리고 다른 일반적 특성의 변수 모두는 통계적 유의성을 갖지 않지만, 나이가 많은 청년일수록 그리고 학력이 높을수록 서울에서의 삶의 만족도는 감소하고 있다. 반면에 소득수준이 높을수록 서울에서의 삶의 만족이 높아지고 있음도 확인할 수 있다.

　　Model Ⅱ는 '출향 만족도'를 종속변수로 하고 있다. 출향 만족도는 대구에 대한 '부정적 견해'를 가지는 제1요인 군집에서 통계적으로 유의미하게 나타났다. 이 집단은 출향하기를 잘했다는 견해를 강하게 보이고 있다. 제2요인 군집과 제3요인 군집도 출향 만족도에 양(+)의 반응을 보이지만 통계적으로는 유의하지 않다. 흥미로운 점은, 비록 통계적 유의성을 가지지는 않지만 나이·소득수준·학력 등의 대부분의 변수들이 출향 만족도와 마이너스 상관관계를 보이고 있다는 점이다. 이것은 대구에서 서울로 출향한 것이 기대한 만큼의 큰 만족을 주지 않고 있다는 것을 반영하고 있다고 생각된다. 특히 Model Ⅲ의 직장 만족도에서도 이들 설명변수들이 역시 마이너스 값을 보이고 있는 것도 같은 의미를 가지고 있다고 볼 수 있을 것이다. 많은 비용을 지불하고 서울로 왔지만 그것이 그렇게 큰 만족을 주고 있지 않다는 것을 의미한다고 볼 수 있을 것이다. 이는 통계적 유의성은 없다는 것을 전제로 한 해석이다.

　　Model Ⅲ은 '직장 만족도'를 종속변수로 하고 있다. 직장 만족도는 서울에 정착하고 귀환의사가 없는 제2요인 군집에서 매우 강하게 나타났다. 직장에서의 만족이 이 집단을 서울에 정착하게 하는 요인임을 알 수 있다. 그러나 대구에 '부정적 견해'를 가진 제1요인 집단의 직장 만족도는 음(-)의 관계를 가진다. 이것은 제1요인 집단이 서울에 성공적으로 정착하지 못한 이유도 있겠지만, 서울에서의 직장이 불만스러움에도 대구로 귀환할 의사도 없다. 대구에서도 만족스러운 직장을 얻을 수 없다는 생각에서일 것이다. 반면에 흥미로운 점은 서울에서 성공적으로 정착한 제3요인 집단도 직장 만족도에 음(-)의 관계를 보이고 있다. 이것은 다른 의미를 가진다고 할 수 있다. 이들 집단은 대규모 기업에서 고액의 연봉을 받으면서도 서울에서의 직장 만족도가 음(-)인 것은 이들의 마음 속에 귀환 의지가 있기 때문인 것으로 보인다. 직장만으로 그들의 삶이 만족되지 않는다는 것을 의미한다. 이들에게 만약 대구에서 괜찮은 일자리가 주어지기만 하면 귀환의 의지가 실행될 수도 있을 것이다.

제5절 지역의 구심력 강화를 위하여

이번에 수행된 설문조사를 기반으로 한 분석의 결과를 정리하면 다음과 같다.

청년의 지역정착에 있어서 결혼은 매우 중요한 결정요인이다. 지역에서 결혼을 하면 정착 가능성은 크게 증가한다. 동시에 직장이 안정되면 지역정착 가능성이 증가하고 직장문제가 해결되지 않으면 지역을 떠날 가능성이 증가한다. 분석과정에서 임금과 같은 경제적 변수 대부분이 제거되어 통계적 의미를 상실하였지만 직장만이 제거되지 않고 남았는데, 직장의 어려움은 정착 가능성을 저하시킨다.

주목할 것은 삶의 만족도, 여가의 만족도가 증가할수록 정착의 가능성이 증가한다는 점이다. 특히 청년의 삶의 만족감을 더하는 여가활동 중에도 사회활동을 통한 만족도가 증가하면 정착 가능성이 크게 증가한다. 이는 지역청년의 삶의 만족이 사회적 관계망 속에서 발생한다는 것을 보여주며 이러한 사회적 관계망이 청년의 지역정착에 매우 큰 영향을 미친다는 것을 알 수 있다.

본 분석에서 특히 주목한 것은 청년의 주체적(참여적) 변수이다. 청년의 목소리가 지역사회에서 의미를 가질 때 청년의 정착 가능성이 증가한다는 것이다. 예를 들면 '청년정책에 참여할 의사'가 높은 청년일수록 지역정착 가능성이 크게 증가한다는 것이다. 이번 분석에서는 참여적 변수의 지역정착 영향력이 가장 큰 것으로 분석되었다. 청년센터와 같은 공간을 통해 자신의 의견을 제시하고 청년정책 발굴에 직접 참여하는 것이 청년의 지역정착에 큰 영향을 미치는 것으로 나타났다.

청년을 학생, 취업준비생, 직장인 등 지위별로 보면 ① 학생은 여가만족, 특히 사회적 관계망을 통한 여가활동이 정착 가능성을 크게 높이며, 학생 청년은 아직 주체적 참여의식이 강하게 나타나고 있지 않지만, 창업과 같은 전문적 분야 특히 창업교육과 같은 직업교육에 대해서 큰 불만을 보이고 있어 학생 청년의 지역정착을 위해서 직업교육의 중요성을 지적할 수 있다. 학생 청년의 지역정착을 제고하기 위해 청년프로그램과 창업지원의 수준을 높이고 적극적인 활동을 전개할 필요가 있다. ② 직장인의 경우, 경제적 변수들은 대부분 제거되고 직장결정요인만 남았다. 대구지역의 직장 규모, 성장가능성, 특히 직장분위기, 일과 가정의 병행과 같은 요소들은 직장인 청년의 정착요인을 크게 감소시킨다. 이는 대구지역의 직장근무 여건이 열악함을 의미한다. 특히 주목할 것은 직장인들에게 문화적 요인이 지역정착에 큰 영향을 미치는 것으로 나타났다는 점이다. 여가 만족도가 직장인의 정착 가능성을 낮추고 있는데, 이는 지역청년의 문화적 불만을 의미한다. 또한 참여적 변수들 중에서 청년의 주체적 활동을 지원하는 대구청년센터의 역할이 지역정착에 긍정적 영향을 주는 것으로 조사되었다. 구체적으로 말하자면 지역청년이 청년정책 의제 발굴 프로그램에 1단위 참여할수록 지역정착 가능성이 9.96배 증가하는 것으로 분석되었다. 그러나 동시에 청년정책 참여, 청년정책 제시, 혁신 활동지원 등의 실제적인 청년사업에 대해서는 정착 가능성을 낮추는 것으로 나타나는데 이것은 정책제안이 반영되지 않아 오히려 역효과를 낳는 것으로 해석할 수 있다. ③ 취준생의 경우, 진로취업교육이 취준생 청년의 정착 가능성을 크게 높이는 것으로 분석되었으며, 특히 대구지역기업에 취업의사를 가진 청년일수록 지역정착 가능성을 5.76배 크게 제고시킨다. 지역기업에 대한 정보제공을 통한 지역기업과 지역청년 취준생과의 미스매치 해결이 지역정착에 얼마나 중요한가를 여실히 보여주고 있다.

서울출향 청년의 귀환 가능성은 일단 결혼을 하면 낮아진다. 반면에 나이가 들거나 학력이 높아질수록 귀환 가능성이 증가하고 있다. 여기에서 주목할 것은 서울에서의 '삶의 만족도'가 대구로의 귀환에 통계적 유의성을 보이고 있다는 점이다. 흥미로운 점은 서울 출향을 만족하는 청년일수록 귀환의 가능성이 높다는 점이다. 연봉과 같은 경제적 변수는 귀환의 결정요인이 아니며, 오히려 관계적 변수 중에 대구에 부모가 살고 있다는 점이 귀환의 가능성을 높이고 있다. 서울에서의 삶의 만족도가 증가할수록 대구로의 귀환 가능성이 낮아지는 것은 당연하지만, 반면에 서울에서의 삶이 어려울수록 대구로의 귀환 가능성도 낮아지고 있다. 서울에서의 어려움이 지역청년을 지역으로 회귀시키는 것이 아니라 귀환의 부담으로 작용하는 것으로 보인다. 소위 성공해서 돌아가려는 '금의환향'의 경향이 아닌가 생각된다.

청년을 지위별로 구분하지 않고 청년의 성향별로 구분하여 정착과 귀환의 가능성을 분석해보았다. 정착과 귀환이 만족도에 크게 영향을 미친다는 점을 감안한 것이다. 지역거주 청년 중에 참여적 성향을 가진 집단, 정착의지를 가진 집단일수록 삶의 만족도가 높아 정착 가능성이 높다는 것을 알 수 있었고, 반면 출향의사를 가진 집단은 지역에서의 삶의 만족도가 낮아 정착 가능성을 낮춘다는 것을 알 수 있었다.

동시에 지역거주 청년 중에 정착의지를 가진 청년집단은 여가 만족도가 높아 정착 가능성이 높지만 출향의지를 가진 청년집단은 여가 만족도가 낮아져서 정착 가능성을 낮추고 있다. 여유로운 생활과 여가 만족도가 지역청년의 정착 가능성을 높이는 중요한 결정요인임을 확인할 수 있었다.

특히 주목할 만한 것은 지역에 정주할 의향을 가진 청년 집단에게 있어서 사회적 관계자본이 증가할수록 지역정착 가능성이 높게 나타난다는 점이다. 사회활동, 참여활동 등의 관계망 확충을 위한 지역 배려의 중요성을 지적할 수 있을 것이다.

마지막으로 서울로 출향하여 서울에서 직장생활을 하고 있는 대구청년 중에 대구에 대해 부정적인 인식이 있는 청년 집단은 서울에서의 삶의 만족도도 높고, 출향 만족도도 높아서 귀환 가능성이 낮게 나타난다. 대구에 대한 부정적 인식을 제거하는 일이 귀환 가능성을 높일 것이다. 대구지역의 문화와 역사를 학생시절부터 이해하고 탐구하는 일이 중요하다는 점을 확인할 수 있는 대목이다.

이 분석에서 주목할 만한 점은 서울에서 성공적으로 정착한 청년이라 할지라도 대구로의 귀환의지가 있는 청년집단은 서울에서의 삶의 만족도가 증가하지 않는 것으로 나타났다. 그뿐만 아니라 직장 만족도 역시 증가하지 않는 것으로 나타났다. 비록 서울에서 경제적 성공을 한 청년이라 할지라도 대구에 대해서 긍정적이고 귀환할 의사가 있는 청년집단에게는 잠재적 귀환 가능성을 감소시키지 않는다는 점을 의미한다. 이런 분석 결과는 대구지역이 어떤 지역정책을 취하는가에 따라서 지역귀환의 잠재적 가능성이 열려 있다는 것을 의미한다.

제 3 장

청년의 지역귀환 가능성: 대구청년의 심층 인터뷰

제1절 선택의 기로에 선 청년들

한국은 지난 반세기 동안 최빈국 수준에서 OECD회원국으로 가입할 정도의 급속한 경제성장을 이루었다. 그러나 이러한 성장과정에서 중앙집중적인 기획과 서울중심의 성과배분으로 인해 지역·계층·산업 간 불균형이 심화되고 있으며, 이로 인한 서울집중 현상이 갈수록 심화되고 있다.

최근에 발표된 각종 자료를 살펴보면 서울에는 전국대비 인구 18%, 상위권 대학 60%, 금융의 60%가 집중되어 있으며, 특히 경제적인 측면에서 살펴보면 사업체 42.6%와 종사자 46.8%가 서울에 집중되어 있을 뿐 아니라 대기업 본사는 거의 대부분 서울에 입지하고 있다. 여기에 더하여 문화와 정보발신의 기지로써의 기능집중도는 보다 큰 격차를 보이고 있다. 이에 따라 서울은 다양한 방면에서 집적이익을 극대화하고 있으며, 정보화 사회의 진전과 더불어 지방과의 격차는 더욱 커지고 있다.

서울과 지방의 교육, 문화, 정보, 경제력 격차는 당연히 인구의 서울이동으로 귀결된다. 특히 자신의 인생을 설계하는 시점에 있는 청년에게 월등한 초기조건을 가지고 있는 서울로의 이동에 대한 유인효과는 매우 크다. 우선 서울에는 우수한 대학이 집중되어 있기 때문에 고등학교를 졸업한 청년들이 우수한 교육환경을 찾아서 서울로 몰리게 된다. 한국은 젊은이의 진로결정에 있어서 경로의존성(Path dependency)이 강한 사회로, 우수한 대학출신이 좋은 직업군에 진출할 수 있는 가능성이 매우 큰 사회시스템을 가지고 있다. 그리고 한국은 대기업 중심의 경제구조를 가지고 있으며, 대부분의 대기업이 서울에 입지하고 있어 서울로의 이동은 직업선택에서도 절대적으로 유리하게 작용하게 된다. 또한 서울은 문화, 정보 면에서도 지방에 비하여 압도적으로 유리한 환경에 있다. 세계화의 흐름 속에서 해외의 예술이나 유행에 관한 최신 정보는 서울을 통하여 유입되고 있으며 한국형 문화, 예술, 정보의 발신기지로써의 기능도 대부분 서울에서 이루어지고 있다.

이러한 교육, 문화, 정보, 경제의 서울 집중화는 한국의 청년으로 하여금 중대한 선택의 기로에 서게 만들고 있다. 지방거주 청년이 서울이동이라는 선택을 하게 되면 다양한 분야에서 많은 기회를 제공받게 되지만, 지방에 남는 선택을 하게 되면 기회의 포기라는 상대적인 불이익에 직면하게 되는 것이다.

그러나 청년의 서울이동이라는 선택에는 적지 않은 기회비용이 발생하게 마련이다. 우선 서울에 정착하기 위해서는 지방에 비하여 큰 경제적 부담을 감당하여야만 한다. 서울의 주거비, 교통비, 식비 등 생활비 수준은 지방에 비해 매우 높다. 주거비의 경우 젊은 층이 선호하는 원룸의 임대료를 살펴보면 지역에 따라 차이는 있지만 대략 지방도시에 비해 30~40% 이상 높은 실정이다. 그리고 교통비, 식비 등 생활비도 지방에 비해 20~30% 높은 편이다.

다음은 지방에서 유지되어 온 인적 네트워크가 소실될 가능성이 있다. 20대에 접어드는 청년에게 부모, 형제, 친척 등 1차 집단뿐만 아니라 학교, 학원, 기타 활동을 통하여 형성하여 온 친구관계는 매우 소중한 사회적 자본이라 할 수 있다. 서울로 이동해 버리면 이러한 인적 네트워크가 무너질 가능성이 있다.

또한 이동하는 청년들에게는 새로운 환경에 적응해야만 하는 어려움이 있다. 서울로 이동하기 전에는 가족과 함께 생활하고 있었고, 친구, 동료 등 기존의 인간관계 속에서 편안함과 익숙함이 있었다. 그러나 서울에서의 생활은 달라진 환경과 더불어 모든 부문에서 새로운 적응 과정을 겪어야만 한다. 감수성이 예민한 청년에게는 모든 것을 스스로 해결해야만 하는 새로운 환경에 대한 적응도 부담으로 작용될 수 있다.

이와 같이 지방청년의 서울이동에는 장단점이 있지만, 오늘날 한국사회에서 살아가고 있는 지방출신 청년에게는 '지방에 남을 것인가'와 '서울로 떠나 갈 것인가'의 선택이 자신의 미래를 좌지우지하는 기로를 맞이하게 된다.

20대 전반기 청년의 서울이동은 한국에 있어서 매우 중요한 사회적 문제로 대두되고 있다. 청년층의 대규모 서울이동은 지방의 성장잠재력 약화를 초래하고, 이것이 다시 서울과 지방의 격차를 확대시키는 악순환 구조를 강화시키고 있는 것이다. 따라서 청년의 서울이동에 대한 실태를 파악하고 이동의 요인과 이러한 동향이 한국사회에 미치는 영향을 파악하는 것은 매우 중요한 과제이다. 이러한 사회적 요청에 따라 지방에서 서울로 이동하는 청년에 관한 많은 연구가 이루어져 왔다. 지금까지의 연구는 주로 지역청년의 역외유출 원인을 취업 시 소득수준, 취업 기회 등 경제적 요인과 주거, 문화, 교육기회 등 사회환경적 요인에 초점을 맞추어 분석해 왔다. 그러나 청년의 이동에 영향을 미치는 것으로는 주변 환경과 경제적 요인 외에 다른 요인도 있을 것이다. 여기에서는 경제적, 환경적 요인 외 사회심리적 요인에 주목하여 사회자본, 사회적 관계망, 그리고 주민의식, 자아실현 등의 주체적 요인이 청년의 지역정주와 이동에 어떠한 영향을 미치는지에 대하여 알아보기로 한다. 청년에게 있어서 부모, 친척 그리고 친구의 존재는 중요한 사회자본이 되며 이러한 사회자본의 관계망은 청년의 지역이동을 결정하는 중요한 요소가 될 것이다. 또한 정체성, 주민의식, 고향의식, 소속감의 강도 또한 자신의 존재가치를 증명하는 중요한 요소가 될 것이다.

여기에서는 대구지역 청년을 대상으로 한 심층면접 조사를 바탕으로 지역청년의 서울이동에 대한 인터뷰 결과를 소개하기로 한다. 조사결과의 객관성과 포괄성을 확보하기 위하여 면접대상자는 성별, 연령, 학력, 출신학교 등의 속성을 고려하여 다양하게 배분하여 선정하였다.

우선 대상자를 '지역에 정주하고 있는 청년'과 '서울로 이동한 청년'의 두 그룹으로 나누었다. 지역 정주청년은 속성에 따라 ① 고등학교·전문대학 재학생, ② 대학재학생, ③ 취업준비생, ④ 취·창업자, ⑤ 지역활동가 등 5개 카테고리별로 각 4~5명을 선정하였다. 그리고 서울 출향청년은 ① 서울지역 대학재학생, ② 대구의 고등학교·전문대학을 졸업한 후 서울에서 취업한 자, ③ 대구에서 대학을 졸업한 후 서울에서 취업한 자, ④ 서울에서 대학을 졸업한 후 서울에서 취업한 자 등 4개 카테고리에서 각 3~5명을 선정하였다.

다양한 계층의 청년들의 서울이동과 지방정주에 대한 요인을 정확하게 파악하기 위해서는 설문조사를 통하여 얻을 수 있는 양적 자료로는 한계가 있다. 청년의 마음 깊은 곳의 이야기를 듣기 위하여 전문연구자가 청년과 1 : 1로 대면하여 1인당 1~2시간 심층면접을 통하여 자료를 수집하였다.

제2절 지역에 남기로 한 청년들

앞에서 살펴본 바와 같이 오늘날 한국사회의 지방출신 청년은 지방에 남든지 서울로 떠나가든지 양자택일의 기로에 직면해 있다. 여기에서는 지방에 남기로 한 청년들이 지역정주를 결정한 요인에 대하여 알아보기로 한다. 청년의 지역정주에는 여러 가지 요인이 있겠지만 여기에서는 사회자본, 사회적 관계망, 고향의식, 자아실현 등 사회심리적인 요인이 의사결정에 어떠한 영향을 미치고 있는지를 중심으로 접근해 보기로 한다.

<표 3-1>은 대구지역에 남기로 한 청년들의 지역정주와 이동에 대한 생각을 알아보기 위한 대상자를 속성별로 정리한 것이다. 대상자는 다양성 확보를 위하여 지역청년을 현재의 활동유형에 따라 고등학교·전문대학 재학생, 대학재학 및 취업준비생, 취·창업자, 지역활동가 등 5개 유형으로 나누어 선정하였다. 대상자의 선정에는 속성차이에 따른 편차를 줄이기 위하여 가능한 한 성별과 전공, 업무 분야 등의 배분을 고려하였다. 학생의 전공은 인문계열과 자연계열로 나누어 배분하였으며, 취업자의 경우 업무분야를 생산직과 사무직으로 구

〈표 3-1〉 대구 정주청년 대상자

내용	남	여	계	비고
대구지역 대학 재학생	2명	2명	4명	인문계열(3), 자연계열(1)
대구지역 고교·전문대학 재학생	2명	2명	4명	고교(2), 전문대학(2)
대구지역 취업준비생	2명	2명	4명	인문계열(2), 자연계열(2)
대구지역 취업자·창업자	4명	1명	5명	취업(2), 창업(3)
대구지역 청년활동가	1명	3명	4명	시민단체(3), 문화·예술(1)

자료: 대구광역시 청년센터(2016), 『청년정주도시 대구 아젠다 2017』

분하였으며 창업자도 대상자에 포함하였다. 활동가의 경우 시민단체와 문화예술 분야로 구분하였으며, 대상자 연령은 10대 후반~20대 초반 학생으로부터 30대 취·창업자까지 다양하게 구성하였다.

청년들의 지역정착과 이동을 결정하는 요인은 각자의 주어진 여건에 따라 다양하게 나타날 것이다. 우선 경제적 요인으로는 지방거주에 따른 생활비 지출여부, 취업 가능성, 임금격차, 기업규모 등이 있으며, 사회문화적 요인으로 교육·문화여건, 사회 분위기, 결혼·육아의 애로 등이 있다. 그리고 사회적 자본으로 부모, 친구 등 네트워크의 중요성과 부모 봉양, 형제관계의 부담, 친인척과 주변의 시선도 정착과 이동을 결정하는 요인이 될 수 있으며, 자아실현을 구현할 수 있는 장으로서 지역의 역할도 중요한 선택 요소가 될 것이다. 여기에서는 이와 같은 요인을 고려하여 대상자와 1:1로 마주 앉아 심층조사를 통한 면담을 진행하였다. 지역정주와 이동을 결정한 전후 사정에 대하여 지역에 남기로 한 청년들의 솔직담백한 생각을 들어보기로 하자.

1. 출세보다 친구가 좋아서

청년이 지역정착 여부를 결정하기 위해서 고려해야만 할 것으로는 생활환경을 결정하는 경제적 조건, 문화·환경적 조건 외에도 부모, 친구와 같은 인간관계 네트워크의 유지여부도 중요한 요소가 될 것이다. 현재 대구에 거주하고 있는 청년에게 지역에 정착하기 위해서 필요한 사항을 경제적 조건, 문화·환경적 조건, 사회적 자본 조건으로 구분하여 물어보았다.

고등학교와 대학에 재학 중인 학생이 포함된 일군의 청년들은 부모, 친구 등 인적 네트워크의 유지는 절대적으로 중요하지만, 문화·환경적 조건과 경제적 조건은 그다지 중요시 하지 않은 것으로 나타난다. 이 유형의 청년들은 서울이동이 가져다주는 다양한 혜택의 기회보다 인간관계적인 측면이 중요하기 때문에 지역에 남기로 한 것이다.

타지에서 다른 사람과 새로운 인간관계를 맺는 것에 대한 부담과 부모 친척이 있는 대구에서의 생활이 주는 편안함의 매력이 크며, 인간관계의 충족이 대전제이고 문화를 즐길 수 있는 환경이 정비되면 좋겠다는 등 비교적 연령대가 낮은 여학생들은 무엇보다도 기존의 인간관계를 유지할 수 있는 조건이 중요하다고 인식하고 있다.

■ 대구에 정착하기 위해서는 어떤 조건이 충족되어야 한다고 생각하는지?

"저는 개인적으로 얼굴을 많이 가리는 성격이라 다른 곳에 가게 된다면 정신적으로 많은 힘이 들 것 같아요. 지금까지 인간관계를 맺어 왔던 사람들과 편하게 소통할 수 있는 조건이 중요하다고 생각해요. 그리고 가족과 친척들이 대부분 대구에 있고 집에서 가장 노릇을 해야 하기 때문에 인간관계가 가장 중요하다고 생각해요." (전문대재학 여학생 D씨)

"부모, 친구관계 등 인간관계 조건의 충족이 대전제이고, 다음으로 문화·환경적 조건이 중요하다고 생각합니다. 서울 같은 경우는 문화를 즐길 수 있는 환경이 잘 정비되어 있지만 대구는 부족해요. 대구에서도 문화와 여가를 즐길 수 있는 여건이 갖추어지면 좋겠어요." (상업계 고교재학 여학생 B씨)

이 그룹에 속하는 청년들에게 대구에 사는 것에 대한 만족감을 문화적, 경제적, 인간관계, 자아실현 측면으로 나누어 물어보았다. 결과는 전체 만족도에서 대체로 만족하고 있으며, 부분적으로는 문화적, 인간관계 측면에서 만족하지만 경제적, 자아실현 측면에서 만족도가 낮았다. 남학생의 경우 친한 친구를 언제라도 만날 수 있어 인간관계의 유지에 대한 만족도가 높으며 여학생의 경우 대구 특유의 다양한 문화행사에 참여함으로써 높은 만족도를 유지하고 있었다.

■ 대구에 사는 것이 어떤 만족을 주는지?

"저는 성격이 외향적이라 그런지 대인관계가 넓은 편입니다. 대구에 살면서 친한 친구를 언제라도 만날 수 있고 지금까지 형성해 온 인간관계를 유지할 수 있어 만족합니다." (전문대재학 남학생 C씨)

"달집 태우기, 컬러풀 축제 등 축제가 풍성하여 문화적으로 좋다고 생각합니다." (전문대재학 여학생 D씨)

지역 실업계 고등학교와 전문대학에 재학 중인 학생이 대구에서 생활하면서 걸림돌로 작용하는 것에 대하여 교육여건, 취업·창업여건, 문화·생활여건으로 구분하여 물어보았다. 이들에게는 취업이나 창업 등 졸업 후 진로에 대한 고민이 가장 큰 장애요인으로 작용하고 있었으며 문화생활면에서 서울에 비해 부족하다는 점도 지적하고 있다.

■ 대구에 사는 것에 대한 장애요인은?

"문화생활 면에서 대구는 서울에 비해 발달이 덜 되어 있다고 생각해요. 가게 같은 형태도 서울에 먼저 생겼다가 내려오는 등 문화적으로 뒤처진다는 느낌이 들어요." (고등학교재학 남학생 A씨)

"저는 현재 미용기술을 배우고 있지만 취업 할 곳이 대부분 서울에 몰려 있어 대구에서는 웨딩거리나 개인가게를 열 수밖에 없습니다. 개인이 가게를 연다고 하여도 개업자금이 문제이고… 대구는 취·창업 여건에서 열악하다고 생각합니다."(고등학교재학 여학생 B씨)

"대구는 취업여건이 좋지 않다고 생각합니다. ○○회사에 면접을 보고 왔는데 괜찮은 회사는 전문대 출신에게 일자리가 매우 좁아요."(전문대학재학 남학생 C씨)

대구지역 고교와 전문대학에 재학 중인 네 사람 모두 대구에 대한 소속감이 강한 것으로 나타났다. 그 이유는 대구 태생이라는 공통점과 언어, 문화적으로 편함을 들고 있었다.

■ 대구에 대한 소속감은 어느 정도인가?

"대구가 문화적으로 익숙하고 언어적으로도 편합니다. 또한 내가 태어나고 자란 지역이어서 다른 지역보다 편하고 좋습니다."(고등학교재학 남학생 A씨)

"대구가 전국적으로 보아 큰 도시이고 현풍에 테크노폴리스도 개발되고 있으며, 문화도 그렇고 음식도 막창, 튀김김밥 등 대구만의 문화가 있어 자부심과 함께 강한 소속감을 가지고 있어요."(고등학교재학 여학생 B씨)

"대구가 태어난 곳이기도 하고 사회생활을 한 곳이기 때문에 소속감이 강합니다."(전문대학재학 여학생 D씨)

이상에서 살펴본 바와 같이 재학생으로 구성된 이 유형에서는 정착조건으로 인간관계의 중요성을 들고 있으며, 이 영향으로 지역에 대한 강한 소속감을 가지고 있었다. 이들은 지역에 정주하면서 취·창업 등 자신의 미래에 대한 불안감이 다소 있으나 전체적으로 만족하고 있었다. 이 유형은 서울생활이 가져다주는 기대감보다 기존의 인간관계가 주는 편안함이 중요하다고 판단하여 지역정주를 선택하고 있는 것이다.

2. 익숙함, 편안함이 좋아서

대구지역이 주는 익숙함과 편안함 때문에 지역정착을 결정한 청년들이 있다. 이 유형은 대구소재 대학교를 졸업하고 대구에서 취업하거나 창업하여 지역에 정주하고 있는 청년들이다. 이들이 대구에 정착하게 된 배경은 대구에서 태어나서 대학을 졸업하고 대구에서 취업한 경우, 그리고 경북지역에서 태어나서 살다가 대구에 있는 대학교에 진학하고 대구에서 취업하게 된 청년으로, 대구에 대한 공통점은 '대구는 살기 편한 도시다'라는 것이다. 고향이기 때문에 편한 점도 있지만 교통이 편리하고 자연재해가 없으며 생활하기에 꼭 맞는 규모의 도시라는 점, 경북지역에서 진학한 경우도 대구지역 사람들은 친절하고 온순해서 대학생활을 대구에서 잘했고 취직과 결혼도 대구에서 했다는 공통점이 있다.

대구에서 태어나 대구에서 공부를 마치고 취업을 한 C씨, 시골 출신 창업자 E씨에게 대구에서 정착하게 된 계기에 대하여 물어보았다. 많은 요인이 있겠지만 대답의 핵심은 자신의 자산이 이 지역에 있기 때문이라는 대답이다. 이들에게는 가족, 인간관계, 익숙한 분위기와 문화 그리고 지역정서와 환경이 주는 편안함이 가장 귀중한 자산인 것이다.

■ 대구에 정착하게 된 계기는?

"대구에서 태어나서 그런지 대구가 매우 익숙합니다. 서울에 취직하려 했으나 실패하고 대구에서 자신에게 적합한 직장을 택했습니다. 가장 큰 이유는 아마 부모님 때문일 것입니다. 문화적으로도 친숙하고 직장과 가정생활이 내겐 매우 안정적입니다. 지역분위기가 갑갑하다는 말도 할 수 있겠지만 생활하는 데는 큰 지장이 없습니다." (20대 중반 취업자 C씨)

"타 지역으로 취직해서 초기에는 잘 지내다가 외로움으로 인해 타 지역생활을 접는 경우를 본 적이 있습니다. 대구지역의 임금이 타 지역에 비해 낮은 편이지만 편한 감정, 친지와 친구, 부모의 도움 등이 있기 때문에 대구에서 취직을 했습니다. 다른 곳에 취직을 희망했으나 낙방한 것도 한 이유입니다. 그러나 대구는 문화생활도 매우 약하고 분위기도 그렇게 좋지 않습니다. 우물 안의 개구리일지도 모른다는 느낌을 가지고 살고 있습니다." (20대 중반 여성 C씨)

대구지역 청년이 대구에서 취업하는 데 있어서 느끼는 가장 큰 장점은 부모, 친지, 친구와 같은 인적 네트워크의 존재와 친숙한 환경이며, 이들이 기업을 선택할 때 중요하게 생각하는 요인으로는 임금보다도 '기업의 조직문화', '복리후생'을 우선시하는 것으로 나타났다. 대구지역 창업의 장점은 '자신이 마음껏 활동할 수 있는 곳'과 '지역에서의 응원', 그리고 주위사람의 격려를 들고 있어 지역에서의 익숙함과 편안함이 지역창업에 영향을 미치고 있음을 알 수 있다.

■ 대구에서 취업 혹은 창업하게 된 결정적 계기는?

"대구는 창업하기에 특별한 장점이 있는 것은 아닙니다. 그럼에도 대구가 좋은 점은 내가 충분히 활동할 수 있는 곳, 교육수준이 높은 곳, 지역에서의 응원이 많다는 점이 장점입니다. 그리고 창업 초기에 서울처럼 경쟁이 지나치게 심하지 않다는 점도 장점입니다. 수도권보다 창업지원시스템이 더 잘 되어 있다는 느낌을 받습니다. 지방이라서 어렵다는 것은 헛말입니다. 내가 뭘 좋아하는지를 잘 파악하면 대구도 충분한 시장을 가지고 있다고 생각합니다. 자신감이 가장 중요합니다." (30대 초반 A씨)

"경북 지역인의 눈으로 보면 대구는 매우 좋은 도시입니다. 저는 '대구시 청년상인모집 프로그램'에 참여하는 과정에서 창업을 하게 되었습니다. 도시의 규모도 크고 사람들이 매우 친절합니다. 저는 대구에서 생활하는 것이 매우 좋습니다. 사업을 하기에도 좋다고 생각합니다. 창업을 해서 많은 사람을 만나지만 모두가 친절하게 저를 도와주고 있고 대구에서 시작한 저의 창업은 성공적입니다." (20대 중반 창업자 E씨)

"대학에서 만난 인간관계(친구, 교수님의 격려)가 결정적이었습니다. 창업의 형식은 아이템에 따라 다를 것이지만, 저의 경우 재료 공급원이 대구에 가까워서 비용이 적게 들고 대구 시장만으로도 충분하기 때문에 대구가 오히려 저에게는 창업에 적합한 지역이었습니다. 지역에서의 창업지원이 그렇게 열악하지도 않았습니다. 대구는 사람이 좋고, 격려도 많았습니다. 그래서 제겐 지역적 애정이 있습니다." (20대 중반 E씨)

대구에 정착하기로 결정한 청년에게 대구지역의 매력에 대하여 물어본 결과 역시 편안함과 익숙함을 매력으로 들고 있다. 이렇다 할 매력은 없지만 익숙하기 때문이라는 C씨와 생활하기에 편한 도시이고 지방이기 때문에 어렵다는 것은 핑계에 불가하다는 B씨의 대답을 통해 익숙함과 편안함이 지역정주를 선택하는 데 중요한 요소로 작용한다는 것을 알 수 있다.

■ 대구에 머물게 하는 대구의 매력은 무엇인가?

"제게 있어서 대구는 큰 매력이 없습니다. 자연재해로부터 안전한 도시라는 느낌은 받지만… 대구는 보수적인 도시라서 회사 분위기가 갑갑해서 다른 지역 회사로 옮길까도 생각했었습니다. 그러나 무엇을 고쳐보기 위해 무슨 목소리를 내 봐도 반영될 것이라고 생각되지 않기 때문에 포기하고 말았습니다. 내가 노력해 봐도 바꿀 수 있는 부분이 거의 없다고 생각합니다. 저는 대구가 익숙하기 때문에 머물고 있다고 생각합니다." (20대 중반 C씨)

"저는 대구가 고향이기 때문에 좋습니다. 그뿐만 아니라 정치적 구심점이기도 하고, 대기업의 총수들이 대구 경북 출신이 많다는 점, 서울에서 활동하시는 대구분들이 많아 자부심을 느끼고 있습니다. 대구에서는 인간관계가 중요합니다. 대학에서 만난 친구, 동네 사람들, 적정규모의 도시, 잘 발달된 교통체계가 있어 대구는 생활하기에 매우 좋다고 생각합니다. 매주 주말이면 친구들을 만나 야구장에도 가고, 저녁에는 술도 한잔하면서 지냅니다. 지방이라서 어렵다는 말은 말이 안 됩니다. 문제가 있다면 자기 탓일 것입니다." (30대 초반 B씨)

3. 하고 싶은 일을 하면서 살고 싶어

자신이 하고 싶은 일을 하면서 살아가기 위하여 지역에 뿌리를 내린 청년들이 있다. 이들은 수입은 많지 않더라도 자신이 하고 싶어 하는 일과 사회적 활동에 참여함으로써 느끼는 성취감에 보다 높은 가치를 두고 있다. 이 유형에는 대구지역 시민단체에서 NGO활동을 하고 있는 청년활동가가 포함된다. 이들이 대구에 정착하게 된 이유와 NGO활동을 선택하게 된 요인을 알아보기 위하여 대구지역 시민단체에 소속된 여성 지역활동가 3명과 문화활동을 주로 하는 남성 지역활동가 1명의 의견을 듣고 정리해 보았다.

시민단체에서 활동하는 청년활동가 여성 3인 A, B, C씨의 공통점은 자아의식이 확실하여 어려서부터 신념에 따라 자신의 행동에 책임을 져야 한다는 생각이 강하다는 점이다. 즉 이들은 모든 선택에 있어서 자기주도적인 결정을 내리고 있어 자신이 하고 싶은 일을 선택하는 데 우선순위를 두고 있었다. 이들에게 의사결정 과정과 시민단체에서 일하게 된 경위에 대하여 질문해 보았다.

■ 의사결정과정과 시민단체에서 일하게 된 경위는?

"제가 가지고 있는 신념이 굉장히 확실하고 옳고 그름을 중요하게 생각하기 때문에 거기에 대해서는 주변의 조언을 들을 수는 있지만, 어차피 본인 마음대로 결정해요. 그래서 저는 저에 대해 더 생각해 보고 내가 무슨 생각을 가지고 있는 사람인지 그런 생각을 많이 해서 제 의사결정에 있어서는 제 생각이 제일 중요해요." (지역활동가 여성 A씨)

"저는 다른 사람들의 의견을 물어보긴 하지만, 결국 제가 하고 싶은대로 하는 것 같아요. 저는 타고난 기질이 내가 하고 싶은대로 하지 않으면 성이 안 차서… 그렇게 했을 때 오는 실패는 겸허하게 받아들일 수 있는데 누가 시켜서 하는 건 그 사람한테 다시 화 내니까… 보통 제가 의사를 결정한 후 부모님에게 통보하고 설득하죠." (지역활동가 여성 B씨)

"저의 의사결정에는 제가 가장 큰 영향을 미치는 것 같아요. 부모님이 저에 대해서 이렇게 해라 저렇게 해라 얘기를 할 수도 있고 친구나 선배들도 그게 더 낫지 않겠느냐 얘기해도 결국 선택은 제가 하는 거고, 그 선택에 대한 결과도 제가 책임을 져야 하기 때문이죠. 이 부분에 대해서는 제가 확실한 관점을 가지고 있어야 한다고 생각하게 되더라고요." (지역활동가 여성 C씨)

청년이 활동의 장으로 시민단체를 선택하게 된 요인은 기업 취업의 결정요인과는 차이가 있을 것이다. 기업은 주로 임금과 근무환경 및 여건이 중요한 선택요인이지만 시민단체의 경우 시민단체의 가치와 조직 내에서 자신의 가치를 구현할 수 있는가가 주요 선택요인으로 작용하고 있다. 가치구현이 우선이라는 여성활동가 B씨와 근무여건의 중요성을 주장하는 C씨의 의견을 들어보기로 하자.

■ 시민단체 선택의 결정요인은?

(시민단체를 선택할 때 뭐를 가장 첫 번째로 볼 것 같아요?) 단체의 가치. (가치만 맞으면 돈을 적게 줘도 행복하다?) 지금 그러고 있죠. (두 번째는 뭐가 있을까요? 가치 말고) 나를 성장시키게 하는 곳인지. (지역활동가 여성 B씨)

"NGO의 경우 먼저 어떤 운동을 하고 어떤 가치를 지니고 있는지를 봐요. 그렇지만 가치가 아무리 좋아도 NGO 역시 근무조건도 중요하다고 봐요." (지역활동가 여성 C씨)

젊은 시절 어디에서 뿌리를 내리는가의 결정은 청년에게 인생의 범위를 결정한다는 의미에서 매우 중요하다. 대구지역에서 활동 중인 청년활동가에게 대구지역에 정착한 이유에 대하여 물어보았다. 먼저 대구의 문화예술과 인권운동, 시민활동이 다른 도시에 비해 준수하다고 여기는 A씨의 이야기를 들어보자.

■ 왜 대구에 살고 있는가?

"저는 대구가 좋아요. 제가 원래 시민단체에서 일하려고 마음먹기 전에 금융권에도 합격을 했었고, ○○랑 ○○그룹 대기업에 합격을 했었는데 서울에서 사람들이 너무 빡빡하고 치열하게 사는 게 안 좋아 보이더라구요. 다들 바쁘고 정신 없어 보이고… 근데 지역에서는 내가 원하는 것들을 적정선에서 취하면서 누릴 수 있고, 여유가 있어서 저는 굳이 타 지역으로 가고 싶지 않아요. 저는 대구의 문화예술이 좋아요. 인디음악이라든지 전시회 그런 것들도 있고, 또 지역 안에서 작은 시민단체들이랑 활동이 다른 광역시에 비해서 굉장히 활발하다고 생각하고요. 보통 수도권, 비수도권으로 나눴을 때 거의 그런 인권운동이나 시민활동도 서울에 다 집중되어 있는데 거기에 비해서 제가 타 지역도 많이 가 보지만 그것과 비교했을 때 대구지역은 준수한 편이에요." (지역활동가 여성 A씨)

반면 포항 출신으로 대구 정주 13년차 B씨는 대구를 좋아하지 않지만 포항에 비해서 대구가 대도시라서 대구에 살게 된 유형으로 분류된다.

"대구를 별로 안 좋아하는데요. 딱히 다른 도시로 갈 기회가 없어요. 그리고 여기서 제가 하고 있는 활동을 통해서 만난 사람들과의 인연도 중요하게 작용하고, 우선 저는 다른 도시에 살아보고 싶은데 서울은 안 가고 싶어요. 대구가 저한테는 나름 큰 도시라서. 생활하는 데 불편함은 없는 것 같아요." (지역활동가 여성 B씨)

시민단체에서 왕성하게 활동하는 세 사람 모두 대구에 대한 소속의식은 대체로 강한 것으로 나타났다. 그렇게 생각하는 이유는 각자 조금씩 달랐으나 고향에 대한 강한 소속감이 본인이 속한 시민단체에 대한 책임감으로 발현되고 있다고 여겨진다.

■ 대구에 대한 소속감은 어느 정도인가?

"근데 저한테도 있는 것 같아요. 약간 그래도 이 안에서 자랑하고 싶은 꺼리들이 많아요. 사실 국채보상운동이나 이런 것들로 이미지를 만드는 건 별로인 것 같구요. 그런 걸로 지역이미지 만드는 것이 아니더라도 현장에서 청년들이 직접 느낄 수 있는… 저는 타 지역으로 여행 다니는 것을 좋아하니까. 아, 그래도 대구만한 곳이 없다는 생각이 들 때가 많아요." (지역활동가 여성 A씨)

"책임감이 있으니까 (대구에)있는 것 같아요. 그래도 가치 있는 활동으로 대구를 바꾸는 데 조금이나마 도움이 되어야 한다는 생각이 있어요." (지역활동가 여성 B씨)

자신이 하고 싶은 일을 선택하여 지역정주를 결정한 청년활동가들이 시민단체에서 일하게 된 경위, 시민단체 선택의 결정요인을 살펴보면 다음과 같다. 이들의 공통점은 자아의식이 확실하여 어려서부터 신념에 따라 자신의 행동에 책임을 져야 한다는 생각이 강했다는 점이다. 그리고 시민단체 선택 결정요인은 기업 취업의 결정요인과는 차이가 있었다. 기업은 주로 임금과 근무환경 및 여건이 중요한 선택요인이지만 시민단체의 경우 우선 시민단체의 가치와 내가 이 조직에서 성장할 수 있는가가 주요 선택요인으로 작용하는 것으로 나타났다.

이상에서 살펴본 바와 같이 대구지역에 남기로 한 청년은 크게 3가지 유형으로 분류할 수 있다. 첫째는 사회적 자본에 높은 가치를 두는 인간관계 중시형으로 여기에는 주로 나이가 어린 학생들이 포함되어 있다. 이들은 새로운 환경에서의 도전을 통해 얻을 수 있는 기대감보다 기존의 인간관계를 유지하면서 사는 방법을 선택하고 있다. 둘째는 지역에서 취업 및 창업을 한 청년으로 지역정서가 편안하고 익숙하여 생활하는 데 어려움이 없기 때문에 지역정착을 선택한 유형이다. 셋째는 자신의 가치에 맞는 하고 싶은 일을 하면서 얻는 만족감으로 지역정착을 택한 지역활동가 유형이 있었다.

제3절 서울로 떠난 청년들

'말은 나면 제주도로 보내고 사람은 나면 서울로 보내라'라는 속 담이 있다. 예로부터 서울은 우리나라의 정치, 경제, 문화, 사회의 중 심지로 견문을 넓히고 출세하기 위해서는 서울의 지리적 이점을 활 용해야만 한다는 의미이다. 오늘날 청년들이 자기도약의 기회를 찾아 서울로 이동하는 현상도 이 범주에서 크게 벗어나지 않고 있다. 실제 로 1970~1989년까지 지방에서 서울로 유입된 인구에서 유출된 인구 를 뺀 순이동 인구는 350만 명을 넘어서고 있으며 이후 과밀화 억제 정책의 영향으로 서울로의 이동은 감소경향을 보이고 있으나 인근 경기도로의 이동이 가속화되고 있다. 그 결과 경기도를 포함한 수도 권으로 범위를 확대해서 보면 1970년 이후 2017년까지 846만 명의 인구가 지방에서 수도권으로 이동하였다. 이를 청년층의 대학진학과 취업시기인 15~29세로 한정하여 살펴보면 1995~2017년 기간 중 172만 명이 수도권으로 순이동하였다. 그러나 이러한 청년층의 수도 권 이동은 2000년대 접어들면서 감소경향을 보이고 있다.

이 절에서는 대구지역에서 서울로 떠난 청년들의 이동을 결정한 요인에 대하여 알아보기로 한다. 청년의 이동에는 여러 가지 요인이 영향을 미치겠지만 여기에서는 사회자본, 사회적 관계망, 고향의식, 자아실현 등 사회심리적인 요인이 이동의 의사결정에 어떠한 영향을 미치고 있는지를 중심으로 접근해 보기로 한다.

〈표 3-2〉 서울이동 청년 대상자

내 용	남	여	계	비 고
대구지역 고교 졸업, 서울지역 대학 재학생	3명	2명	5명	
대구지역 고교·전문대학 졸업, 서울지역 취업자	1명	2명	3명	고교(1), 전문대학(2)
대구지역 대학 졸업, 서울지역 취업자	2명	2명	4명	인문계열(3), 자연계열(1)
대구지역 고교 졸업, 서울지역 대학 졸업, 서울지역 취업자	1명	2명	3명	

자료: 대구광역시 청년센터(2016), 『청년정주도시 대구 아젠다 2017』

〈표 3-2〉는 대구지역에서 서울로 떠난 청년들의 지역정주와 이동에 대한 생각을 알아보기 위하여 대상자를 속성별로 정리한 것이다. 대상자는 서울소재 대학재학생, 대구지역 고등학교·전문대학 졸업 후 서울 취업자, 대구지역 대학 졸업 후 서울 취업자, 서울소재 대학졸업 후 서울 취업자 등 4개 유형으로 나누어 선정하였다.

대상자의 선정에는 다양성 확보를 위하여 가능한 한 성별과 전공, 업무 분야 등의 배분을 고려하였으며, 연령은 20대 초반의 학생에서 30대의 취·창업자까지 다양하게 구성하였다.

1. 우수한 교육환경을 찾아서

지방출신 청년이 꿈과 희망을 찾아 서울로 이동하는 것에는 다양한 요인이 있겠지만 우수한 교육환경이 중요한 요소가 될 것이다. 서울에는 4년제 대학기준으로 전체 대학의 20%에 가까운 71개교가 입지하고 있을 뿐만 아니라 우수한 대학의 밀집도는 더욱 심하다.

「2016년 중앙일보 평가 대학순위」에 따르면 상위 50개 대학 중 30개 대학이 서울에 집중되어 있으며 경기도를 포함한 수도권으로 범위를 확장하면 37개교로 교육환경의 수도권 집중도는 매우 높다고 할 수 있다. 따라서 우수한 교육환경을 찾아 성적이 우수한 지방출신 청년들은 서울로 이동을 계속하고 있는 것이다.

그리고 우수한 대학출신이 좋은 직업군으로 직결되는 경로의존성이 강한 사회시스템은 우수한 젊은이들의 서울이동을 한층 부추기고 있다. 또한 명문대학과 서울소재 대학 진학자 수로 고교를 평가하는 사회적 척도의 영향으로 적성여부와 무관하게 성적에 따라 대학을 결정하는 진학지도는 이러한 경향을 가속시키고 있다.

이러한 영향으로 지방에서 서울로의 순이동을 살펴보면 전체인구가 1990년 이후 감소함에도 불구하고 15~29세의 서울이동 현상은 아직도 지속적으로 일어나고 있다. 특히 대학진학 연령이 포함되는 20~24세의 서울 순이동은 1995~2017년 기간 중 35만 5천 명으로, 아직도 연평균 1만 5천 명 정도의 청년이 지방에서 서울로 이동하고 있는 것이다.

실제로 여기에서 인터뷰 한 서울소재 대학 재학생과 서울소재 대학졸업 후 서울지역 취업자는 서울이동의 주된 요인으로 우수한 교육환경을 들고 있다. 이들이 서울로 온 이유와 대구지역 교육환경의 한계, 그리고 출향 후 만족도에 대하여 물어보았다. 우선 대구를 떠나온 이유로 '목표한 대학이 서울에 있어서'라는 재학생 D씨와 '우수한 교육환경을 찾아서' 서울로 온 취업자 B씨, 그리고 '서울은 다양한 경험이 가능하고 시야를 넓힐 수 있어서' 라는 A씨의 이야기를 통하여 우수한 교육환경의 중요성을 알 수 있었다.

"고등학교 때 가지고 있는 배경지식에서 경제학에 흥미를 느껴 경제학부 진학을 결정하였고, 원하는 대학이 서울에 있어서 서울로 대학진학을 하였어요." (대학재학생 여성 D씨)

"고등학교 성적이 좋아 서울에 있는 대학에 진학하여 높은 수준의 교육을 받고자 하였습니다." (대학재학생 남성 C씨)

"좀 더 넓은 시야를 갖고 다양한 경험을 할 수 있다고 생각해서 서울로 대학진학을 하였습니다." (대학재학생 남성 A씨)

서울과 대구와의 교육환경의 차이로 인하여 서울로의 이동을 결심한 대상자도 있었다. 이들은 교수진, 전시회, 교육수준 등에서 대구와 서울의 교육여건에 대한 격차를 크게 느끼고 있었고 이것이 출향의 주된 이유로 작용하고 있다.

"건축 관련 전시회를 가고 싶었지만 경산에서는 거의 없었어요. 서울의 건축학과 교수진이 더 우수하다고 생각되었어요. 대구에서 건축학과 교육을 받으면 지식은 쌓을 수 있지만 본인이 직접적으로 할 수 있는 일이 적다고 생각했어요." (대학재학생 남성 B씨)

"더 나은 교육환경을 찾아 ○○대로 진학했습니다. 대구에 ○○대가 있었다면 대구에 있었을 것입니다. 대구에서 고등학교 재학시절 뛰어난 학생들이 많고 높은 수준의 교육도 제공하지만 그 학생들을 받아 줄 대구의 대학교가 부족해요." (대학재학생 여성 D씨)

"대구에서 학교를 다니는 것보다 넓고 높은 수준의 교육을 받을 수 있다고 생각했습니다." (대학재학생 남성 C씨)

"취업이라는 것이 자신의 미래인데 그러한 부분에서 좀 더 넓은 시야를 갖기 위해 서울에 올라오려고 마음먹었습니다. 대구는 교육여건이 나쁘진 않지만, 기업유치로 취업과 연계된 교육이 이루어졌으면 좋겠습니다."(대학재학생 남성 A씨)

이들이 서울로 진출한 후 느끼는 만족도에 대해서 알아보자. 대부분의 대상자가 전체적으로 만족한 것으로 평가하고 있다. 구체적으로 보면 약간의 경제적인 부담을 느끼는 사람도 있으나 문제가 크지 않으며 반면에 문화, 새로운 인간관계의 형성, 자아실현 등의 면에서 크게 만족하고 있다.

이 유형의 대상자는 대부분 고등학교 시절 상위권의 성적을 유지한 학생으로 경쟁에 대한 부담이 적으며, 서울이라는 큰 무대에서 능력을 인정받는 것을 즐기고 있기에 높은 만족도를 나타내고 있는 것이다. 특히 문화적 측면에서 만족하고 있는 A씨, B씨, E씨의 의견을 살펴보자.

"대구의 경우 중심가는 동성로로 한정되어 있지만 서울의 경우 대학로 등 특성화된 곳이 많습니다. 대구는 맛만 본다는 느낌이 있는데 서울에서는 다 볼 수 있습니다."(대학재학생 남성 A씨)

"서울에서 느낀 것을 대구에서 못 느낄 것이라는 생각에 서울로 온 것에 만족합니다."(대학재학생 남성 B씨)

"양적인 측면이 가장 차이납니다."(대학재학생 여성 E씨)

청년에게 서울이동은 고향에서 맺은 인간관계의 상실과 더불어 서울에서 새로운 인간관계를 형성해야 한다는 것을 의미한다. 청년에게 있어서 새로운 인간관계의 형성은 부담이 될 수도 있고 기회가 될 수도 있다. 우수한 교육환경을 찾아 상경한 이들은 새로운 인간관계 형성에 대하여 어떻게 생각하고 있는지 알아보자. A, C, E씨는 '새로운 인간관계 형성'과 '많은 사람들과 교류할 기회'를 가지게 된 것에 대해 만족하고 있었다. 새로운 인간관계 형성을 기회요인으로 받아들이고 있음을 알 수 있다.

"서울 진학 시 지방 사람이 70% 정도 되어 그 사람들과의 네트워크 형성으로 서울에서의 생활이 힘들진 않습니다."(대학재학생 남성 A씨)

"새로운 인간관계를 많이 형성하였습니다."(대학재학생 남성 C씨)

"다양한 사람과 교류할 기회가 많습니다."(대학재학생 여성 E씨)

새로운 환경에서 자신의 꿈을 실현할 수 있는가의 여부도 이동의 중요한 요인이 될 것이다. 자아실현 측면에서도 B씨, C씨, E씨는 출향 후 만족한다는 인식을 하고 있었다.

"본인의 꿈을 이루기 위해 서울에 올라온 점에서 만족합니다."(대학재학생 남성 B씨)

"서울에는 다양한 학원이 있어서 좋습니다. 좋아하는 요리학원을 다녀 매우 만족합니다."(대학재학생 남성 C씨)

"볼 수 있는 것이 한정적인 대구 생활에 비해서 서울에서는 다양한 시각을 가질 수 있습니다."(대학재학생 여성 E씨)

그러나 경제적인 측면에서는 대구에 비해 비싼 월세비용, 생활비 때문에 출향 후 만족도가 악화되었다는 의견도 있었다.

"아버지가 국가유공자이셔서 나오는 지원금과 아르바이트를 통해 등록금을 내긴 하지만 대구에서보다는 생활비가 더 듭니다." (대학재학생 남성 B씨)

"경제적인 부담감이 있습니다." (대학재학생 남성 C씨)

"자취를 하는데 월세가 대구에 비해 비쌉니다." (대학재학생 여성 D씨)

2. 능력자는 서울로

지방출신 청년은 자신에게 주어진 경제적 여건, 가족과 친구관계, 자아실현의 가능성 등 여러 가지 요인을 고려하여 서울이동을 결정할 것이다. 우리 사회에는 의사결정에 있어서 자신의 생각 이외에도 다른 사람의 시선을 의식하는 체면문화가 살아 있다. 체면은 자신에게 주어진 상황보다 다른 사람의 눈에 어떻게 비쳐질까를 중시하는 것으로 개인의 가치보다 사회적 분위기가 우선되고 있다. 고도성장의 시기를 거치면서 우리사회의 저변에는 '우수한 것은 모두 서울에 모여 있다'는 서울 중심의 편향적 시각이 만연하고 있다. 성적이 좋은 학생은 당연히 서울소재 대학으로 가야 하며, 사정상 지방에서 학교를 졸업한 사람 중 능력자는 당연히 서울에 있는 대기업이나 이름이 알려진 회사로 가야 한다는 것이다. 서울소재 대학 재학생 일부와 대구소재 대학 졸업 후 서울 취업자가 포함된 일군의 대상자는 서울이동의 주요 요인으로 부모의 시선, 사회적 분위기를 들고 있다. 이들에게 대구를 떠나온 이유와 출향 후 만족도, 고향과의 거리감에 대하여 물어보았다.

우선 대구를 떠나온 이유로 성적이 우수했기에 당연히 서울로 왔다는 20대 후반 C씨, 부모의 권유로 서울소재 대학을 선택했다는 B씨의 사례와 서울에 취업한 자식에 대한 부모의 자부심을 언급한 A씨의 이야기를 들어보자.

"고등학교 시절에는 꼭 서울로 가야 한다는 생각이 없었습니다. 고3이 되면서 당연히 이 성적이면 서울로 간다는 생각이 생겼습니다. 학교선생님도 그렇게 말씀하셨고, 주위 분이나 부모님도 그렇게 말했습니다. 그리고 사실 대구는 우수한 학생들을 대접해 주지 않고 있다는 것이 그 당시의 제 생각이었습니다. 대구에서 제게 머물 유인을 주었다면, 그리고 제가 대구에서 뭔가를 할 수 있었다고 생각했다면 굳이 대구를 떠나 다른 곳에서 대학생활을 해야 한다는 생각을 안 했을 것입니다. 고등학교를 졸업할 때는 그렇게 생각했습니다." (20대 후반 C씨)

"부산의 ○○대와 서울의 ○○대를 합격했는데 부모님은 부산의 ○○대를 권하셨지만 저는 서울로 가고 싶다는 생각에 서울○○대로 진학하였습니다." (20대 대학재학생 B씨)

"직장 생활 외에 기존 고향친구들이 있어서 새로운 친구를 만들 생각이 없었지만 다양한 인간관계를 형성할 수 있었습니다. 사람은 각각 개인성향에 따라 다르지 딱히 지역색을 느끼진 못했습니다. 부모님이 서울에서 취직한 자녀에 대한 뿌듯함을 갖고 있어 부모의 자부심이 높아서 좋았습니다." (서울취업자 여성 A씨)

이들이 좋은 학교와 직장을 찾아 대구에서 서울로 진출한 후 느끼는 만족도에 대해서 알아보자. 대부분의 대상자는 서울이동에 대하여 전체적으로 만족한 것으로 평가하고 있으며, 이를 분야별로 살펴보면 약간의 경제적인 부담을 느끼는 사람도 있으나 문제가 크지 않고 대신 문화적 접근성, 새로운 인간관계의 형성, 자아실현 등의 면에서 크게 만족하고 있었다.

우선 문화적 측면에서 다양한 콘텐츠의 높은 수준에 만족하고 있다는 취업자 여성 A씨, 남성 B씨의 의견을 살펴보자.

"서울에는 문화적으로 즐길 거리가 많아 다양한 경험을 할 수 있었습니다. 뮤지컬과 연극공연 등을 봤을 때 수도권에 출연하는 출연자에 대한 질적인 면이 높습니다. 질이랑 양이랑 연관될 수밖에 없습니다." (서울취업자 여성 A씨)

"최근 여자 친구를 사귀며 유명하다고 하는 곳을 많이 다니고 있습니다. 누릴 것이 많다 보니 서울은 없는 게 없다는 느낌을 받고 있습니다. 공연이나 다른 콘텐츠를 접할 기회도 많습니다." (서울취업자 남성 B씨)

이 그룹은 서울이동 후에 변화되는 인간관계 측면에서도 큰 어려움을 겪고 있지 않다. 서울에서 새로운 인간관계를 형성하고 있으나 일이 끝나면 돌아서 버리는 새로운 인간관계의 삭막함을 같은 시기에 이동한 고향친구들과의 만남을 통하여 해소하고 있다는 B씨와 입장이 비슷한 대부분의 친구가 서울에 모여 있다는 C씨의 사례를 통해 이 그룹에서는 인간관계의 변화 여부가 이동에 영향을 미치지 않음을 알 수 있다.

"저는 서울 오기를 잘했다고 생각합니다. 가장 좋은 점은 다양한 직업이 있기 때문입니다. 그리고 자신의 능력을 발휘할 수 있는 기회가 많아서 좋습니다. 그 다음으로는 좋은 친구가 많다는 점입니다. 처음에는 서로 말씨도 다르고 해서 서먹서먹했지만 곧 좋은 동료가 될 수 있었습니다. 서울이 개방적인 도시인 것만은 분명합니다. 그러나 삭막한 것도 사실입니다. 서울 친구들이 어떤 일에 대해서는 매우 개방적이고 적극적이어서 좋을 때도 있지만 그 일이 끝나면 언제든지 돌아서는 것이 습관화되어 있어 마음의 상처가 된 적도 있었습니다. 이때 서울로 온 대구 친구들이 그 문제를 해결해 주고 있습니다. 동창회도 있지만, 그들과 달리 늘 만나는 친구들이 대부분 서울에 있어 큰 문제가 되지 않습니다. 생각해보면 인간관계가 통째로 서울로 다 옮겨온 것으로 생각됩니다." (20대 중반 B씨)

"부모와 친구가 그립다는 것이 가장 컸습니다. 그러나 시간이 지남에 따라 그런 것이 없어졌습니다. 왜냐하면 나와 유사한 친구들이 모두 서울에 모여 있기 때문입니다. 한때 부산에서 직장생활을 한 적이 있었는데 그때는 친구를 만나려 대구에 오면 친구들이 거의 다 서울로 가 있었습니다. 지금 친구를 만나려면 서울로 와야 합니다." (20대 후반 C씨)

3. 활로를 찾아서

앞에서 살펴본 바와 같이 대구출신 청년의 서울이동에는 우수한 교육환경을 찾아서 이동하는 유형과 우수한 사람은 서울로 가야만 한다는 사회적 분위기에 따라 이동한 유형이 있다. 이들의 선택은 자신의 의사가 많이 반영된 자발적 선택이라 볼 수 있지만 여건상 서울로 갈 수밖에 없어서 비자발적으로 서울이동을 결정한 유형도 있다. 대구지역의 고등학교와 전문대학을 졸업한 후 서울에 취업한 대상자가 이 유형에 포함된다.

대상자는 당초 대구정주를 희망하고 있었으나 취업상태를 유지하기 위해서는 불가피하게 서울로 이동했다고 한다. 취업 후 대구지점 근무를 희망하였으나 발령이 서울 본사로 나서 어쩔 수 없이 상경한 B씨와, 입사 당시 대구지점에서 근무를 하고 있었으나 지점이 폐쇄되어 서울로 이동한 A씨의 사례가 여기에 해당될 것이다. 그리고 대구에서 살고 싶으나 자신이 희망하는 직장을 구할 수 없어서 서울로 온 경우도 있다.

이 유형의 대상자가 생각하는 대구를 떠나온 이유, 서울생활에 대한 만족도, 고향에 대한 의식은 어떠한지에 대하여 알아보기로 하자.

"저는 혼자 살아보고 싶다는 독립의지가 강한 편이었어요. 따라서 고등학교를 졸업하고 바로 취업하면서 서울로 올라오게 되었습니다."(고졸 취업자 여성 A씨)

"대학졸업 후 서울에 본사가 있는 회사에 취업이 되었어요. 저의 경우는 대구지점에 근무를 희망했지만 서울 본사에 발령이 나서 대구를 떠나게 되었습니다."(전문대졸 취업자 여성 B씨)

"2009년 대학졸업 후 2년간 대구에서 다니던 손해보험회사의 지사가 폐쇄되면서 다른 직종인 항공사 관련 취업준비를 했는데 취업관련 기관이 서울에만 있어서 2011년 출향을 결정했어요."(서울취업자 여성 A씨)

조사 대상자에게 서울생활에 대한 만족도를 문화적, 경제적, 인간관계, 자아실현 측면에서 질문해 보았다. 전반적으로는 만족하고 있으나 부분적으로 살펴보았을 때 문화적 측면과 자아실현 측면에서는 높은 만족도를 보이고 있으나 경제적 측면에서는 만족도가 낮게 나타났다. 그러나 인간관계 측면에서는 '만족하지 못하다'는 의견과 '새로운 인간관계에 만족하고 있다'는 두 개의 상반된 의견이 개진되어 다른 유형과 차이를 보이고 있다. 우선 문화적으로 풍성해졌다는 여성 A씨와 남성 B씨의 의견을 살펴보자.

"연극, 영화를 좋아하는데 한정적인 대구에 비해 접하는 기회가 많아 문화적인 측면에서 만족스러워요. 또한 직장생활을 하면서 하고 싶은 것을 할 수 있어서 만족해요." (고졸 취업자 여성 A씨)

"문화적인 기회가 서울에는 훨씬 많다고 생각합니다. 특히 음악에 관심이 있어 음악회 공연(예술의 전당, 시청무료공연 등)을 많이 즐기고 있어요. 그리고 서울에는 자기개발의 기회가 많다고 생각해요. 실제로 교육에 대한 기회가 많아 영어프로그램을 통하여 영어 스피킹 분야에서 많은 발전을 이루었어요." (전문대졸 취업자 남성 B씨)

그러나 인간관계 측면에서 다른 양상을 나타내어 고졸 취업자 여성 A씨와 전문대 출신 남성 B씨는 대구보다 만족감이 떨어지고 있으나 전문대 출신 취업자 여성 C씨는 만족하고 있다.

"서울에 같이 올라온 친구가 많지 않다 보니 고민 상담이나 만날 기회가 적으며 업무상 받은 스트레스를 해소할 수 있는 친구를 찾기가 쉽지 않아요" (고졸 취업자 여성 A씨)

"인간관계 측면에서는 대구에서 더 큰 만족을 느끼고 있습니다. 서울에서도 친구를 사귀었지만 대구에 비해 마음 속으로 깊이 사귀지 않는 것 같다는 느낌을 받았어요. 경제적으로도 비슷한 조건의 소득이라면 대구로 돌아가고 싶어요." (전문대졸 취업자 남성 B씨)

"본사 근무라 다양한 지역의 친구를 만날 수 있고, 대학 때 친구들이 서울에 많이 있어 인간관계 측면에서는 만족하고 있어요." (전문대졸 취업자 여성 C씨)

자아실현 측면에서는 A씨와 C씨는 출향 후 풍성해졌다는 인식을 하고 있었다.

"주변에 배우는 기회가 많습니다. 선택할 기회가 많습니다." (서울취업자 여성 A씨)

"미래나 교육, 자기개발의 측면에서 정말 서울만 한 곳이 없다는 것을 느끼고 사람들이 왜 다 서울로 오는지도 이해하게 되었습니다." (서울취업자 남성 C씨)

하지만 경제적인 측면에서는 대부분 출향 후 악화되었다고 말하였다.

"월세비용 및 생활비가 증가하였습니다. 월급의 50퍼센트가 생활비로 지출됩니다." (서울취업자 여성 A씨)

"경제적인 측면이 서울과 대구는 차이가 많이 납니다. 수입도 지금은 대구보다 적은 보수이지만 회사에서 유류비 등을 포함한 부분을 법인카드로 보조해 주면서 맞춰 주고 있습니다. 같은 조건이라면 대구에서 하고 싶지만 본인이 하고 있는 관련 업종에서 일하려면 대구에선 제한적이라고 생각합니다." (서울취업자 남성 B씨)

이상에서 살펴본 바와 같이 대구에서 서울로 이동한 청년은 대체적으로 높은 만족도를 보이고 있다. 이를 분야별로 보면 경제적 측면에서 어려움을 호소하는 유형이 있으나 문화, 자아실현 측면은 모든 유형에서 높은 만족을 나타내고 있다. 인간관계 측면은 대부분의 유형에서 만족하고 있으나 비자발적 이동 유형에서는 만족과 불만족으로 의견이 갈라지고 있다. 유형에 따라 구분해 보면 여건상 어쩔 수 없이 이동한 비자발적 이동 유형에서 만족도가 낮지만 다른 유형에서는 만족도가 높게 나타나고 있다.

대구지역 청년의 서울이동을 유형별로 구분해 보면 몇 가지 경로(Path)가 존재하고 있다고 할 수 있다. 첫째는 20세 전후 대학진학 시에 이루어지는 '진학경로'에 의한 이동이 있다. 여기에는 명문대학과 서울소재 대학 진학자 수로 고교를 평가하는 사회적 척도와 적성 여부와 무관하게 성적에 따라 대학을 결정하는 진학지도가 영향을 미치고 있다. 둘째는 능력이 있는 사람은 서울로 가야 한다는 사회적 분위기에 따른 '체면경로'가 그것이다. 이 영향으로 성적이 좋은 학생은 당연히 서울소재 대학으로 가야 하며, 지방에서 학교를 졸업한 사람 중 능력자는 당연히 서울에 있는 대기업이나 이름이 알려진 회사로 가야 한다는 풍조가 '체면 경로'를 만든 것이다. 마지막으로 대구에서 자신의 능력을 발휘할 자리가 없거나 직장 때문에 어쩔 수 없이 이동해야만 하는 '비자발 이동경로'가 있다.

　　이와 같이 대구지역의 서울이동에는 다양한 유형이 존재하고 있으며 이에 따라 이동요인에도 차이를 보이고 있다. 따라서 지역의 균형발전을 위해서는 지역의 매력도를 향상시켜 지방청년으로 하여금 출신지역 정착을 선택할 수 있는 여건 정비가 필요하다.

제4절　고향으로 돌아올 수 있는가?

　　제3절에서 살펴본 바와 같이 대구지역 청년은 자신의 꿈을 이루기 위하여 좋은 교육환경과 직장을 찾아 서울이동을 결정하였다. 조사 대상자의 서울이동 시점은 대부분 고등학교를 졸업하는 20세 전후이다. 그 이유는 고등학교를 졸업한 학생이 서울에 있는 대학에 진학을 하거나 취업을 위하여 이동하였기 때문이다. 그리고 대구소재 대학을 졸업하고 취업을 위하여 서울로 간 경우도 있었다. 이 유형의

대상자는 비교적 우수한 학생으로 좋은 대학과 직장을 찾아서 이동한 경우와 대구에 살고 싶었으나 직장 때문에 어쩔 수 없이 이동한 경우로 구성되어 있다. 따라서 이들이 조직에서 차지하는 위치와 경쟁력에는 차이가 있으며 이동 후 서울생활에 대한 만족도에도 차이가 있었다. 이들의 만족도를 유형에 따라 구분해 보면 대학재학생과 서울소재 대학 졸업 후 취업자는 높은 만족도를 나타내고 있으며, 직장의 여건상 어쩔 수 없이 이동한 대구소재 대학 졸업 후 서울취업자는 낮은 만족도를 나타나고 있다. 이들은 낮은 만족도의 이유로 경제적인 측면과 직장에서의 인간관계에 대한 어려움을 들고 있다. 직장에서의 입지가 비교적 열악하고 저임금과 대구에 비해 상대적으로 높은 생활물가가 만족도에 영향을 미치고 있는 것이다.

'수구지심(首丘之心)'이라는 말이 있듯이 이동한 청년이 목표를 달성했거나 타향살이가 길어지게 되면 고향을 그리워하게 된다. 목표로 한 대학을 졸업하고 원하는 직장에 취업하여 목표를 달성하게 되면 마음의 여유가 생기게 된다. 이때쯤이면 자신의 삶을 되돌아 볼 여유도 생기고 고향에 대한 그리움도 나타나게 될 것이다. 또한 서울생활이 기대했던 것보다 힘들어지게 되면 고향으로의 귀환을 고려해 보게 된다. 여기에서는 이 유형의 대상자를 대상으로 하여 인터뷰의 내용을 중심으로 이들의 고향으로의 귀환의사와 가능성에 대하여 알아보기로 한다.

1. 서울생활에 지친 청춘들

직장의 여건상 불가피하게 이동은 하였으나 녹록치 않은 서울생활에 대한 불안감과 경제적 어려움에 더하여 직장 내 조직생활과 인간관계에 어려움을 겪고 있는 대상자가 있다. 이들은 대구소재 고교와 대학 졸업 후 서울에 취업한 사람으로 현실에 대하여 매우 낮은 만족도를 나타내고 있다. 이들은 낮은 만족도의 이유로 경제적인 측면과 직장에서의 인간관계에 대한 어려움을 호소하고 있다. 직장에서의 입지가 비교적 열악하고 저임금과 대구에 비해 상대적으로 높은 생활물가가 만족도에 영향을 미치고 있는 것이다. 이들에게 서울생활에 대한 만족감, 대구에 대한 그리움과 귀환의사, 귀환의 장애요인 등에 대하여 물어보았다.

우선 서울에 사는 것에 대한 만족감에 대하여 문화적, 경제적, 인간관계, 자아실현 측면에서 질문해 보았다. 수준 높은 연극, 영화를 접할 기회가 많아 좋으나 스트레스를 해소할 수 있는 친구의 부재를 호소하는 A씨의 사례와 자기개발의 기회가 많아 만족한다는 B씨의 사례에서 알 수 있듯이 이들은 문화적, 자아실현 측면에서는 만족도가 높으나 경제적, 인간관계 측면에서 만족도가 낮게 나타났다.

■ 출향의 만족도는?

"서울에 같이 올라온 친구가 많지 않다보니 고민 상담이나 만날 기회가 적으며 업무상 받은 스트레스를 해소할 수 있는 친구를 찾기가 쉽지 않아요" (취업자 여성 A씨)

"서울에는 자기개발의 기회가 많다고 생각해요. 그러나 인간관계 측면에서는 대구에서 더 큰 만족을 느끼고 있습니다. 서울에서도 친구를 사귀었지만 대구에 비해 마음속 깊이 사귀지 않는 것 같다는 느낌을 받았어요. 경제적으로도 비슷한 조건의 소득이라면 대구로 돌아가고 싶어요." (취업자 남성 B씨)

"서울에서는 대구에 비해 생활비가 많이 들어요. 개인에 따라 분기 보너스,

지점 성과 등 보너스의 차이가 많아 수입이 일정하지 않고 생활비 과다지출 등으로 부채가 늘어가고 있어요."(취업자 여성 B씨)

대구에 대한 그리움과 고향으로 돌아가고자 하는 의지는 상관관계가 있는 것으로 보인다. 대상자 3명 가운데 A, C씨는 대구에 대한 그리움이 있어서 귀환의지가 있는 것으로 나타났으며 B씨는 대체로 현 상황에 만족하고 있었다. 이들은 귀환을 생각하게 하는 요인으로 직장생활의 고달픔과 외로움, 인간관계의 어려움을 들고 있다.

■ 대구에 대한 그리움과 귀향의지의 관계는?

"현실적으로 가기가 어렵지만 대구에 대한 향수가 많아요. 직장생활이 힘들 때마다 대구로 돌아가고 싶은 생각이 들어요." (고졸 취업자 여성 A씨)

"대구는 언제든지 나를 받아 줄 것 같은 고향입니다. 직장 상사와의 트러블과 업무상의 인간관계에 대한 스트레스가 생길 때에는 대구로 돌아가야겠다는 생각이 납니다. 또한 결혼을 생각했을 때 돌아가야겠다고 느끼고 있습니다. 그리고 같은 회사 직원이 합의금을 받고 나가는 것을 보고 우리는 소모품이 아닐까란 정체성에 대한 의문이 생길 때에도 귀향을 생각하게 됩니다." (전문대졸 취업자 여성 C씨)

청년에게 있어서 대구에서의 소득수준은 귀환 여부를 결정하는 가장 중요한 요인이 될 것이다. 이들에게 어느 정도의 소득이 보장되면 대구로 귀환할 수 있는가에 대하여 물어보았다. 귀환의사가 있는 A, C씨의 경우 대구에서의 희망연봉이 서울에서의 소득과 비교하여 다른 결과를 나타내고 있다. A씨의 경우 서울에 비해 더 많아야 하며, C씨의 경우는 적어도 된다고 답하였다. 귀향에 소극적인 B씨의 경우는 연봉의 대폭 인상과 위로금 지급을 귀향의 전제조건으로 제시하고 있다.

■ 연봉이 적어도 귀향할 의사가 있는가?

"대구에서 소득이 더 많더라도 서울에서 생활할 것입니다. 서울에서 10년 정도 살고 난 후에는 대구에서의 소득이 많을 경우 돌아갈 생각이 있지만 지금은 서울생활이 오래되지 않아 돌아갈 생각이 없습니다."(고졸 취업자 여성 A씨)

"연봉에서 크게 차이가 나지 않으면 대구로 돌아갈 의사가 있습니다. 대구는 서울에 비해 물가가 낮으므로 연봉이 조금 적어도 괜찮다고 생각합니다."(전문대졸 취업자 여성 C씨)

"서울에 비해 연봉 1,200만 원 인상은 희망사항이고 고려대상으로 위로금을 원합니다."(전문대졸 취업자 남성 B씨)

서울 소득 대비 평균적으로 20%정도 적게 받아도 대구의 생활비가 경감됨으로 인해 귀향을 생각하겠다는 의사를 보인 출향청년이 대부분으로 나타났다. 하지만 자신의 비전을 실현하여 지역사회 발전에 기여할 수 있는 여건이 마련된다면 소득이 줄더라도 귀향할 의사가 있는 있다는 점은 청년귀환을 위한 정책 입안에 시사하는 바가 크다.

"연봉을 적정 규모로 받는 것은 당연히 중요한 일입니다. 그러나 어느 곳이든 비전을 실현할 수 있느냐가 가장 중요합니다. 연봉을 서울 대비 80%만 받게 되더라도 주체적으로 해 나갈 수 있고, 다양한 기회를 얻을 수 있다면 괜찮습니다. 오히려 지방에도 다양한 기회가 있을 수 있어요. 발전이 덜 되었기 때문에. 연봉은 물가나 집값도 다르고 하니 현재의 생활수준만 어느 정도 유지하도록 받을 수 있다면 괜찮습니다. 지역사회에도 기여할 수 있고 개인도 발전할 수 있다면, 또 서울로 갈 때 원대한 포부와 야망을 가지고 갔는데 그런 부분이 충족된다면 연봉은 어느 정도 낮아도 괜찮습니다. 그러나 대구의 기업들은 현재 80%정도도 유지되지 않기 때문에 안타깝습니다." (서울취업자 남성 C씨)

귀향의사가 있는 A, C씨는 귀향의 장애요인으로 '일거리의 부재'와 더불어 '직장환경의 열악성', '할 수 있는 일이 없음'을 들고 있다. 또한 C씨는 귀향에 대한 의식문제도 장애요인으로 작용하고 있다고 지적하고 있다. 이러한 의견은 청년의 지역귀환에 중요한 시사점을 제시하고 있다. 지역은 청년이 지역의 미래라는 사실을 인식하고 기업과 지역사회는 장기적인 안목을 가지고 청년이 돌아올 수 있는 환경조성에 노력해야 할 것이다.

■ 귀향의 걸림돌은 무엇인가?

"대구에서 일하는 친구들을 보면 직장 내에서 모욕적인 말을 들으며 일하는 경우가 많습니다. 일을 가르쳐주지 않고 일처리에 대하여 지적을 하곤 하죠. 대구 친구들이 저에게 일자리 추천이나 서울에 갈 수 있는 방법을 묻곤 합니다." (고졸 취업자 여성 A씨)

"대구에는 확실한 만족감을 느낄 수 있는 일자리가 많이 없어요. 그리고 직장환경도 서울이 훨씬 좋다고 생각합니다. 무엇보다도 대구에서는 할 수 있는 일이 별로 없습니다. 기준을 낮추면 할 수 있는 일은 있겠지만 복지, 기회 측면에서 서울이 압도적으로 일이 많지요." (전문대졸 취업자 여성 C씨)

"의식 자체에도 문제가 있습니다. 서울 사람들은 그냥 일단 지방에 내려가는 것(서울을 떠나는 것)에 대해 부정적입니다. 일단 지방에 대해 거부감 혹은 막연한 선입견을 가지고 있는 서울 사람들이 많습니다. 지방에서 온 사람들은 나중에 내려올 수도 있다고 생각하지만. 지금도 여러 모임이나 교육, 세미나에 참여하고 있는데 보고 느낄 수 있는 기회가 대구에는 부족한 것 같습니다. 대구에서 합숙무역 프로그램 등이 생기면서 많은 학생, 청년들이 교육을 받고 취업연계 등의 도움을 받는 기회가 생겼습니다. 구직과 관련해서 정보의 비대칭이 심각합니다. 좋은 기업 혹은 대기업들의 채용정보는 잘 알려져 있지만, 지방이나 작은 기업들은 양질의 기회를 제공하더라도 정보가 잘 전달되지 않습니다. 인재들이 좋은 기회를 놓치는 경우가 많은 것 같습니다. 꼭 연봉을 생각하지 않더라도."(서울취업자 남성 C씨)

2. 돌아갈 수 없는 엘리트 계층

서울생활의 어려움으로 지쳐 있는 청년이 있는 반면 서울로 이동하여 모든 측면에서 만족하고 있는 그룹도 있다. 이 그룹에는 현재 서울소재 대학 재학생과 서울소재 대학을 졸업하고 서울에서 취업한 사람이 해당된다. 이들은 우수한 능력을 바탕으로 서울이라는 큰 무대에서 경쟁을 즐기고 있으며 자신의 일에 대하여 높은 자부심을 가지고 있어 현실에 대한 만족도가 매우 높다.

앞만 보고 달려온 사람에게는 목표에 도달하고 나면 자신이 걸어온 길을 돌아보게 되는 경향이 있다. 치열한 경쟁을 뚫고 서울에서 자리를 잡은 이들에게도 고향이 그리울 때가 있을 것이다. 가끔은 부모와 형제가 그리워지고 번잡하지 않은 고향에서 자신의 능력을 발휘하여 지역사회를 위한 역할을 하고자 하는 욕구도 생길 수 있다. 그러나 이러한 귀환에 대한 희망은 이들을 받아들일 수 있는 직장, 인적 네트워크, 결혼상대의 부재로 벽에 부딪치고 만다. 특히 결혼을 한 사람에게는 자녀의 교육문제와 지방생활에 대한 가족의 부정적 편견으로 귀환 가능성은 더욱 떨어지게 된다. 여기에서는 성공적으로 현재의 상황에 안착한 대상자의 서울생활에 대한 만족도, 대구에 대한 그리움과 귀환의사와 가능성에 대하여 알아보기로 한다.

우선 서울생활에 대한 만족도에 대하여 질문해 보았다. 새로운 인맥 형성과 유능한 사람을 만날 수 있어 자기실현에 도움이 된다는 A씨의 사례와 다양한 직업군의 존재와 개방성, 그리고 자신의 능력을 발휘할 수 있는 기회가 많아 만족한다는 B씨의 사례에서 알 수 있듯이 이들은 자아실현, 인간관계 측면에서 매우 높은 만족도를 나타내고 있다. 서울생활의 만족도에 대한 공기업에 취업한 여성 A씨와 남성 B씨의 대답이다.

■ 서울로 오기를 잘했다고 생각하는가?

"서울에서 만날 수 있는 인맥은 대구와 비교가 안 될 정도로 스케일이 커요. 그리고 서울에서는 새로운 인맥 형성의 기회가 커져서 고향에서의 인간관계보다 더 만족하고 있어요. 또한 서울에서는 유능한 사람들을 많이 만남으로써 스스로 발전에도 도움이 되고 있으며 큰 도시에서의 세계적인 일을 자신이 처리함으로써 뿌듯함을 느끼고 있어요." (20대 중반 여성 A씨)

"서울 생활이 여러 가지 측면에서 좋은 점이 많아 서울로 오기를 잘했다고 생각합니다. 우선 다양한 직업이 있어서 자신의 능력을 마음껏 발휘할 수 있고요, 다양한 친구들을 사귈 수 있어서 좋습니다. 처음에는 출신 지역이 달라 서먹서먹했지만 머지않아 좋은 친구가 될 수 있었습니다. 서울은 다른지역 친구들과 쉽게 친해질 수 있는 열린 도시입니다. 서울에서 만난 친구들은 매우 개방적이고 적극적이어서 좋습니다." (30대 중반 남성 B씨)

우리는 고향에 대한 향수를 가진다. 고향은 멀리 있기 때문이다. 고향이 멀수록 향수도 짙어지면서 고향으로 돌아가고 싶은 마음도 강해지는 한편, 고향으로 돌아갈 수 없는 요건들도 점점 많아지게 된다. 그러한 고향과의 거리감을 미혼인 여성과 기혼인 남성에게 들어보았다.

■ 대구와의 거리감을 느끼는가?

"교통이 편리하여 언제나 갈 수 있을 것 같지만 사실은 그렇지 못합니다. 다양한 이유로 일 년에 서너 번 가기가 쉽지 않습니다. 알고 보면 두 번의 명절과 다른 집안일 때문 외에는 고향 가기가 어렵습니다. 거리감이 있다고 해야 합니다. 마음으로는 대구가 가까이 있는 것 같지만 직장의 일로 인해 특별히 휴가를 내지 않고서는 대구에 갈 일이 점점 없어집니다. 마음과 달리 현실에서는 상당한 거리가 존재한다고 봅니다." (기혼 남성 C씨)

"부모님 때문에 거리감을 느껴요. 고향에 대한 애정과 향수가 있는데, 친구와 부모와 고향에서의 여러 추억들 때문입니다. 전화로 급한 향수를 달랠 수 있지만 그러면 그럴수록 고향에 대한 그리움이 더 커져요. 갈 수 없으니 거리감이 더 커지게 마련이지요. 그래서 직장을 대구로 옮겨 볼까 생각해 본 적도 있어요. 그러나 직장일이 점점 많아지고 직장과 관련된 교육이나 프로젝트가 서울에 집중되어 있고, 관련 전문직 활동이 서울에 누적될수록 대구로 직장을 옮기는 것이 불가능하게 되었어요. 그렇게 생각하고 보면 부모 외에는 내가 대구에 대한 향수를 가질 이유가 없구나 하는 생각이 들어요." (미혼 여성 B씨)

장점이 많은 서울생활을 포기하고 고향으로의 귀환을 결정하기란 매우 어려운 일이다. 귀환에 대한 결정은 대상자의 주어진 사정과 형편에 따라 다를 것이고 꼭 귀향을 해야만 할 필요가 있는 것도 아닐 것이다. 그러나 가끔은 고향으로 돌아가고 싶을 때가 있을 것이다. 이럴 때 과연 대구는 이들을 받아들일 준비가 되어 있는지가 중요하다.

이들에게 '고향으로 돌아가야겠다'는 생각이 있는지, 그리고 현실적으로 귀환이 가능한지에 대하여 물어보았다. A씨와 C씨의 답변에서 알 수 있듯이 귀환의 의사는 있으나 경제적 조건, 선입관, 가족의 반대 등으로 이들은 귀환하고 싶어도 할 수 없는 입장에 놓여 있다.

> "있습니다. 서울에서 일 때문에 너무 팍팍하게 살 필요가 있는가를 생각할 때가 있습니다. 적당한 기회가 되면 고향으로 돌아가고 싶습니다. 그런데 그렇게 실행하기가 어려운 것은 기본적으로 나에게 맞는 일자리가 없기 때문입니다. 경제적 조건이 맞지 않으니 일단 고향으로 돌아갈 수 없습니다. 다음으로는 선입관이 걱정됩니다. 제가 만일 대구로 내려가면 친지나 부모님들이 '저 친구 뭔가 실패해서 고향으로 온 것 아닌가' 하는 생각을 할 것으로 생각됩니다. 그런 생각이 드는데 어떻게 고향이라고 해서 대구로 내려갈 수 있겠습니까? 그렇다고 대구가 저를 특별하게 대접해 주지도 않을 것이고… 이런 편견이 없어지지 않고서는 귀향은 어려울 것 같습니다." (20대 중반 A씨)

> "생활하면서 가장 어려운 것은 결혼한 후의 부인의 입장입니다. 서울 출신의 부인은 대구 정도의 도시라도 시골로 느끼기 때문에 대구로 내려간다는 것은 죽으러 가는 줄로 압니다. 대구에는 문화시설이 부족하다고 생각하기 때문일 것입니다. 대구의 교육열도 대단함에도 불구하고 자식의 교육에 대한 편견도 있습니다. 그래서 현실적으로는 귀향이 매우 어렵습니다." (20대 후반 C씨)

3. 귀환의 의지와 조건

앞에서 살펴본 바와 같이 다양한 이유로 대구에서 떠나온 청년은 서울생활을 해 나가면서 만족도가 높은 그룹과 적응에 힘들어 하는 그룹으로 나눌 수 있다. 만족도가 높은 그룹은 서울이라는 새로운 환경에 잘 적응한 사람으로 구성되어 있으며, 다른 그룹은 서울생활의 장점보다 어려움이 많아 만족도가 낮은 사람으로 구성되어 있다. 사람은 누구나 고향에 대한 그리움을 간직하고 있으며 언젠가는 고향으로의 귀환을 생각하고 있을 것이다. 서울생활에 적응을 잘한 그룹과 어려움을 느끼고 있는 그룹의 고향으로의 귀환에 대한 생각과 조건은 당연히 다를 것이다. 여기에서는 대구에서 대학진학을 위하여 이동한 대학재학생, 고교·전문대학을 졸업하고 서울에 취업한 그룹, 대구지역 대학 졸업 후 상경한 그룹, 서울소재 대학 졸업 후 서울지역에 남아 있는 그룹으로 구분하여 이들의 귀환의지와 조건에 대하여 알아보기로 한다.

먼저 서울에서 대학 재학 중인 이 그룹에서 귀환의사가 있는 A, C, E씨는 귀환조건으로 일자리의 확보와 더불어 기업문화 쇄신, 인적 기반 확충을 들고 있다.

"대구시에서도 청년실업을 걱정하며 일자리를 늘리려고 하지만 그러한 직업은 청년들이 선호하는 직업과는 거리감이 있습니다." (대학재학생 남성 A씨)

"서울에서 대학을 다니다 보니 같은 전공을 공부했던 사람들이 적어 직장에서의 기반이 부족해요." (대학재학생 남성 C씨)

"서울에 있는 기업문화에서 배울 점이 많아요. 대구의 공장들은 수직적 분위기라고 해요." (대학재학생 여성 E씨)

다음으로 고교·전문대 졸업 후 서울에 취업한 이 그룹에서 귀향 의사가 있는 A, C씨는 귀향의 장애요인으로 일거리의 부재와 더불어 직장환경의 열악성, 할 수 있는 일이 없음을 들고 있다.

"대구에서 취업중인 친구들의 이야기를 들어보면 근무환경, 특히 기업문화에 문제가 많다는 것을 느낍니다. 일에 대한 노하우는 가르쳐주지 않으면서 지적만 하거나 모욕적인 말을 들으면서 일하는 경우가 더러 있다고 하더군요."(고졸 취업자 여성 A씨)

"무엇보다도 대구에는 좋은 일자리가 그리 많지 않다는 것입니다. 보수나 복지는 고사하더라도 만족감을 느끼면서 일할 수 있는 일자리가 매우 제한적이라고 느낍니다. 기준을 낮추면 그 나름의 일자리가 대구에도 많다고들 말하지만 근무환경, 발전가능성 등의 측면에서 서울이 압도적으로 우위라는 생각입니다."(전문대졸 취업자 여성 C씨)

대구지역 대학을 졸업하고 서울에서 취업한 이들 역시 일자리를 최우선으로 들고 있으나 사회적 관계의 중요성도 지적하고 있다. 언제 고향으로 가고 싶은가에 대하여 고향의 정(情)과 공동체 의식, 그리고 친구가 생각날 때라는 C씨의 의견과 달리 B씨는 대구에서 관련 업종의 직장이 구해진다면 귀향하겠다고 하고 있다.

"대구에는 공동체의식, 정이 있다고 생각합니다. 서울에 비해. 서울에는 다양한 사람을 만날 수는 있어도 깊은 속 이야기를 할 수 있는 친구들이 없습니다. 대구에는 좀 더 의지하고 속마음을 터놓을 수 있는 사람들이 더 많습니다."(서울취업자 남성 C씨)

"아직도 현실적인 조건이 충족된다면 대구로 돌아가고 싶습니다. 경제적인 부분도 최소한 맞춰진다면 하고 싶은 일을 하면서 살고 싶습니다. 2~3년 뒤에도 대구에서 관련 업종을 구할 수 있다면 갈 생각도 있습니다. 요즘도 주말마다 대구에 가서 지인들을 만나곤 하는데 이러한 일이 반복될 것이라는 생각에 대구에서 일하고 싶은 생각이 많습니다. 퇴근하고 집으로 돌아간다는 생각보다는 일을 하고 기숙사로 가는 듯한 느낌을 받고 있습니다. 대구에 비해 비싼 서울의 집값 때문에 조금은 열악한 환경이다 보니 집이 주는 아늑함이나 휴식을 누리기는 쉽지 않습니다."(서울취업자 남성 B씨)

대구출신으로 서울소재 대학 졸업 후 서울에 취업한 대상자에게 구체적으로 어떤 조건이 만족되면 귀향을 생각해 볼 수 있겠는가라는 질문을 던져 보았다. 귀향을 여러 번 생각해 본 적이 있는 C씨의 대답은 직장과 결혼가능성을 우선적으로 들고 있으며 적은 연봉이라도 주체적인 삶을 설계할 수 있는 여건이 된다면 귀환하겠다는 조건을 제시하고 있다.

"대구에 다닐 만한 직장이 있고, 대구 사람과 결혼하게 되면 대구로 돌아가서 직장도 바꿀 용의가 있습니다. 저는 직장에서 너무 힘이 들고, 이 낯선 도시에서 혼자라고 생각되면 고향에 돌아가는 것이 어떨까 생각해 봅니다. 연봉이 지금 받는 수준에서 80% 정도라면 생각해 볼 수 있습니다. 그러나 가장 중요한 조건은 경제적 조건보다도 어느 곳에서 자신의 비전을 실현할 수 있는가입니다. 연봉을 80%만 받더라도 주체적으로 내 삶을 설계할 수 있고 다양한 기회를 얻을 수 있다면 괜찮습니다. 오히려 지방이 더 재밌고 의미 있는 기회가 있을 수 있다고 생각합니다. 물가도 낮고, 집값도 서울과 상당히 다를 것이므로 현재의 생활만 어느 정도 유지할 수 있다면 괜찮습니다. 지역사회에도 기여할 수 있고 개인도 발전할 수 있다면 고향에 돌아가서 친구들과 함께 지내고 싶습니다."(20대 후반 C씨)

대구에서 서울로 이동한 청년의 실태와 이동이유, 유형에 대하여 살펴보고 이들의 귀환 가능성에 대하여 검토한 결과를 요약하면 다음과 같이 정리할 수 있다.

대구에서는 매년 많은 수의 청년이 우수한 교육환경, 취업, 자신의 꿈을 실현하기 위하여 서울로 이동하고 있다. 시간의 흐름에 따라 이들은 개인의 능력과 노력 그리고 주어진 여건에 따라 새로운 환경에 잘 적응하여 높은 만족을 나타내는 사람과 서울생활의 장점보다 어려움이 많아 만족도가 낮은 사람으로 나눌 수 있다.

만족도 여부에 상관없이 고향을 떠난 청년의 서울생활이 길어지게 되면 고향이 그리울 때가 있을 것이며, 사정에 따라 고향으로의 귀환도 생각해 보게 된다. 서울로 떠난 청년이 귀환을 고려하는 이유에는 두 가지 유형이 있다. 첫째는 치열한 경쟁 끝에 자신이 설정한 목표를 달성하였기에 금의환향하여 부모, 친구와 함께하는 안정된 삶을 추구하게 되는 심리가 작용할 수 있다. 둘째는 서울생활에 대한 높은 기대감으로 상경했으나 녹록하지 않은 현실의 벽에 막혀 힘든 일상을 보내고 있기 때문에 고생할 바에야 고향에서 하는 것이 낫다는 생각이 있을 수 있다.

현재 서울거주 청년들이 생각하는 대구로의 귀환에 있어서 가장 큰 장애요인은 일자리 부재이며, 수직적인 기업문화, 직장환경의 열악성, 인적 기반의 부족, 귀환에 대한 의식문제(서울을 떠나 지방에 내려가는 것에 대한 부정적인 생각)도 귀환의 걸림돌로 작용하는 것으로 나타나고 있다.

서울에서 자리를 잡은 청년에게 귀환의지와 실현가능성 사이에는 커다란 벽이 존재하고 있다. 이들의 귀환에는 기존의 서울생활에서 누리던 많은 부분을 포기해야 하는 기회비용을 감수해야 하고, 대구는 이들을 받아들일 수 있는 여건을 갖추고 있어야만 한다.

대구가 갖추어야 할 귀환의 조건은 다음과 같이 정리할 수 있다. 우선 가장 중요한 것은 귀환을 고려하고 있는 우수한 인재가 자기의 능력을 발휘할 수 있는 일자리의 확보이다. 이것은 경제적 상황, 국가의 시책과도 맞물려 있어 자치단체만의 노력으로 불가능하기 때문에 장기적인 관점에서 접근할 필요가 있다. 둘째는 지역기업의 기업문화의 개선에 대한 노력이다. 다수의 귀환 희망자는 대구소재 기업이 서울소재 기업에 비해 근무조건과 노동환경이 열악하고 직장 내에서 수직적인 분위기가 강하다고 인식하는 등 기업문화에 대한 평가가 매우 낮았다. 기업문화의 열악함이 귀환을 망설이는 요인으로 작용하고 있는 것이다. 지역기업은 우수한 인재를 확보하는 것이 기업의 경쟁력 제고와 기업성장의 척도임을 인식하여 기업문화 개선에 노력하여야 한다. 이러한 노력에는 행정의 지원과 교육을 병행할 필요가 있다.

셋째는 청년이 자신의 목소리를 낼 수 있고 지역사회를 위하여 자신의 역할을 실현할 수 있는 청년을 위한 장을 만들어 가야 할 것이다. 이를 위해서 우수한 청년들이 상호교류하고 결혼상대를 지역에서 찾을 수 있도록 인적 네트워크의 구축도 필요할 것이다. 다수의 청년이 서울에 비해 보수가 낮아도 귀환의사가 있다고 하는 점을 참고하면 경제적 부족함은 자기구현으로 보완할 수 있을 것이다.

넷째는 지방정주에 대한 사회적 인식의 개선이다. 우수한 사람은 서울로 가야 하고 지방으로의 귀환은 경쟁에서 졌기 때문에 돌아온 것이다라는 사회적 인식을 불식시켜야 한다. 이를 위하여 지역의 우수한 자원, 상대적으로 혼잡하지 않는 지역정주가 가져다주는 편안함과 안락함 등 장점을 적극적으로 발굴하고 홍보할 필요가 있다. 특히 경제적 면에서 물가수준을 감안하여 서울생활과 지역정주에 따른 소득과 생활에 필요한 비용을 산정하여 정확한 처분가능소득의 도출과 비교가 필요하다.

제Ⅱ부

일본의 지방창생과 청년귀환

제 4 장
•
일본의 지방창생(創生)과 인구유출 대책

제1절 일본사회의 인구변화

■ 저출산·고령화

일본의 인구는 앞으로 큰 폭의 감소가 예상되고 있다. 국립「사회보장인구문제연구소」의 추계에 따르면 일본의 인구는 2008년 1억 2,808만 명으로 정점을 찍었고, 2015년에는 1억 2,660만 명으로 감소하였다. 아직은 감소폭이 크지 않지만 점차 확대되어 2040년에는 1억 727만 명(중위 추계), 그리고 2060년에는 8,674만 명으로 감소할 것으로 예측하고 있다.

인구의 감소는 경제적으로 커다란 충격을 초래한다. 특히 15~64세에 해당되는 생산가능인구의 감소는 다른 조건의 변화가 없다면 노동력 감소를 초래하여 일손이 줄어드는 것을 의미한다. 이러한 인구감소는 노동력이 줄어드는 만큼 인력부족을 야기하게 되며, 다른 한편으로 소비인구 감소로 이어져 내수위축과 기업의 고용감축을 초래하여 일본경제 전체가 축소균형에 빠질 위험성을 내포하고 있다. 이러한 위험성을 회피하기 위해서는 기업이 생산성 제고와 경쟁력 향상에 노력하고 이에 따른 임금상승과 소득증대에 의한 수요를 확대해 나가는 것이 중요한 과제이다.

한편 저출산·고령화의 심화는 현역세대의 인구를 감소시키고 상대적으로 은퇴세대의 인구를 증가시키고 있다. 사람의 라이프 사이클을 생각해 보면 현역세대는 소비지출도 많지만 소득이 더 많아서 이를 저축하거나 자산으로 비축하여 노후를 대비하고 있다. 그리고 노후에는 축적된 자산으로 생활비를 충당한다. 현역세대가 줄어들고 은퇴세대가 늘어나면 일본의 저축률은 마이너스가 될 위험성이 높아진다. 일본 국내에 투자를 하려고 하면 지금과 반대로 해외에서 자금을 차입하지 않으면 투자가 어렵게 될 것이다.

또한 고령화의 심화는 국가재정에도 커다란 영향을 미치게 된다. 개인이 각자의 생애단계(Life Stage)에서 현재와 같은 소득패턴을 가진다고 하여도 전체적으로는 세금과 사회보험료를 납부하는 사람이 줄어들게 되고 반대로 사회보장 혜택을 받는 사람이 증가하게 될 것이다. 이렇게 되면 지금까지 국가가 빌려 쓴 국채의 상환은 고사하고 적절한 대책을 세우지 않으면 매년 부채가 늘어갈 것이다.

일본의 인구감소, 저출산·고령화의 심화는 거시경제적 측면에서 커다란 영향을 미칠 뿐만 아니라 미시경제적인 일상생활에도 영향을 미칠 것이다. 사람은 지역이라는 범주 속에서 살아가고 있다. 지역의 인구가 대도시에서는 약간의 감소에 그치겠지만 지방에서는 많은 지역에서 대규모의 인구감소를 피할 수 없게 된다. 이러한 지역에서는 지금 무엇을 해야만 할 것인가? 아래에서는 이러한 지역이 어떻게 대처해야 할 것인가에 대하여 생각해 보기로 한다.

■ 지방의 인구감소

국립 「사회보장인구문제연구소」에서는 전국 시구정촌(市区町村: 일본의 기초자치단체)별 인구를 2040년까지 추계해서 발표하고 있다.

<표 4-1>은 이 추계 중 고치(高知)현(일본의 시코쿠(四国)에 위치하고 있는 현)내 주요 시의 자료를 제시한 것이다. 표는 향후의 인구변화를 살펴보기 위하여 2010년을 100으로 한 지수를 표로 나타낸 것이다. 이것을 보면 일본 전국에서 2040년까지 16.2%의 인구감소를 예상하고 있지만, 고치현의 경우는 현 전체 29.8%, 고치(高知)시 21.8%, 난고쿠(南国)시 23.5%, 시만토(四万十)시에서 34.8%의 인구감소를 예상하고 있다.

〈표 4-1〉 전국과 고치현의 인구 추계

	2010년	2015년	2020년	2025년	2030년	2035년	2040년
전 국	100.0	98.9	97.3	94.2	91.1	87.6	83.8
고치현	100.0	95.5	90.7	85.6	80.5	75.4	70.2
고치시	100.0	97.6	94.6	91.0	87.1	82.7	78.2
난고쿠시	100.0	96.8	93.3	89.3	85.2	81.0	76.5
시만토시	100.0	94.4	88.7	82.9	77.0	71.2	65.2

〈표 4-2〉는 〈표 4-1〉의 인구증감을 자연증감과 사회증감으로 구분하여 나타낸 것이다. 자연증감은 출생자 수에서 사망자 수를 뺀 수치로 사망자 수가 출생자 수보다 많으면 마이너스가 된다. 사회증감은 당해 지역의 전입자 수에서 전출자 수를 뺀 수치로 전출자가 전입자보다 많으면 마이너스가 된다. 〈표 4-2〉를 보면 고치현 내 주요 시의 인구감소는 자연증감의 영향이 압도적으로, 출생자 수의 감소와 사망자 수의 증가에 따라 이러한 현상이 발생할 것으로 예측하고 있다. 출생자 수의 감소는 합계출산율이 장래에 큰 변화가 없다고 보고 계산한 수치로 이 지역에서 20대, 30대 여성이 크게 감소하여

〈표 4-2〉 고치현의 자연증감·사회증감(2015~2040)

	증 감	자연증감	사회증감	인 구 증감률	자 연 증감률	사 회 증감률
고치현	-193,165	-160,475	-32,690	-26.5	-22.0	-4.5
고치시	-66,380	-53,358	-13,022	-19.8	-15.9	-3.9
난고쿠시	-10,057	-7,928	-2,129	-21.0	-16.6	-4.4
시만토시	-10,493	-7,535	-2,958	-30.9	-22.2	-8.7

아이를 출생할 수 있는 산모의 수가 감소하므로 이러한 현상이 발생할 것으로 예측하고 있다.

한편 사회증감률을 살펴보면 시만토시 등에서 매우 높아 인구유출이 앞으로도 지속될 것이라 예측하고 있지만 자연증감율에 비하면 전체적으로 낮다고 할 수 있다. 이는 「사회보장인구문제연구소」의 추계가 향후 인구의 지역간 이동이 수렴되어 간다고 가정하고 있기 때문이다. 일반적으로 인구추계는 지금까지의 출생률 변화와 사망률 변화가 앞으로도 계속된다는 가정 아래 미래의 인구를 추산하는 것이다. 그런데 이 추계에서는 2005~2010년 동안 각 지역의 순이동률을 100으로 보고 5년 단위로 70%씩 감소한다고 가정하고 있다.

〈표 4-2〉의 인구추계는 순이동률의 감소를 가정한 결과인데 만약 인구이동이 현재와 같은 추세로 계속된다면 각 지역의 인구는 어떻게 될 것인가? 민간 정책제언 그룹과 「일본창생회의」는 이러한 상황을 상정한 인구추계를 발표하고 있다. 이 추계에 의하면 2040년도 고치현의 인구는 「사회보장인구문제연구소」 추계치가 53만 7천 명인데 비하여 51만 명으로 더 많이 감소한다고 보고 있다. 그리고 고치시의 인구는 26만 9천 명에서 25만 9천 명으로, 난고쿠시는 3만 8천 명에서 3만 6천 명, 시만토시는 2만 3천 명에서 2만 1천 명으로

5~8% 정도의 감소를 예측하고 있다(마스다 히로야편『지방소멸』중공신서, 2014년, 히구치·홋카이도종합연구조사회『지역인구소멸백서』생산성출판, 2014년).

「일본창생회의」는 20~30대 여성인구에 주목하여 이 인구가 2040년까지 절반 이하로 떨어지는 도시를「소멸가능성 도시」라고 하고 해당 시구정촌을 공표하고 있다. 해당 지역은 산모의 수가 줄어들어 출생률이 현재의 2배가 된다고 가정하여도 태어나는 어린이의 수가 감소할 수밖에 없는 현실을 반영하여 소멸가능성 도시라 부르고 있는 것이다. 인구이동이 수렴되지 않는 경우, 전국 1,799개 시구정촌(후쿠시마(福島)현 제외) 가운데 896개 지역이 소멸가능성 도시가 되며, 이는 전체 지방자치단체의 49.8%에 해당된다. 또 20~30대 여성인구가 30~50% 감소하는 시구정촌이 619개(34.4%), 30% 이하로 감소하는 시구정촌이 269개(15.0%)가 될 것으로 추산하고 있다. 소멸가능성 도시는 주로 중소도시가 많아 인구 1만 명 미만 지방자치단체의 29.1%, 1~5만 명 규모 지방자치단체의 17.6%가 여기에 해당된다.

제2절 일본 인구이동의 특징

■ 지역별 인구이동

인구의 사회증감에는 어떠한 요인이 영향을 미치고 있는 것일까? [그림 4-1]은 일본의 대도시권을 대상으로 1954~2013년까지의 전입초과인구를 연도별로 나타내고 있다. 이를 살펴보면 고도성장기에 인구이동이 많았다는 사실을 알 수 있다. 대도시권으로 인구유입이 가장 많았던 1961년에는 도쿄(東京)권 35만 8천 명, 오사카(大阪)권 21만 8천 명, 나고야(名古屋)권으로 7만 4천 명의 초과유입이 발

[그림 4−1] 지방권에서 3대 도시권으로의 전입초과 인구수: 1954∼2013년

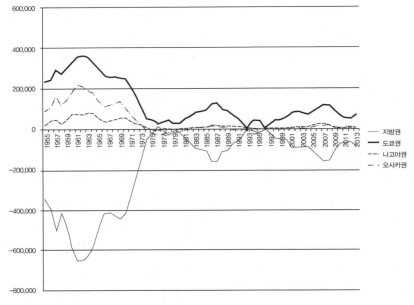

자료: 총무성, 『주민기본대장 인구이동보고』

생하였다. 한편 지방에서는 65만 명의 순유출이 발생하였다. 고도성
장기가 끝난 1970년부터 3대 도시권으로의 인구이동은 급격하게 감
소하여 버블경제가 붕괴된 1993∼96년에는 일시적이지만 도쿄권, 오
사카권에서 인구가 유출되어 오히려 지방으로의 인구유입 현상이 나
타나기도 하였다. 한편 최근 오사카권, 나고야권에서는 인구유입이
없으며 오히려 인구가 유출이 되어 3대 도시권 가운데 도쿄권만이 인
구유입 지역이 되었다는 점도 주목할 만하다.

고도성장기 이후의 인구이동에 커다란 변화가 나타나고 있다는
사실은 주목할 만한 가치가 있다. 도쿄권의 인구유입, 지방권의 인구
유출을 보면 1980년대 후반에 일시적으로 확대되고 버블붕괴 후 수

년간 역전되었다가 2000년 이후 다시 확대되는 양상을 보이고 있다. 이러한 변화에 큰 영향을 미치는 것이 고용기회의 증감이다.

[그림 4-2]는 도쿄권(東京都·神奈川県·千葉県·埼玉県)의 유효구인배율을 타 지역의 유효구인배율로 나눈 '유효구인배율격차'의 추이를 보여주고 있다. 이 선을 도쿄권으로의 전입초과를 나타내는 선과 비교해 보면 두 선이 같은 방향으로 움직이고 있음을 알 수 있다. 도쿄권에서의 구인이 증가하면 인구는 도쿄권으로 모이고 반대로 지방의 구인이 증가하면 인구는 지방으로 유출되는 것이다. 버블붕괴 후 일시적으로 도쿄에 비해 지방에서의 구인이 증가한 적이 있다. 이는 지방의 실업을 더 이상 늘어나지 않게 하기 위하여 지방에서 대규모 공공사업을 시행하였기 때문이다. 이 시기에는 도쿄에서 지방으로 인구가 유출되는 상황이 발생하였다.

그러나 유효구인배율격차는 2008년 미국발 금융위기 직후인 2009~11년을 제외하고는 확대경향을 보이고 있다. 이에 따라 도쿄권으로의 인구이동은 증가하는 양상을 보이고 있다. 이러한 현상은 장기적으로 볼 때 몇 가지 요인이 영향을 미치고 있다. 첫째는 일본경제의 산업구조 변화이다. 지금까지는 농림수산업이 지방에 취업의 기회를 제공하였다. 또한 제조업도 대도시에서 구인난이 발생하면 지방으로 공장을 이전하는 기업이 많이 있었다. 그러나 서비스업의 경우는 인구 즉 소비자가 집적되어 있는 대도시에 입지하는 장점이 크고 인구가 적은 지역에서는 불리하게 된다. 일본에 있어서 서비스산업의 심화는 대도시에 유리하고 인구가 적은 지역에 불리하게 작용하고 있는 것이다.

농림업과 제조업은 일반적으로 생산과 소비의 분리가 가능하기 때문에 지방에서 생산하여 소비자가 많은 대도시로 운송하면 된다. 지방에서의 생산활동이 성립되는 것이다. 그러나 서비스업은 생산과 소비의 동시성이 필요한 산업으로 인구 즉 소비자가 많은 대도시에

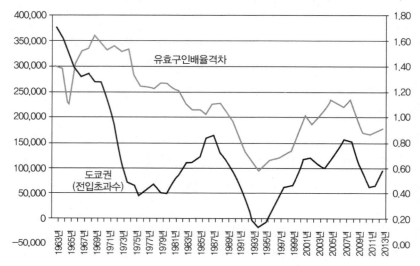

[그림 4-2] 도쿄권으로의 인구이동과 유효구인배율 격차의 추의(1963~2013년)

자료: 총무성, 『주민기본대장 인구이동보고』, 후생노동성, 『직업안정업무통계』

주: 「유효구인배율격차」는 도쿄권(사이타마현, 지바현, 도쿄도, 가나가와현)의 유효구인배율
   (유효구인수/유효구직자수)을 도쿄권 이외 지역의 유효구인배율로 나눈 값임

서 집적이익이 크게 작용하게 된다. 세계화의 진행에 따라 지방으로
이전한 대규모 생산공장을 다시 해외로 이전하는 기업이 늘어나 지
방의 고용기회 감소에 박차를 가하고 있다. 따라서 앞으로는 소비자
와의 거리를 고려하지 않아도 되는 IT기술·인터넷기술의 활용과 사
람을 지방에 머물게 하는 관광업, 더 나아가서는 지역의 특성을 살릴
수 있는 산업의 활성화를 통하여 지방의 고용기회 창출방안을 검토
해야만 할 것이다.

　둘째는 지방 재정지출의 감축이다. 지방에서의 고용기회 창출은
재정지출 확대에 크게 의존하고 있다. 재정지출 확대가 직접적·간접
적으로 지방의 고용기회에 미치는 영향은 공공사업에 의한 창출, 연
금이나 의료, 개호(介護: 간병)서비스 등 사회보장에 의한 창출, 공무

원 등 고용에 의한 창출 등 3가지가 있다. 고치현의 경우 재정지출이 많았던 1999년도 전체 취업자에서 차지하는 재정지출에 의한 고용기회의 창출비율을 계산해 보면 공공사업비에 의한 창출이 22.2%, 사회보장비 지급에 의한 창출이 4.6%, 공무원 고용이 12.0%를 차지하여 3부문을 합하여 38.9%의 고용이 재정투입으로 창출되었다(히구치 마사오, S.지겔 『지역고용전략－7개국의 경험에서 배우는 지방의 대응』 일본경제신문사, 2005년).

고치현의 이 비율은 일본의 47개 도도부현 가운데 가장 높다. 그러나 다른 지방도 재정지출에 의한 고용창출은 20%대 후반에서 30%대에 이르고 있다. 현재에도 사회보장비의 지급 증가는 계속되고 있어 재정지출 감축은 지방 고용축소의 중요한 요인이 되고 있다.

지방의 고용증감을 산업별로 살펴보면 도소매업, 건설업, 제조업 등에서 고용이 크게 감소하고 있다. 고용을 증가시키고 있는 부문은 정보통신·사업소서비스와 의료·복지 분야뿐이다. 특히 의료·복지 분야에서의 고용창출이 매우 높아 지방의 고령자 증가가 청년과 여성의 고용을 창출하고 있다고 볼 수 있다.

그러나 미래에는 지방의 고령자 수가 계속 증가하지는 않는다. 현재 60세 후반인 단카이세다이(団塊世代: 1947～49년 일본의 베이비붐으로 태어난 세대)는 도쿄권과 오사카권에 많이 살고 있다. 10~20년 후의 의료·개호서비스에 대한 수요는 이러한 대도시에서 급속하게 증가할 것이다. 한편으로 고령자 수가 감소하는 지역이 늘어나고 있다. 「주민대장」에 의하면 2010년 이후 65세 이상 인구가 감소하고 있는 시구정촌이 이미 20%를 넘어 서고 있다. 이들 지역에서는 젊은이가 고령자 이상으로 감소하고 있기 때문에 총인구에서 차지하는 고령자 비율이 상승한다. 그렇다고 해서 고령자의 절대 수가 증가하는 것은 아니기 때문에 의료·개호서비스 분야에서 고용기회 확대를 기대하는 것은 불가능하다. 도쿄권·오사카권에서는 이러한 분야의 인력 부족이 우려되기도 한다.

셋째는 지역 간 소득격차의 확대이다. 도쿄권과 지방권의 1인당 주민소득의 격차가 확대되면 도쿄권으로 인구이동이 늘어나고 소득격차가 축소되면 인구이동은 감소한다. 따라서 지방의 인구유출을 억제하기 위해서는 높은 소득을 보장할 수 있는 고용기회를 만들어 나갈 필요가 있다. 내각관방(Cabinet Secretariat: 총리대신을 보좌하는 내각의 보조기관)의 「마을·사람·일자리 창성회의」에서는 외벌이 연봉 300만 엔 이상, 맞벌이 부부 500만 엔 이상 벌 수 있는 취업기회창출의 중요성을 강조하고 있다.

구인처를 찾아 구직자가 이동하는 것은 지역 간 미스매치를 해소한다. 지방에서도 실업률을 낮추는 효과가 있다. 그러나 장기적으로 인구의 유출은 지역의 소비자 감소를 초래하게 되며, 특히 제3차 산업에서 수요 감소를 초래한다. 이 문제를 해소하기 위해서는 지방에서 부가가치가 높은 산업을 발전시켜 나갈 필요가 있으며 고용을 창출하는 지역전략이 요구되고 있다.

대도시로의 인구유입, 지방 소도시의 인구유출 현상은 대부분의 국가에서 나타나고 있는 것일까? [그림 4-3]은 유럽 및 아시아 각국의 수도권 인구 집중도 추이를 나타낸 것이다. 왼쪽 그림은 도쿄, 파리, 런던, 뉴욕, 베를린이 각국의 전체 인구에서 차지하는 구성비를 나타내고 있다. 나라에 따라 수준 차이는 있으나 도쿄를 제외하면 대부분의 대도시권에서 인구집중도는 그다지 높지 않다. 젊은 시절에는 이러한 대도시로 이동하지만 20대 후반이나 30대가 되면 출신지 혹은 인근 대도시로 돌아오는 경향을 보이고 있기 때문이다.

한편 오른쪽 그림은 아시아 각국의 수도권 인구집중도를 나타낸

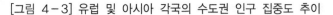

[그림 4-3] 유럽 및 아시아 각국의 수도권 인구 집중도 추이

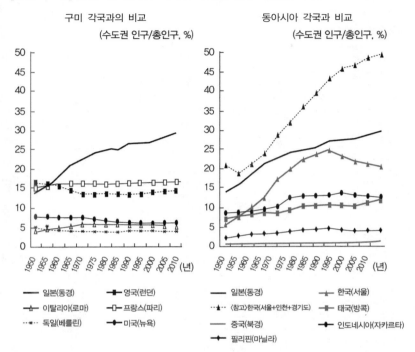

구미 각국과의 비교	동아시아 각국과 비교
(수도권 인구/총인구, %)	(수도권 인구/총인구, %)

일본(동경) ━━━ 영국(런던) ━■━
이탈리아(로마) ━△━ 프랑스(파리) ━□━
독일(베를린) ┄✻┄ 미국(뉴욕) ━◆━

일본(동경) ━━━ 한국(서울) ━▲━
〈참고〉한국(서울+인천+경기도) ┄▲┄ 태국(방콕) ━■━
중국(북경) ━━━ 인도네시아(자카르타) ━●━
필리핀(마닐라) ━◆━

주: 각 도시의 인구는 도시권 인구, 독일(베를린), 한국(서울)은 도시인구, 일본(동경)은 2005년
   국세조사 「관동대도시권」의 값, 중심지(사이타마시, 지바시, 특별구부, 요코하마시, 가와
   사키시)와 인접하는 주변도시가 포함되어 있음
비고: UN World Urbanization Prospects The 2011 Revision에 의거하여 작성
참고: 한국은 KOSIS(한국통계정보서비스)의 서울, 인천, 경기도의 합계치임

것으로 자카르타, 방콕, 마닐라는 현상을 유지하고 있거나 상승하여
도 낮은 정도에 그치고 있다. 이에 비해 도쿄와 서울은 큰 폭으로 상
승하고 있다.

[그림 4-4]는 일본·독일·영국·미국의 도시규모별 인구의 유출
입을 나타내고 있다. 일본은 2003년에서 2011년에 걸쳐 대도시에서는
1.5% 가까운 인구유입이 있었고, 중도시 및 소도시에서는 인구유출

[그림 4-4] 일본·독일·영국·미국의 도시규모별 인구의 유출입

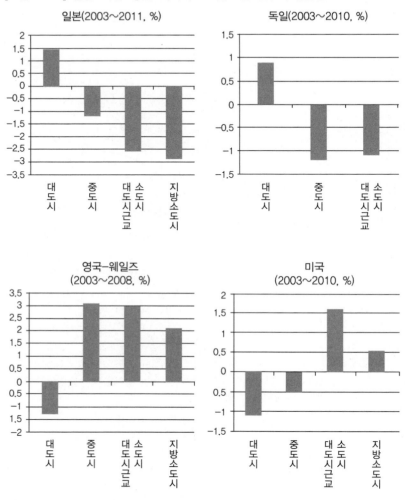

현상을 보이고 있다. 독일의 경우는 일본과 마찬가지로 대도시로 인구유입 현상이 나타나고 있으며 중소도시에서는 인구가 유출되고 있다. 그러나 이동률이 일본에 비해 낮으며 일본은 도쿄 일극집중인데

비하여 독일에서는 지방 중핵도시로 인구가 모여 다극화가 진행되고 있다는 점에서 차이가 난다. 이 그림에는 포함되어 있지 않으나 프랑스에서도 독일과 같은 경향이 보이고 있다.

한편 영국과 미국에서는 반대의 움직임을 보이고 있다. 영국은 대도시에서 인구가 유출되어 중도시와 소도시로 유입되고 있다. 미국도 대도시에서 인구가 유출되어 대도시 근교의 소도시와 지방 소도시로 인구가 유입되고 있다. 나라에 따라 도시 간의 인구유출입 현상이 다르게 나타나고 있는 것이다. 모든 나라에서 대도시로의 인구집중 현상이 나타나는 것은 아니다. 그 이유는 대도시로의 인구집중에 따른 여러 가지 문제점이 발생함과 동시에 농림수산업의 고부가가치화와 본사 기능의 지방 분산이 영향을 미치고 있기 때문이다(OECD 지역경제·고용개발회의).

■ 성별·연령별 인구이동

인구이동의 추이를 성별·연령별로 상세하게 살펴보기로 하자. 지역 간 인구이동을 살펴보면 고등학교를 졸업하는 18세에 도시의 기업으로 취직하거나 대학에 진학하는 학생이 많아 도시권에서는 대량의 초과유입이 발생하고 있다. 최근 30년간 이러한 동향에는 큰 변화를 보이고 있지 않다. 그러나 20~24세, 나아가서 25~29세에서의 인구이동은 2000년대 후반 이후 커다란 변화를 보이고 있다. 이전에는 20대 전반 혹은 후반은 지방에서 도시로의 이동보다도 도시에서 지방으로의 이동이 많았고, 18세에 지방에서 도시로 나와 20대 이후가 되면 지방으로 돌아가는 I턴, U턴형 이동이 많이 있었다. 그러나 2010년이 되면서 이러한 경향은 역전되어 20대 전반에 지방에서 대학을 졸업한 사람과 지방 기업에 취업한 사람이 도시의 기업으로 이동하는 경우가 늘어나고 있다. 20대 후반이 되어도 지방으로의 이동이 늘어나고 있지 않는 것이다.

또 하나의 큰 변화는 이전에는 60세를 넘어 대도시의 기업을 정년퇴직한 사람이 지방으로 돌아가는 움직임이 있었다. 그러나 근년에는 60세가 넘어서도 계속 일하는 사람이 증가한 탓에 지방으로 돌아가는 사람이 감소하고 있다.

남녀별로 인구이동을 살펴보아도 커다란 변화를 찾아볼 수 있다. [그림 4 - 5]는 남녀별로 본 도쿄도의 초과유입 수를 나타내고 있다. 연령별로 본 인구의 유출입은 이미 살펴본 바와 같이 20대 이후에서도 동경으로의 유입이 일어나고 있다는 사실을 이 그림으로도 확인할 수 있다. 이를 남녀별로 비교해 보면 과거에는 남성의 인구유입이 많았지만 최근에는 오히려 여성이 많이 유입되고 있다.

예를 들어 15~19세 남성은 1980~1985년 20만 명 가까이 유입되었지만 인구의 절대수가 감소한 영향으로 2005~2010년에는 11만 명으로 줄어들었다. 한편 여성은 과거에는 남성의 절반수준인 11만 명 정도가 유입되어 여전히 많은 여성이 지방에 남아 있었다. 그 결과 지방에는 여성이 많고 대도시에는 남성이 많았다. 그런데 최근에는 남성의 유입이 큰 폭으로 감소하고 있음에도 불구하고 여성의 유입은 거의 변하지 않고 있다. 오히려 20대 여성의 도쿄유입이 남성보다 많다. 청년인구분포에서 지방에 여성이 많고 도쿄에는 남성이 많은 과거의 경향을 찾아볼 수 없게 된 것이다.

이러한 남녀별 이동 동향은 『주민기본대장 인구이동보고』의 자료로 도쿄권, 오사카권, 나고야권 그리고 기타지역에 대하여 살펴보아도 같은 경향을 확인할 수 있다. 1980년대에는 남성의 대도시권 유출이 많았으나 격차가 서서히 줄어들어 1990년부터 2005년까지 남녀 비슷한 인구이동을 나타나고 있다. 그리고 이후에는 여성의 지방에

[그림 4-5] 연령(5세 계급)·남녀별 인구; 도쿄도(1980~2010년)

(남성)

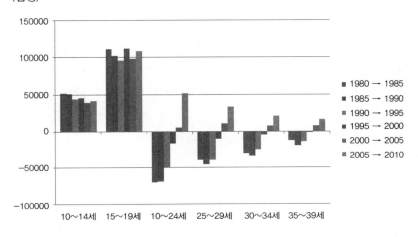

(여성)

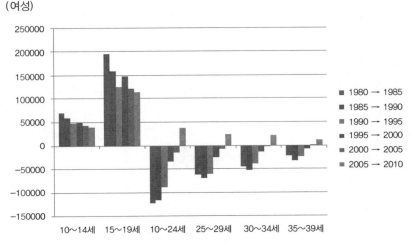

서 대도시로 유입이 확대되고 있다. 그만큼 여성의 인구이동률이 높
아지고 있으며 어디에 살 것인가의 선택지도 확대되고 있다고 할 수
있다.

내각관방의 「도쿄거주자의 향후 이주에 관한 의식조사」는 도쿄에 거주하는 남녀에게 지방이주에 대한 의사를 묻고 있다. 고용기회가 지방에 있다면 이주하고 싶다는 사람은 남성 40대 48%, 50대 51%로 매우 높게 나타나고 있다. 여기에 비하여 여성은 도쿄에 남고 싶다는 사람이 많아 이주희망률은 각각 37%, 34%에 머물고 있다. 이주의 실행은 여성이 열쇠를 쥐고 있다고 한다. 여성에게 살기 편한 마을을 만들어 가는 것이 인구증가의 전략이 될 것이다.

■ 저출생률의 요인

출생률을 낮추는 요인은 지역에 따라 다를 것이다. [그림 4-6]은 일본 주요 지역의 합계출산율 추이를 나타낸 것이다. 도쿄는 원래부터 출생률은 낮은 경향이 보이고 있었고 과거에는 도도부현 간의 출생률 격차가 크지 않았다. 그러나 1970년대 이후 모든 현에서 출생률이 낮아지고 있으며 지역 간 격차가 확대되고 있다. 그리고 2005년 이후에는 출생률이 높아지는 현이 다수 나타나고 있으나 여전히 낮아지고 있는 현도 있다. 이러한 변화에는 어떠한 요인이 영향을 미치고 있는 것일까?

출생률에 영향을 미칠 수 있는 요인을 살펴보면 보육시설의 정비 상황과 노동시간의 길이, 근무시간, 여성의 일과 육아 양립 가능성 등에 영향을 받고 있다. 출생률이 높은 현은 주 60시간 이상 일하는 사람의 비율이 낮고, 근무시간이 짧으며, 여성전체의 고용율과 육아 중인 여성의 고용률의 차이가 적고 육아가 일에 방해가 되지 않는 현, 나아가서 보육시설의 정비율이 높은 곳이 많이 포함되어 있다. 이와 반대로 출생률이 낮은 현은 장시간 노동자가 많으며, 근무시간이 길고, 육아가 여성의 취업에 장애가 되고 있는 현, 보육시설의 정비율

[그림 4-6] 주요 지역의 합계출산율 추이

이 낮은 곳이 많다. 또한 상대적으로 소득수준이 낮은 현은 2005년 이후에도 출생률 저하가 계속되고 있다. 따라서 저출산 대책으로 보육시설 대기 아동의 해소와 일하는 방식의 개선, 젊은이의 안정적인 소득확보가 요구되고 있는 것이다.

지역에 따라 출산률 상승을 방해하는 요인이 다르다. 경제학에서 출산의 의사결정은 아이를 갖는 비용과 편익의 비교로 결정된다고 설명하고 있다. 지역에 따라 비용요인이 다를 것이다. 각 지역은 지역적 요인을 잘 살펴 이를 해결할 수 있는 대책을 강구해야 할 필요가 있다.

제3절 인구감소에 따른 지역창생 대책

■ 인구감소에 대한 지역전략

인구감소에 대처하는 지역의 전략에는 「수비전략」과 「공격전략」이 있다. 수비전략은 당분간 지역의 인구감소 추세를 인정하고 생활환경 개선에 도움이 되는 시책을 강구하는 것이고 공격전략은 인구를 증가시킬 방안을 모색하는 것이다.

우선 수비전략으로 생각해 볼 수 있는 것은 빈집대책, 경작포기 농지대책, 셔터상점가대책, 쇼핑난민대책, 콤팩트 시티(compact city)화 대책이 있다. 일본에는 6,063만호의 주택이 있는데 이 중 820만호가 거주자가 없는 빈집이다. 빈집은 별장과 같은 2차 주택을 제외하여도 779만호에 이르며 전체 주택의 12.8%를 차지하고 있다(총무성, 「주택·토지통계조사」, 2013년). 적절한 관리가 이루어지지 않은 빈집은 방재, 위생, 경관 등 지역주민의 생활환경에 심각한 영향을 미치고 있으나 종래에는 사유재산인 관계로 행정의 개입이 어려웠다. 그러나 정부에서는 지역주민의 생명·신체·재산 보호, 생활환경 보전, 빈집활용을 위한 대응책 마련이 필요하다고 보고 2014년에 「빈집대책추진특별조치법」을 제정하였다. 특별법에는 붕괴 등 안전상 위험이 있는 빈집, 위생상 유해의 위험이 있는 빈집, 적절한 관리가 이루어지지 않아 현저하게 경관을 해치는 빈집, 기타 주변생활환경 보전을 위해 방치하는 것이 부적절하다고 판단되는 빈집을 「특정 빈집」으로 규정하고 이에 대한 조사를 가능하게 하였고 그 결과에 따라 지도·권고·명령·대집행 조치를 할 수 있도록 하였다. 더불어 2014년 10월 시점에서 401개의 지방자치단체에서 「빈집조례」를 제정하여 이 문제에 대처하고 있다.

과거에는 고정자산세·도시계획세의 경우, 주택이 있기만 하면 주택용지특례가 인정되어 과세표준액이 200m²까지는 1/6, 그 이상은 1/3로 적용되었다. 따라서 빈집을 철거하게 되면 3~6배의 세금을 납부해야만 했다. 그 결과 상속이나 증여된 가옥 중 철거해야만 하는 주택이 있어도 절세를 위해 그냥 두는 사람이 많았다. 그러나 특정 빈집에 대한 특례적용이 2015년부터 폐지되어 이러한 주택의 철거 촉진이 기대되고 있다.

또 경작포기 농지문제에 대한 대처가 시급한 지역도 늘어나고 있다. 일본의 전체 농지면적은 큰 폭으로 감소하여 2011년 456.1만ha가 되었다. 경작포기농지는 최근 30년간 3.2배 증가하여 2010년 시점에서 39.6만ha가 되었다(농림수산성, 「경지 및 작부면적통계」, 「농림업센서스」). 특히 농업종사자의 고령화로 경작을 포기하는 사람과 부모로부터 농지를 상속받았으나 농업을 영위하지 않는 「비농가 지주」가 급증하고 있다. 이 농지를 다른 농민에게 대여하여 대규모 영농이 가능하게 되면 생산성을 높여 농가소득을 향상시킬 수 있다.

셔터상점가 문제는 인구감소와 대규모 소매점의 교외 신설에 따라 중심시가지의 상점과 사무실이 폐점·폐쇄되어 셔터를 내려놓는 지역이 늘어나는 현상이다. 점포와 소비의 축소는 슬럼화와 치안 악화를 초래할 우려가 있기 때문에 좋은 예를 참고로 하여 상점가의 활성화, 혹은 주택을 정비하는 재개발에 착수할 필요성이 높아지고 있다. 인구가 줄어들고 상점도 줄어든 중산간 낙후지역에는 대중교통이 폐지되어 운전이 불가능한 고령자가 쇼핑난민이 되고 공공서비스 공급이 어렵게 되는 등 문제가 발생하고 있다. 이러한 지역은 중심시가지로 이전하여 콤팩트 시티(compact city)화를 추진할 필요성이 높아지고 있다. 그리고 지역에 따라서는 고령화에 따른 의료·개호서비스의 수요 확대에 대한 대책도 검토해야만 한다.

이러한 수비전략의 실시와 더불어 동시 병행적으로 공격전략도 추진해야만 한다. 인구를 늘리기 위해서는 저출산에 대한 대책이 필요하다. 앞에서 언급한 바와 같이 출산율 저하를 초래한 원인은 보육서비스 부족과 일하는 방식의 문제, 안정적인 소득의 부족 등 지역에 따라 다르게 나타난다. 각 지역은 어디에 중점을 둔 대책을 강구할지를 검토하여 효과적으로 대처해야만 한다.

인구유출을 억제하고 반대로 인구의 유입과 이주를 촉진하기 위해서는 지역산업의 활성화를 통하여 신규 개업을 늘리고, 근로 방식의 개혁으로 고용기회의 창출에 노력해야만 한다. 그리고 지역의 특성을 살리고 마케팅을 강화하여 지역소득을 향상시킬 필요가 있다. 대학과 협력하여 과학기술의 힘을 신산업 구축에 활용하는 것도 유효할 것이다. 회사에 근무하는 근로자뿐만 아니라 스스로 창업하여 고용을 창출하는 창업자와 기업의 후계 희망자의 이주촉진 등도 검토할 필요가 있다. 각 지역별 대응만으로 해결하기 어려운 문제도 많아 지역 간 연대를 필요로 하는 경우도 많이 있다.

■ 앞으로의 대응책

지방재생을 위한 시책은 과거에도 여러 차례 시도한 바 있었다. 그러나 성공한 사례는 많지 않았다. 원인이 어디에 있는가? 지금까지의 시도는 ① 부성청(府省庁)·제도별 「수직적 구조」 아래, ② 지역의 특성을 충분히 고려하지 않은 「전국 일률적」 방식이 채택되어, ③ 정책의 효과검정을 수반하지 않은 「무차별적 재정투입」 경향이 강했다. ④ 그리고 행정주도의 시행으로 지역주민에게 침투되지 않아 언제 시작되어 언제 끝이 났다는 「표면적 대처」에 그쳤으며, ⑤ 너무 「단기적인 성과」를 추구하여 시책이 빈번하게 변경되었다.

이번에 추진 중인 「마을·사람·일자리창생」은 이러한 문제점에 대한 반성에서 ① 일과성 대증요법적인 대응에 머물지 않고 구조적인 문제에 대처하여 지방자치단체·민간사업자·개인의 자립으로 연결되는 「자립성」, ② 지방이 자주적, 주체적으로 목표를 설정하여 전향적으로 대처하는 시책에 중점을 두는 「장래성」, ③ 각 지역은 객관적인 데이터에 기초한 현황분석과 장래예측을 하여 과학적인 방법으로 지방의 종합전략을 책정·추진하고 국가는 이용자의 시점에서 지원하는 「지역성」, ④ 제한적 재원과 시간 속에서 최대한 성과를 올리기 위하여 사람·일자리창출과 지역만들기를 직접 지원하는 「직접성」, ⑤ 명확한 PDCA(plan – do – study – act)사이클에 의한 단기·중기의 구체적인 수치목표를 설정하고, 정책효과를 객관적인 지표에 따라 검증하고 개선해 나가는 「결과 중시」를 정책 5원칙으로 정하고 각 시책을 실시하기로 하였다(내각관방 「마을·사람·일자리 창출을 위한 정책 5원칙」).

구체적으로는 각 지역이 객관적인 데이터에 기초한 지역별 특성과 지역과제를 찾아내고 자치단체뿐만 아니라 기업과 금융기관·대학·노동자·시민이 참가하는 플랫폼을 만들어 「지방인구 비전」과 5개년 계획인 「지방판 종합전략」을 책정하기로 하였다.

이러한 전략이 성공하기 위해서는 신뢰성 있는 지도자의 존재와 과학적인 스토리·전략이 필요하며, 주민의 적극적인 참여가 필수적이다. 이 모든 것은 지역인재의 확보에 달려 있다고 해도 과언이 아니다. 이러한 인재를 육성하고 확보하여 활용해 나가는 것이 관건이다.

제 5 장
●
아이치현(愛知県)의 노동시장 특성과
지역청년 정책

제1절 지역 간 노동이동의 3가지 관점

여기에서는 일본 지역노동시장의 특징을 규명하기 위한 시도의 하나로 아이치현과 타 지역과의 「지역 간 노동이동」에 대하여 검토해 보기로 한다. 지금까지의 일본 지역노동시장에 대한 시점은 「도쿄」와 「지방」으로 양분되어 있다고 할 수 있다. 여기에서 도쿄는 도쿄도(東京都), 가나가와현(神奈川県), 사이타마현(埼玉県), 지바현(千葉県)을 포함하는 도쿄권이며, 「지방」은 도쿄권에서 멀리 떨어져 있어 경제력이 약한 지역을 가리킨다. 이 경우 도쿄의 문제는 인구의 과도한 집중현상이고 지방의 문제는 경제력 쇠퇴와 청년층 유출이라는 상반된 두 가지 이미지가 떠오르게 된다. 그러나 실제로는 타 지역으로부터 인구를 흡수하지만 도쿄권으로의 유출이 유입을 초과하는 지역도 있다. 대표적인 사례가 아이치현이다. 아이치현에 대한 소개는 다음 절로 미루고 여기에서는 지역 간 노동이동을 다룸에 있어서 몇 가지 논점을 제시하기로 한다.

첫째, 각 지역에 인구와 취업기회를 어떻게 배분해야 하는가라는 문제에 대한 적절한 해답을 제시하기가 쉽지 않다는 점이다. 이를 설명하기 위하여 아래와 같은 가상적인 상황을 생각해 보자. 한 국가가 A지역과 B지역 2개의 지역으로 구성되어 있다. 지역A는 전인구의 7할을 차지하는 인구집중지역이고 지역B는 전체인구의 3할을 차지하고 있는 인구과소지역이다. 한편 일자리의 총량은 인구와 동일하지만 지역A에 8할, 지역B에 2할이 분포되어 있다. 즉 지역A에는 인구보다 많은 일자리가 집중되어 있으며 지역B에는 인구보다 일자리가 더 적은 상태이다. 여기에서는 인구와 취업기회가 매치되어 고용이 성립되기 이전 단계를 가상적으로 생각해 본다. 그리고 지역별로 노동시장이 성립되어 있어 인구와 취업기회의 순간적 지역 간 이동이 불가능하다고 가정하자. 이 경우 위의 예와 같은 인구와 취업기회의 불균형은 이 나라의 고용을 축소해버리고 말 것이다. 그리고 고용량을 늘리기 위해서는 지역B 인구의 일부가 지역A로 이동하든지 지역A의 취업기회를 지역B로 이동시킬 필요가 있다.

실제로 노동력은 취업기회가 적은 지역에서 취업기회가 많은 지역으로 이동하는 경향이 강하게 나타난다. 일본의 경우 지방에서 도시로 이동하는 인구의 일부는 이러한 취업이동으로 파악된다. 그리고 도시에 편재되어 있는 노동기회를 지방으로 옮기는 시도는 지방의 중요한 고용정책의 하나이다. 위의 예를 일본의 경우로 바꾸어 보면 지역A는 도시(대표적으로 도쿄권), 지역B는 지방의 상황을 대표하고 있다. 그러나 인구와 취업기회 중 어느 것이 이동하는지가 해당 지역의 발전을 결정짓고 있다. 인구가 이동하는 경우에는 도시의 과밀현상과 지방의 쇠퇴문제가 심각해진다. 그것도 도시에서 재해가 발생하면 나라 전체가 큰 피해를 입을 가능성도 있다. 취업기회를 지방으로 옮길 경우에는 지방의 쇠퇴라는 문제는 발생하지 않지만 도시에 존재하던 기업의 집적이익이 상쇄될 가능성이 있다. 따라서 지역 간 최적 인구와 취업기회의 분포를 결정하기 위해서는 인구집중과 기업집중에 따른 외부경제·불경제의 정량화, 재해 리스크의 평가가 필요하다. 그러나 이것은 쉬운 작업이 아니다. 본 장의 잠재적인 입장은 도쿄 일극집중은 국가적인 측면에서 폐해가 발생하므로 아이치현이 있는 쥬쿄(中京)권과 간사이(関西)권 등 지역경제권의 발전이 일본 전체의 입장에서 매우 중요하다는 것이다.

둘째로 지역 간 노동이동을 생각해 볼 때 어떤 유형의 인재가 이동하는가에 대해서도 주의 깊은 검토가 필요하다. 지금까지의 실증분석은 지역 간 노동이동에 대하여 몇 가지 특징을 밝히고 있다. 우선 생애주기(Life stage) 단계에 있어서는 학교 선택과 취업 시에 이동이 많다는 점이다. 예를 들자면 일본의 청년은 자신의 출신지역에 머물기보다도 높은 수준의 인적자본을 몸에 익히기 위하여 타 지역의 대학을 선택하는 경우가 많이 있다. 특히 도쿄권과 간사이권에는 많은 대학이 집중되어 있을 뿐만 아니라 우수한 대학이 모여 있다. 지방출신자는 이러한 대학에 진학함으로써 장래의 소득상승을 기대할 수 있다. 학교를 졸업하고 취업을 할 때에도 도시로의 이동이 많이 발생하고 있다. 특히 지방 유력대학 출신자는 다수가 도시에서 취업기회를 찾고 있다. 이는 도시에 있는 대기업이 전국의 우수한 인재를 확보하려고 하기 때문이다. 이와 같이 오늘날 일본에 있어서 지방에서 도시로 이동하는 인재의 인적자본 수준은 비교적 높다.

우수한 인재가 지방에서 도시로 유출된다는 것은 지방의 인재부족이 양적 측면뿐만 아니라 질적인 측면도 포함하고 있다는 사실을 의미한다. 즉 고향에 남아 있으며 고향발전에 기여할 가장 소중한 인재가 도시로 유출되어 버리는 것이다. 이러한 상항이 발생하는 이유의 하나로는 지식이나 아이디어를 활용하는 일에 종사하는 사람에게는 인재가 집중되어 있는 곳에서 최신의 지식과 아이디어를 얻기 쉬운

「외부성」이 존재하기 때문이다. 그러므로 지방에서 도시로 이동하려는 인재가 지방에 머물게 되면 도시로의 이동에 비해 생산성이 떨어질 수도 있을 것이다. 따라서 지방이 안정적으로 지역인재를 확보하기 위해서는 우수한 인재를 지역에 머무르게 하는 인센티브가 필요하지만 실제 지방에는 대졸자가 능력에 맞는 수입을 얻을 수 있는 기회가 제한적이며, 이 사실이 지방의 인재유출을 야기하는 측면이 있다. 본장에서 검토하는 아이치현은 대규모 경제권을 보유하고 있기 때문에 대졸자를 필요로 하는 일자리가 많은 편이지만 도쿄권과 비교하면 고용조건이 열악하다. 따라서 아이치현이 취업장소로써 매력을 어떻게 향상시켜 갈 것인가가 앞으로의 과제이다.

셋째로 타 지역으로 유출감소와 타 지역으로부터 유입증가는 해당 지역의 인구증대 요인이 된다. 단 상관관계를 보면 유출과 유입이 인구증가에 주는 임팩트는 약간 다르게 나타난다. 이 사실을 밝히기 위해서는 2016년 『주민기본대장 인구이동보고』(총무성)을 이용하여 청년(여기에서는 15~39세)의 전출률(전출자수/인구)·전입률(전입자수/인구)과 초과전입률(전입률-전출률)의 관계를 살펴보기로 하자. 결과는 [그림 5-1]과 [그림 5-2]에 나타나 있다. [그림 5-1]에는 일본 전국 47개 도도부현(都道府県)의 전출률과 전입초과율과의 관계를 나타내고 있는데 양자 사이에는 상관관계가 거의 없다(상관계수 0.03). 그러나 [그림 5-2]에서 알 수 있듯이 전입률과 전입초과율과의 관계에는 확실한 양의 상관관계가 관찰되고 있다(상관계수 0.75). 전입초과율은 인구이동에 따른 당해 지역의 인구증가율에 해당되기 때문에 위 결과는 인구증가가 타 지역으로의 전출이 적은 지역이라기보다 타 지역으로부터의 전입이 많은 지역임을 나타내고 있다. 전입초과율이 전출률보다도 전입률과 강하게 관련하고 있는 경향은 청년층만 아니라 연령합계 데이터에서도 나타나고 있고, 특정 시기뿐만이 아니라 장기적으로도 성립하고 있다.

　이 사실은 지역정책에 매우 시사적이다. 청년인구가 감소하고 있는 지역은 자기지역에서의 청년유출을 정책적으로 억제하려고 노력하지만 이러한 지역의 진짜 문제는 자기지역에서의 청년인구의 유출보다 오히려「타 지역에서 사람이 오지 않는다」라는 사실이기 때문이다.「타 지역에서 사람이 오지 않는다」라는 현실 속에는 일단 진학 때문에 유출된 청년이 되돌아오지 않는 상황도 포함되어 있다. 따라서 타 지역에도 어필할 수 있는 매력도의 향상은 인구가 감소하고 있는 지역에서 도전해 볼 만한 과제일 것이다.

　이상 지역노동시장을 생각해 볼 때 중요한 3가지 논점을 제시하였다. 이것을 바탕으로 아래에서는 아이치현의 현황에 대하여 살펴보기로 한다.

[그림 5-1] 청년전출률과 전입초과율의 관계(2016년)

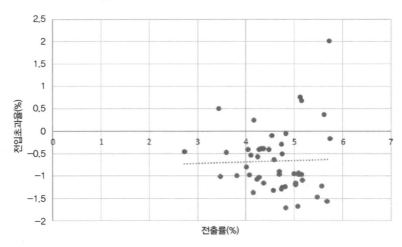

주: 15~39세의 전출률과 전입초과율(전입률-전출률)의 관계를 나타내고 있다.
자료: 총무성,『주민기본대장 인구이동보고』

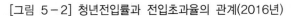

[그림 5-2] 청년전입률과 전입초과율의 관계(2016년)

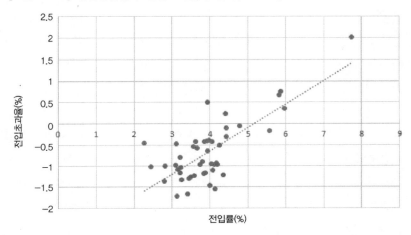

주: 15~39세의 전입률과 전입초과율(전입률－전출률)의 관계를 나타내고 있다.
자료: 총무성, 『주민기본대장 인구이동보고』

제2절 아이치현 노동시장의 특징과 인구이동

▓ 아이치현의 현황

아이치현은 도쿄도를 중심으로 하는 간토(関東)지방과 오사카부를 중심으로 하는 간사이(関西)지방 사이에 위치하고 있다. 아이치현의 현청소재지는 나고야(名古屋)시로 일본 중부경제권의 중심지이다. 아이치현의 면적은 5,172km²로 일본의 27위에 불과하지만 총인구는 752만 명(추계인구, 2017년 8월 1일)으로 일본에서 4위이다. 경제 면에서는 2014년도 현내총생산(GRDP)은 약 36조 엔으로 전국의 7.4%를 차지하고 있으며, 1인당 현민소득은 352만 3천 엔으로 상위에 위치하고 있다. 일본은 수도(首都)권, 긴키(近畿)권, 주쿄(中京)권을 「3대 도시권」이라 부르고 있는데 수도권의 중심은 도쿄도, 긴키권의 중심은 오사카부, 그리고 주쿄권의 중심이 아이치현이다. 그리고 수도권은 도쿄권이라 부르고 있다. 도쿄도와 오사카부는 초특급 도카이도(東海道) 신칸센으로 연결되어 있는데 약간 오사카쪽에 치우쳐 있는 아이치현에는 신칸센 정차역이 3개 있다. 항공편은 중부국제공항과 나고야공항이 있으며 중부국제공항에는 국제선이 집중되어 있다.

아이치현에는 도요타자동차를 필두로 하는 자동차관련 기업이 많이 입지하고 있다. 자동차산업 이전에는 섬유산업과 항공기산업이 발전하였다. 그 외에 초자를 생산하는 세라믹산업, 특수강과 철강업, 전기기계 제조업도 많이 입지하고 있는 지역이다. 이와 같이 아이치현은 제조업에 강점을 가지고 있어 제조품 출하액은 약43.8조 엔(2014년)으로 일본 전체의 1위이며, 비중은 전국의 13.9%를 차지하고 있다. 당연히 제조업체도 많아 총수 1만 7천 개로 전국의 8.3%의 비중을 차지하고 있다. 또한 제조업 종사자 수는 79만 5천 명으로 많은 편이지만 전국 비중의 10.7%를 차지하고 있어 출하액과 부가가치액 비중보다는 낮다. 이 사실은 아이치현의 사업체당, 혹은 1인당 생산액이 상대적으로 높다는 것을 의미하고 있다.

이와 같이 아이치현은 경제 면에서 일본에서 중요한 위치를 차지하고 있지만 문화나 관광에서는 존재감이 떨어진다고 할 수 있다. 나고야에는 관광을 위한 역사적인 건축물로 나고야성이나 아츠다진구(熱田神宮) 정도밖에 없다. 또한 도쿄디즈니랜드나 오사카 유니버설 스타지오 재팬과 같은 대규모 관객을 모을 수 있는 테마파크도 없다. 인근에 미에(三重)현의 이세지마(伊勢志摩)나 기후(岐阜)현의 히다다카야마(飛騨高山)와 같은 유명한 관광자원이 있지만 아이치현으로 오는 관광객은 많은 시간을 들여 이동해야만 한다. 이 때문에 일본을 관광목적으로 방문하는 외국인의 행선지는 도쿄도, 오사카부, 교토부가 중심이 되고 아이치현의 위치는 상대적으로 낮은 것이 현실이다.

학술면에서는 국립대학법인인 나고야대학이 지역의 중심대학으로 자리하고 있다. 나고야대학은 이공계열이 강하여 나고야대학 출신 연구자로 노벨상을 수상한 사람이 6명이나 된다. 사립대학으로는 난잔(南山)대학을 위시하여 많은 학교가 있으며, 피겨스케이트선수인 아사다 마오가 소속되어 있는 주쿄(中京)대학도 있다. 그러나 전체적으로 보아 아이치현의 대학은 지방색이 강하고 타 지역에서 대학진학을 위하여 아이치현으로 오는 사람은 도쿄도, 오사카부, 교토부에 비해 매우 적어 이 지역 출신 비중이 높다.

아이치현은 앞으로 어떤 방향으로 나아가야 할 것인가? 이 점에 대해서는 아이치현에서 발간한 「아이치 비전 2020」에 상세하게 정리되어 있다. 아이치현에서 가장 기대하고 있는 것은 2027년 개통 예정인 「도쿄-나고야 리니어 신칸센」의 개통이다. 리니어 신칸센의 개통으로 수도권과 쥬쿄권을 연결하는 인구 5,000만 명 규모의 대교류권이 탄생할 것으로 기대하고 있다. 리니어 신칸센 개통의 임팩트를 살려 나가기 위해서는 광역적인 관점에서 아이치현의 발전을 도모해 가야만 한다. 이를 위하여 국내외에서 물자·자본·정보를 불러 모아 세계 속에서 존재감을 발휘할 수 있는 대도시권을 구상하고 있다. 산업면에서는 제조업의 강점을 살려 나가는 방향을 생각하고 있다. 특히 자동차산업은 생산거점의 글로벌화를 진행해 나가면서 아이치현에는 국내수요 제품이나 차세대 자동차와 같은 최첨단 제품을 생산하는 거점과 연구개발 시설의 확충을 목표로 하고 있다.

■ 아이치현의 노동시장

여기에서는 아이치현 노동시장의 특징에 대하여 몇 가지 대표적인 지표를 통하여 살펴보기로 하자. 우선 산업별 취업자 수의 분포를 살펴보자. [그림 5-3]은 2012년 아이치현의 성별·산업별 취업자 수 및 성별 특화계수를 나타내고 있다. 특화계수란 특정산업의 아이치현 취업자 수 비중을 전국취업자 수 비중으로 나눈 것으로 이것이 1을 넘어서면 전국에 비하여 아이치현에 해당 산업 노동자가 집중되어 있음을 의미한다. [그림 5-3]에서 알 수 있듯이 아이치현의 남성은 제조업에 종사하는 사람이 75만 6천 명으로 가장 많을 뿐만 아니라 특화계수도 1.6으로 매우 높다. 한편 여성종사자 수가 많은 분야는 의료·복지로 28만 8천 명이 종사하고 있으나 특화계수는 0.9로 전국 평균보다 낮다. 여성특화계수가 높은 분야는 제조업(1.39), 전기·가스·열공급·수도업(1.25), 건설업(1.20)등이다. 한편 정보통신업과 복합서비스업의 특화계수는 남녀

[그림 5-3] 아이치현 산업별 취업자 수와 특화계수

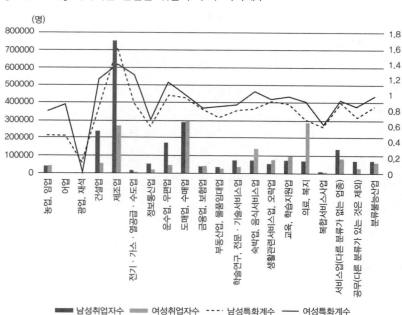

자료: 총무성, 『취업구조 기본조사』(2012년)

모두 전국 평균에 비해 상당히 낮게 나타나고 있다. 이와 같이 취업자 수 분포에서도 아이치현은 제조업의 집중도가 높다는 것을 알 수 있다.

　　제조업이 강한 지역이라는 점에서 아이치현의 고용기회는 다른 지역에 비하여 상대적으로 풍부하다. [그림 5-4]는 『직업업무 안정 통계』(후생노동성)에 기초한 전국·도쿄도·오사카부·아이치현의 유효 구인배율(2017년 8월)을 비교하고 있는데 아이치현은 전국 평균보다 크게 높다. 다른 대도시와 비교해 보면 도쿄도에 비해서는 낮지만 오사카부보다는 높다. 또한 [그림 5-5]에서는 『노동력조사』(총무부)에 기초하여 전국·도쿄도·오사카부·아이치현의 실업률을 나타내고 있다(2017년 4~6월).[1] 이 그림에서 알 수 있듯이 아이치현의 실업률은 전국 평균보다 낮게 나타나고 있다. 그러나 도쿄도와 오사카부는 아

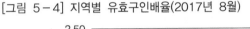

[그림 5-4] 지역별 유효구인배율(2017년 8월)

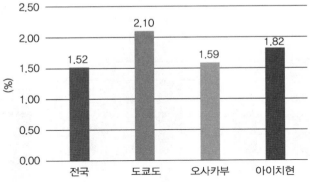

주: 계절조정값
자료: 후생노동성, 『직업안정 업무통계』

---

　1) 노동력조사는 속보성을 중시하고 있어 도도부현별 분석을 위하여 작성된 통계가 아니므로 이 조사에서 산출된 도도부현별 실업률은 참고지표 정도이지만 속보성이 높아서 본 장에서는 이 통계를 채용하였다. 도도부현별 실업률은 총무성이 5년 단위로 실시하고 있는 『국세조사』에서 정확하게 산출하고 있다.

이치현과는 대조적으로 실업률이 전국 평균보다 높게 나타나고 있다.
임금수준은 어떤가? [그림 5 - 6]에 의하면 『임금구조 기본통계 조사』

[그림 5 - 5] 지역별 실업률 수준(2017년 4~6월)

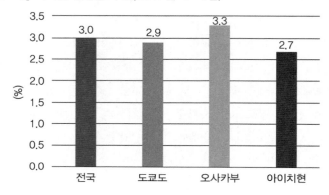

주: 도도부현별 모델 추계치
자료: 총무성, 『노동력조사』

[그림 5 - 6] 지역별 급여수준(월액, 2015년)

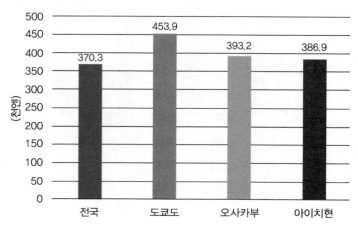

주: 월정 현금 급여액
자료: 후생노동성, 『임금구조 기본통계 조사』

(후생노동성)에 게재되어 있는 남성의 「월정 현금 급여액」(월급)을 보면 아이치현의 임금수준은 전국 평균에 비하여 1.5% 정도 높지만 도쿄도나 오사카부보다는 낮다. 특히 도쿄도의 경우는 전국 평균보다 22.6%나 높게 나타나고 있다.

이와 같이 아이치현은 제조업을 중심으로 하여 고용기회가 풍부하고 실업률도 낮지만 이러한 산업특성 때문에 여성인력의 활용이라는 측면에서는 타 지역에 비해 뒤처지고 있다. [그림 5 - 7]은 2015년의 『국세조사』(총무성)에 기초한 도쿄도·오사카부·아이치현의 연령별 여성노동력을 나타내고 있다. 20대 후반에서 30대까지의 여성고용률은 도쿄도가 가장 높으며 이어서 오사카부, 아이치현으로 나타나고 있다. 남성과 여성의 임금격차도 아이치현에서 비교적 크게 나타나고 있다. [그림 5 - 8]은 2015년 『임금구조 기본통계 조사』(후생노동성)에서 산출한 「월정 현금 급여액」의 남녀 간 격차를 도도부현별로 나타

[그림 5 - 7] 여성의 연력별 노동력률(2015년)

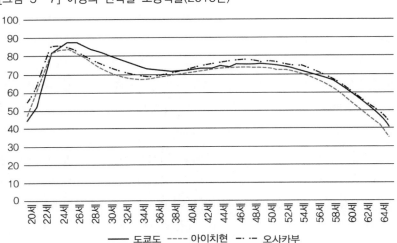

━━ 도쿄도 ---- 아이치현 ─·─· 오사카부

자료: 총무성, 『국세조사』

[그림 5-8] 지역별 남녀 임금격차(남성=1, 2015년)

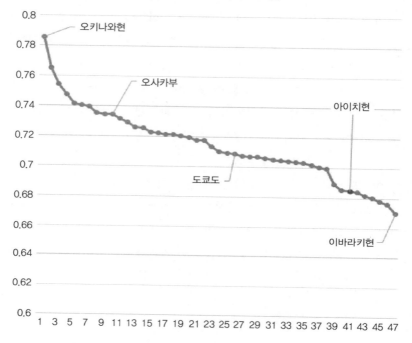

주: 월정 현금 급여액
자료: 후생노동성, 『임금구조 기본통계 조사』

내고 있다. 이것은 남성의 급여수준을 1로 할 때 여성의 급여수준을 나타낸 것으로 값이 작을수록 남녀 임금 격차가 크다는 것을 의미한 다. 그림에서 알 수 있듯이 아이치현의 여성 임금수준은 남성의 68.6%에 불과하여 매우 큰 성별 임금 격차를 나타내고 있다. 이것은 47개 도도부현 중 밑에서 8번째이다. 이에 비하여 오사카부는 남녀 간 격차가 비교적 적은 편으로 여성의 임금수준은 남성의 73.4%이다. 도쿄도는 양자의 사이에 있다. 아이치현과 오사카부의 남녀임금을 비교 해 보면 남성은 큰 차이가 없지만 여성의 경우 아이치현이 오사카부보다 확실히 낮다. 따라서 아이치현의 커다란 남녀 임금격차의 원인은 남성임금이 높다기보다 여성임금이 낮기 때문이라고 볼 수 있다.

이상과 같이 아이치현 노동시장의 특징은 풍부한 고용기회와 남성의 고임금, 여성의 낮은 고용률, 그리고 남녀 간 큰 임금격차로 규정할 수 있다.

■ 아이치현의 지역 간 인구이동

여기에서는 아이치현 인구이동의 특징에 대하여 살펴보기로 한다. 앞에서 살펴본 바와 같이 아이치현의 고용기회와 임금수준은 다른 지역에 비하여 매우 우수한 편이다. 이 때문에 다른 도도부현에서 아이치현으로 전입한 사람이 2016년도에만 12만 6천 명에 이르고 있다(『주민기본대장 인구이동보고』, 총무성). 그러나 이 규모는 도쿄도의 1/3에 불과하다. [그림 5－9]는 도도부현별 전입률과 전출률을 나타내고 있다. 여기에서 전입(출)률의 분자는 전입(출)자 수이고 분모는 각 도도부현의 인구이다. 그림에서 알 수 있듯이 아이치현의 전입률은 일본 전국에서 중간 정도 수준이고 전출률은 매우 낮다. 여기에서 특징적인 것은 전출률이 아이치현보다 낮은 도도부현은 홋카이도, 니가타현, 도야마현, 후쿠이현, 나가노현 등 5개 지역뿐이라는 점이다. 따라서 아이치현이 지역 간 인구이동으로 인구가 증가하는 데에는 낮은 전출률이 크게 영향을 미치고 있다고 할 수 있다. 일반적으로 전출률이 낮은 지역은 전입률도 낮으며, 이 때문에 전입자수가 전출자수보다 적은 경우가 많지만(제1절 참조) 아이치현은 이 점에서 약간 특이한 케이스이다.

왜 아이치현은 전출률이 낮을까? 예로부터 아이치현 사람은 「고향의식」이 강하다는 주장도 있지만 명확하지는 않다. 오히려 인근 현

[그림 5-9] 도도부현별 전입률과 전출률(2015년)

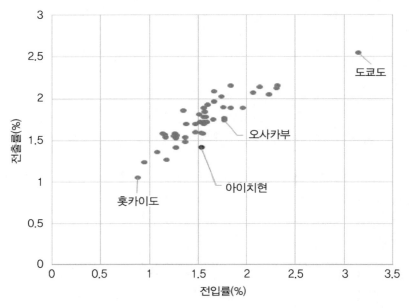

자료: 총무성, 『주민기본대장 인구이동보고』

의 경제력이 도쿄도나 오사카부에 비해서 약하다는 사실이 아이치현의 낮은 전출률을 설명하고 있다고 볼 수 있다. 아이치현의 주변에는 시즈오카현, 미에현, 기후현이 있는데 각 현의 현내총생산(2016년) 국내순위는 10위, 19위, 22위로 3위인 아이치현과는 커다란 격차가 있다. 한편 도쿄도의 인근에는 가나가와현, 사이타마현, 지바현이 있는데 현내총생산 순위가 4, 5, 6위로 높은 편이다. 따라서 도쿄도 출신이 가나가와현에서 생활하여도 큰 차이가 발생하지 않는다. 또한 오사카부의 인근을 효고현, 교토부, 나라현으로 보면 각 현의 현내총생산 순위는 7위, 13위, 39위가 된다. 나라현의 순위는 낮지만 나머지 2개 현의 순위는 아이치현의 주변 지역보다 높다. 이와 같이 아이치현은 주변 지역보다 경제력이 월등하고 생활의 편리성도 좋기 때문에 도쿄도나 오사카부에 비하여 인근지역으로의 전출이 적은 것이다.

　이와 관련하여 다른 하나를 생각해 보면 주변 지역에 살면서 아이치현으로 통근·통학하고 있는 비율이 2.5%로 매우 낮다는 점이다. 이는 도쿄도 22.0%, 오사카부 7.6%에 비교하면 상당히 낮다. 예를 들어 지바현에서 통근·통학하고 있는 사람 중에는 도쿄도의 주거비용이 높기 때문에 지바현으로 전출한 사람이 적지 않다. 아이치현은 도쿄도나 오사카부에 비하여 현내 거주에 필요한 비용이 낮기 때문에 이러한 전출 흐름이 적어 전출률을 낮추고 있다고 생각할 수 있다. 또한 도쿄 23구나 오사카는 인근 현과의 거리가 가깝지만 나고야시는 아이치현의 다른 지역으로 둘러싸여 있다는 점도 타현 전출률이 낮은 요인이라 볼 수 있다.

　아이치현과 다른 지역과의 인구이동 상황을 상세하게 살펴보자. [그림 5-10]은 2016년도 아이치현과 타 지역의 인구이동을 아이치현의 전입초과 수의 관점에서 본 것이다. 전입초과 수는 전입자 수에서 전출자 수를 뺀 것으로 이것이 플러스이면 타 지역으로부터 인구가 순유입되는 것이고 마이너스이면 인구 순유출이 된다. 여기에서 말하는 도카이(東海)권은 아이치현을 제외한 인근의 나머지 3개 현이다. 그림에서 알 수 있듯이 아이치현으로의 순유입은 인근 도카이지역에서 약 6,500명으로 가장 많다. 규슈(九州)와 오키나와(沖縄)로부터의 남성 순유입이 많은 것도 특징적이지만 이것은 아이치현의 제조업에 취업하기 위한 이동이 다수를 차지하고 있다고 볼 수 있다. 한편으로 간토우(関東)권으로는 순유출이 발생하고 있으며, 특히 여성의 유출이 많다. 다른 현에서 아이치현으로의 순유입(유입-유출)은 남성(6,200명)이 여성(2,800명)보다 2배 이상 많은데, 그 이유는 아이치현에서 간토우권으로 유출되는 여성이 많기 때문이다.

[그림 5-10] 아이치현의 전입초과 수(2016년)

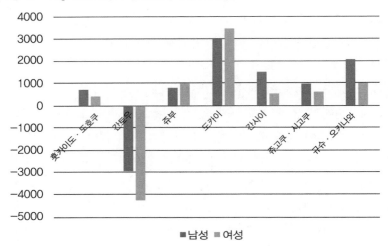

자료: 총무성, 『주민기본대장 인구이동보고』

　　다음은 대학진학에 따른 이동을 살펴보자. [그림 5-11]은 『학교기본조사』(문부과학성)를 이용하여 아이치현과 타 지역권과의 대학입학에 따른 이동자 수를 나타낸 것이다. 역시 도카이권에서의 순유입이 압도적인 반면 간토우권과 간사이(関西)권에 대해서는 순유출이 발생하고 있다. 즉 인근 현에서 아이치현 내 대학으로 진학하는 사람은 아이치현에서 인근 현의 대학으로 진학하는 사람보다 많지만, 간토우나 간사이지역에서 아이치현 내 대학에 입학하려는 사람은 반대 유형보다 적은 것이다. 이것은 간토우와 간사이지역에 유명 대학이 집중하고 있다는 사정을 반영하고 있다.

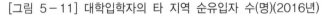
[그림 5-11] 대학입학자의 타 지역 순유입자 수(명)(2016년)

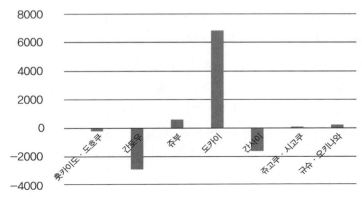

주: 지역 구분은 〈부록〉 그림을 참조
자료: 문부과학성, 『학교기본조사』

제3절 지역 청년정책의 과제

　　도카이권의 다른 현에서 인구를 흡수하여 이동인구가 증가하고
있는 반면, 간토우권으로 인구가 유출되고 있는 아이치현의 특징은
지역수준의 인구정책 수립에 어려운 문제를 야기하고 있다. 타 지역
으로의 인구유출로 인구감소에 고민하고 있는 현이 현 차원에서 대
대적인 정주정책을 시행하는 것에는 정당한 이유가 있다. 그러나 기
후현이나 미에현으로부터 대규모로 노동력을 흡수하고 있는 아이치
현이 인구유입 촉진정책을 가속하면 기후현과 미에현의 인구유출에
박차를 가하게 될 우려가 있다. 실제로 이러한 문제는 이미 당해 지
역의 고용정책에도 나타나고 있다. 예를 들어 기후현의 유효구인배율
은 아이치현에 필적할 정도로 높아서 기후현은 대도시로 유출된 인
재의 고향귀환을 목표로 하는 정책을 시행하고 있는데 표적의 하나

는 아이치현(나고야시)이다. 한편 아이치현의 인재확보 대책은 도쿄로 유출된 인재를 불러오는 형태를 취할 수밖에 없으며 실제로 이러한 정책을 부분적으로 수행하고 있다. 그러나 원격지 또는 수도권으로 이동한 사람에게 아이치현으로의 유턴을 권하여도 거기에 응하는 사람이 많을 것이라고 기대하기는 어려운 것이 현실이다. 즉 주변 지역 으로부터의 노골적인 노동력 흡수정책은 도카이권의 종합적인 발전 이라는 관점에서 문제점이 많으며, 도쿄로 유출된 청년을 불러오는 유효한 방법은 눈에 띄지 않는다.

아이치현 입장에서 바람직한 지역고용 대책은 일할 장소·공부 할 곳으로서의 매력도를 향상시켜 현내 노동력의 유효활용, 유입촉진, 그리고 유출억제를 동시에 달성하는 데 초점을 맞추어야 할 것이다. 이것은 도쿄권에 대한 한정된 인구이동을 직접 조작하는 정책에 비 하여 잠재적인 파급효과가 크다고 생각된다.

우선 어떻게 하면 일하는 곳으로서 매력을 높일 수 있을까에 대 한 것이다. 앞에서 살펴본 바와 같이 아이치현은 여성노동력의 활용 도가 낮다. 따라서 아이치현의 노동시장을 여성이 활동하기 쉬운 곳 으로 바꾸어 가는 것이 가능하다면 현내 인재의 유효활용뿐만 아니 라 도쿄로 나갈 생각이 있는 여성을 잡아 놓는 데에 도움이 된다고 볼 수 있다. 물론 이것은 쉬운 일이 아니다. 왜냐하면 아이치현의 낮 은 여성활용도의 원인이 제조업 집중도가 높은 산업특성과 관련이 있기 때문이다. 제조업의 직장환경을 바꾸는 것은 쉬운 일이 아니지 만 미래의 노동시장이 저출산·고령화된다는 점을 생각해 보면 제조 업의 일자리를 여성이나 고령자에게 일하기 쉬운 환경으로 만들어 가는 것이 필요하다. 최근의 인공지능(AI)이나 로봇의 급속한 발전이 이를 가능하게 할 수 있다고 기대된다.

배움의 장으로써 아이치현의 매력도 향상시켜야 한다. 아이치현에는 나고야대학이라는 전국적으로 알려진 국립대학이 있지만 나머지 다른 사립대학은 그다지 수준이 높지 않다. 이 때문에 앞에서 본 바와 같이 간사이권이나 간토우권으로의 학생유출이 발생하는 측면이 있다. 아이치현의 대학이 학술적인 역량강화에 성공한다면 현외에서 보다 많은 학생이 현내 대학에 입학하게 되고, 이러한 사람의 일부가 현내에서 취업하여 지역경제발전에 공헌할 수 있을 것이다.

지금까지 아이치현의 노동시장과 지역 간 인구이동의 현황, 그리고 과제에 대하여 논의하였다. 포인트가 되는 점을 정리해 보면 다음과 같다.

1. 아이치현은 전국적으로 보아 노동력 부족이 심각한 지역으로 도쿄 일극집중의 완화라는 과제를 생각해 볼 때 아이치현의 경제·인구 면에서의 발전이 필요하다.
2. 아이치현의 산업구조는 제조업이 발달되어 있기 때문에 우수한 고용기회를 창출하는 원천이 되는 한편, 여성인력 활용의 정체와 남녀 임금격차의 확대라는 문제를 안고 있다.
3. 아이치현의 인구이동은 같은 구역인 도카이권의 다른 지역에서 인구를 흡수하고 있는 반면 수도권과 긴키권으로 유출되는 특징을 가지고 있다.
4. 아이치현은 타현으로부터의 전입률은 그다지 높지 않으나 낮은 전출률로 인하여 인구가 증가하고 있다. 낮은 전출률의 이유는 인근지역의 경제규모가 작고 이동에 대한 인센티브가 크지 않다는 점과 도쿄권과 오사카권에 비하여 나고야권에서는 나고야 시내에 주거를 정하기 쉽다는 점이 있다.
5. 현외에서 노동력을 확보하려는 정책적 시도는 이미 인근 현에서 많은 인재를 유입하고 있고 도쿄권으로 유출된 인재를

불러올 수 있는 유효한 수단이 없다는 점에서 어려움에 직면하고 있다.

6. 따라서 아이치현의 노동시장을 여성과 고령자 친화적으로 바꾸어 현내 인재를 활용함과 동시에 현외로 나가려는 인재, 특히 여성이 아이치현으로 돌아오기 쉬운 환경으로 정비하는 것이 중요할 것이다. 또한 아이치현 내 대학의 존재감을 높임으로써 현외로부터 입학자를 늘리는 것이 장기적인 인재확보 전략이 된다고 생각된다.

이상에서 아이치현의 노동시장과 인구이동에 대하여 살펴보았는데, 아이치현과 비슷한 상황에 놓여 있는 지역이 다수 존재하고 있다. 일본에는 미야기(宮城)현과 후쿠오카(福岡)현 등은 이러한 위치에 가깝다고 생각되며, 외국사례로 한국의 대구시 등은 비교적 비슷한 존재일 것이다. 현재에는 경제적으로 어려운 지방도시를 어떻게 할 것인가라는 문제에 초점을 맞추고 있으나 앞으로는 지역의 중핵도시를 어떻게 발전시켜 나갈 것인가에 대한 연구가 필요할 것이다.

제 6 장

●

일본 청년의 지역귀환의 결정요인과 촉진책
– 히로사키시(弘前市)의 사례를 통하여 –

제1절 지역 간 격차와 청년층 이동

　　현재 일본에서는 지방창생(地方創生)정책이 국민의 큰 관심사이
다. 본 장에서는 일본의 지방 중소 도시의 하나인 아오모리현(青森県)
히로사키시(弘前市)의 사례를 들어 지방이 가지는 과제가 무엇인지를
구체적으로 파악하고자 한다. 히로사키시는 일본 본토(本州)의 최북단
에 위치한 인구 18만 도시로 일본의 인구 10만 명 이상의 약 260개
도시 중에 중규모의 표준적 지방도시라고 말할 수 있다.

　　인구 감소가 지역경제에 미치는 영향에 관해서는 많은 견해들이
있다. 노동생산성이나 자본과 노동 간 요소대체성이 충분하지 않으면
인구의 감소는 지역 총생산을 감소시킨다는 관점이 대표적이다. 예를
들어보자. 인구 100명의 작은 마을의 연간 총생산량이 10억 원이면
구성원 한 명의 연간 소득은 1,000만 원이 된다. 그러나 인구가 감소
하여 50명이 될 경우, 만약 연간 총생산을 10억 원으로 유지할 수만
있다면 개인 소득은 2,000만 원으로 증가하게 된다. 그러나 만약 감소
한 노동을 자본이 대체하지 못하게 되면 총생산량은 감소하게 되고

지역경제는 축소하게 된다. 장기적으로 이런 변화는 해당 지역 내의 고용 기회를 감소시켜 새로운 인구 유출을 유인하게 된다.

그러면 지방에서 왜 인구가 감소하는가? 히로사키시의 경우, 인구의 고령화 속도보다 저출산 속도가 빠르면 인구는 자연적으로 감소하게 된다. 일본에서는 자연인구 감소가 크게 진행되고 있다. 또한 전출이 전입보다 많은 경우에도 사회적 감소가 일어나고, 일본에서는 이것이 사회적 문제로 대두되고 있다. 아오모리현 인구통계에 따르면, 2014년의 히로사키시의 자연변화는 사망자 수가 출생자 수를 1,008명 넘어 큰 자연적 감소로 이어지고 있다. 동시에 전출자 수가 전입자 수보다 476명 많아 인구 감소의 1/3이 사회적 이동에 기인한 것으로 조사되고 있다. 특히 전출자 수는 15~24세의 청년층에 집중되어 있고, 이동하는 청년층은 주로 동경으로 향하고 있다.

이러한 지방에서 도시로 향하는 청년층은 보다 높은 임금을 기대하기 때문에 저임금의 지방에서 고임금의 도시로 이동한다고 일반경제학은 설명하고 있다. 일본에서는 1950년대 중반에서 1970년대 전반까지의 고도 성장기에 이러한 이동이 많았다. 그러나 경제학에서 설명하는 청년층의 이동은 지방에서 도시로의 한 방향 이동을 설명할 뿐, 도시에서 지방으로의 이동은 염두에 두지 않고 있다. 또한 이러한 인구 이동에 의하여 도시와 지방 간의 임금과 실업률이 균등화되어, 장기적으로 보면 지역 간의 임금격차가 해소되고, 궁극적으로는 인구이동이 정지된다고 설명하고 있다.

그러나 최근의 연구들은 일본의 지방권에서 도시권으로 향하는 인구 유출은 고도 성장기 이후에도 계속되고 있고, 지방과 도시 간의 경제격차(혹은 임금격차)는 역으로 계속적으로 확대되고 있다고 지적하고 있다. 마스다(增田)(2014)는 2000년대 이후의 지방의 인구 유출은 엔고에 의한 제조업의 타격, 공공사업의 감소, 인구 감소 등

에 의한 지방경제의 악화와 지역고용 상황의 악화가 그 원인이라고
지적하였다.

그 외에도 일본의 지방권에서 도시권으로의 인구 이동의 원인에
관해서는 히구치(樋口, 1991), 오오타(太田, 2005, 2007), 이영준(李永俊,
2013) 등에서 공통된 결론을 말하고 있다. 그것은 두 지역 간의 고용
상황과 임금격차가 이동의 원인이라고 하는 것이다. 유효구인배율과
타 지역으로의 유출이 강한 상관관계를 가진다는 점, 도시부와의 임
금 격차가 큰 지역에서의 인구 유출이 많다고 하는 점도 역시 공통된
결론이다. 그러나 이시구로(石黒·他, 2013)는 경제적 요인 외에도 진
학이나 인간관계 등이 이동을 결정하는 원인이 될 수도 있다고 지적
하고 있다.

반면, 도시권에서 지방권으로의 이동에 관한 경제학적 연구는 그
리 많지 않다. 그러나 사회학과 인구학 분야에 있어서는 많은 연구가
진행되고 있다. 에쟈키(江崎)는 나가노현(長野県)의 조사를 통하여 U턴이
젊은 세대일수록 많고, 이동 후 빠른 시기에 출신지로 귀환한다는 것
을 밝혔다. 그리고 배우자와 출신지가 같은 경우가 U턴을 촉진하는
경향이 있다는 것도 분명이 했다. U턴의 동기에 대해서는 「부모님을
부양하기 위해」, 「풍부한 자연 환경 속에서 생활하기 위해」 등이 많
았다. 이것은 지방의 구심력(pull 요인)이 주요한 귀환의 동기라는 것
을 보여주고 있다.

최근의 연구에서도 유사한 결론을 보이고 있다. 보다 젊은 세대
일수록 U턴율이 높고, 전출 후 10년 이내의 빠른 시기에 U턴이 이루
어진다는 것을 지적하고 있다. 또한 U턴자의 3/4이 U턴 후에 부모와
동거하고 있다는 점도 밝히고 있다.

오오타니(大谷)는 지역 간 이동에 관한 경제학적 분석에서 지방
의 인구 감소로 인한 대도시권과 지방권 간의 경제격차 해소책으로

대도시권에서 지방권으로의 인구이동 촉진책을 제안하고 있다. 특히 그는 직업의 만족도에 주목하여 U턴자가 지방에서 실업과 전업을 반복하게 되면 다시 도시로 이동할 가능성이 높다는 점도 지적하고 있다. 그리고 U턴자에게 직업에 관한 정보를 제공하여 정규직 고용을 촉진하도록 하는 정책을 제안하였다.

그러나 이와 같은 연구에서는 이동시기와 이동동기에 관해서는 주목하고 있지만 이동을 가능하게 하는 조건이나 최종적으로 이동을 결심하게 된 직접적인 동기에 대한 분석은 찾아볼 수 없다. 또한 개인적인 속성이나 개인을 둘러싸고 있는 경제·사회적 배경이 이동을 선택하는 데 어떠한 영향을 미치고 있는지에 관한 분석도 거의 없다. 지방의 인구 감소를 막고 인구 회복을 촉진하기 위해서는 보다 구체적인 조건에 대한 분석이 시급하다.

이 장은 다음과 같이 구성되어 있다. 제2절에서는 인구 감소가 지방경제에 미친 영향에 대해서 지역내총생산과 지역 노동시장에 주목하여 분석하고자 한다. 제3절에서는 이동자의 특성을 개관한다. 제4절에서는 청년층의 지방 귀환 이유와 이동을 가능하게 한 조건을 구체적으로 본다. 제5절에서는 직업 만족도와 생활 만족도를 사용하여 청년들의 지방정주의 가능성을 검토한다.

제2절 인구 감소가 가져온 지역경제의 변화

지방 소도시의 인구 감소가 지역경제에 미치는 영향을 지역내총생산과 노동시장에 주목하여 분석해보자. 인구 감소가 지역경제에 미치는 영향은 다음과 같이 요약할 수 있다. 하나는 자본에 의한 노동의 대체로 노동생산성이 상승할 수 있다. 예를 들면, 생산로봇을 도입함으로써 노동생산성이 높아지는 것을 의미한다. 그러나 자본에 의한 노동의 대체가 충분히 일어나지 않으면 지역총생산이 하락하게 될 것이다.

한 지역의 지역내총생산을 Y로 하면 다음과 같이 정의할 수 있다.

$$Y = \alpha HE \quad \cdots\cdots\cdots\cdots\cdots\cdots\cdots\cdots\cdots\cdots\cdots\cdots\cdots\cdots (1)$$

위 식에서 α는 시간당 노동생산성, H는 노동시간, E는 취업자 수이다.

N를 15세 이상의 인구 수, L을 노동인구 수라고 하면, 노동력 비율 β＝L/N, 취업률 e＝E/L이다. 이상의 식을 사용하여 제1식을 다음과 같이 바꾸어 쓸 수 있다.

$$Y = \alpha \cdot H \cdot \beta \cdot e \cdot N \quad \cdots\cdots\cdots\cdots\cdots\cdots\cdots\cdots\cdots\cdots\cdots (2)$$

제2식을 변화율 단위로 표현하면 다음과 같이 된다.

$$\dot{Y} = \dot{\alpha} + \dot{H} + \dot{\beta} + \dot{e} + \dot{N} \quad \cdots\cdots\cdots\cdots\cdots\cdots\cdots\cdots\cdots (3)$$

즉 일정기간의 경제성장률은 노동생산성, 노동시간, 노동력 비율, 취업률, 15세 이상 인구 등의 변화율의 합계와 같다. 히로사키시의 2000년에서 2005년, 2005년에서 2010년까지의 변화율을 계산한 결과가 <표 6-1>이다.

〈표 6-1〉 실질 지역내총생산 및 노동투입률 변화(히로사키시)

기간	$\dot{Y}$	$\dot{\alpha}$	$\dot{H}$	$\dot{\beta}$	$\dot{e}$	$\dot{N}$
2000～2005	1.308	2.047	0.025	− 0.346	− 0.289	− 0.115
2005～2010	− 1.237	0.564	− 0.522	− 0.446	− 0.299	− 0.536

주: 변화율은 백분율로 표현하였다.
자료: 총무청통계국(総務省統計局), 『국세조사(国勢調査)』, 아오모리현통계분석과(青森県統計分析課), 『아오모리현 시정촌 시민경제계산(青森県市町村民経済計算)』

분석기간 중 2000~2005년의 노동력 비율, 취업률, 15세 이상의 인구가 계속해서 감소하고 있다는 점이 주목된다. 청년층의 계속적인 유출과 고령화가 심화됨으로 인하여 15세 이상의 인구뿐만 아니라 노동력 비율, 취업률이 동시에 감소한 것이다. 또한 노동시간도 감소함에 따라 노동생산성이 충분이 높아지지 않으면 지역경제가 쇠퇴할 가능성이 높아질 것이다.

2005~2010년에는 노동생산성의 증가가 충분하지 못하여 인구 감소가 지역총생산의 감소로 직결되고 있다. 인구 감소폭이 큰 지역경제에 있어서는 노동생산성의 변화가 산출량의 변화에 큰 영향을 미치게 될 것이다. 노동생산성의 변화는 기업의 개선노력에 의하여 이루어지는 것이다. 영세한 중소기업이 대부분인 지방에 있어서 생산성 개선을 기업 노력에만 의지하는 것은 비현실적이다. 지역과 대학 간 연계 등의 다양한 방법을 이용하여 생산성 개선을 이루어 내는 지역적 노력이 필요할 것이다.

다음으로 노동력 투입구조를 파악하기 위하여 노동공급의 구조 변화를 보고자 한다. 노동력 비율과 취업률은 성별·연령별로 큰 차이가 있다는 것은 잘 알려져 있는 사실이다. 일본에서도 여성과 고령자의 노동력 비율과 취업률이 현저하게 낮다. 히로사키시의 성별 인구비율을 보면 남성이 45.8%, 여성이 54.2%로 여성의 비율이 현저히 높다. 남여의 비율은 2000년부터 남성이 0.2%포인트 감소하였고, 여성은 0.2%포인트 증가하였다. 그러나 2010년 국세조사에 의하면, 남성의 노동력 비율이 69.4%인 데 비하여 여성은 50.1%로 남성에 비하여 약 20%포인트 낮다. 그리고 남성의 노동력 비율도 2000년 73.0%에서 계속적으로 감소하고 있다.

노동력 비율의 변화에는 고령화의 영향이 크게 반영되어 있다. <표 6-2>는 노동력의 연령구조의 변화를 나타내고 있다. <표 6-2>는

⟨표 6-2⟩ 노동력의 연령구조의 변화(히로사키시)

연 령	노동력(명)					연령구조계수(%)				
	1980년	1990년	2000년	2010년	2015년	1980년	1990년	2000년	2010년	2015년
40세 미만	74086	65205	61005	50638	45976	38.5	34.1	31.6	27.6	25.7
40~49	27642	28208	26395	22656	23210	14.4	14.8	13.7	12.3	13.0
50~59	22259	25624	27420	25129	24411	11.6	13.4	14.2	13.7	13.7
60~69	14703	20592	24791	26340	27583	7.6	10.8	12.8	14.4	15.4
70세 이상	11446	16712	25268	34821	37258	6.0	8.7	13.1	19.0	20.8
전연령	192291	191217	193217	183473	178733	100.0	100.0	100.0	100.0	100.0

자료: 총무청통계국(総務省統計局), 『국세조사(国勢調査)』

국세조사 통계를 가지고 1980년부터 연령계급별로 구조의 변화를 정리한 것이다. 40대 미만의 계층에 주목하면, 1980년대 이후로 계속적으로 인구가 감소해서 35년간 구성비율은 12.8%포인트 감소하였다. 그와는 반대로 70대 이상 계층은 14.8%포인트 증가하였다. 이처럼 인구구조의 고령화의 영향이 노동력 비율 감소로 나타나고 있다.

앞에서 서술한 바와 같이, 인구 감소와 노동공급구조의 변화에 의한 생산능력의 저하는 노동생산성의 증가로 보완할 수 있을 것이다. 노동자의 고학력화와 산업구조의 고도화에 의하여 노동생산성의 개선을 기대할 수 있기 때문이다. 그렇다면 우선 산업 구조가 어떻게 변화하였는지를 확인해 보자.

⟨표 6-3⟩은 국세조사의 산업 대분류별 취업자 인구를 사용하여, 히로사키시의 산업별 특화계수를 산출한 것이다. 산업별 특화계수는 특정산업의 취업자 비율이 전국 평균의 몇 배인지를 의미하고 있다. 2010년 시점에 전국의 농림업 취업자 비율이 3.7%인 데 비하여 히로사키시는 그의 3.97배인 14.7%이다. 그 외에 전국 평균보다 취업자 비율이 높은 특화산업부문은 공공부문밖에는 없기 때문에 히로사

키시에서는 농림업 이외에 경쟁력이 있는 산업이 없다는 것을 알 수 있다.

그리고 2000년 이후의 변화 중에 건설업의 특화계수가 지속적으로 하락하고 있다는 점에 주목할 필요가 있다. 고이즈미(小泉)정권 이후, 지방공공사업의 계속적인 감소의 결과로 지방의 건설업이 축소되고 있는 실태를 나타내고 있다. 또한 금융보험업 등 지방의 인구감소에 의한 경영환경의 변화로 인해 금융기관의 통·융합이 진행되어 이 산업의 특화계수가 지속적으로 하락하고 있다.

다음으로 주목할 점은 인구 감소에 의한 영향이 직접적으로 나타나는 산업분야이다. 인구 감소는 소비의 감소로 직결되기 때문에 대인서비스 관련산업, 주로 음식업, 서비스업에 큰 영향을 미친다.

〈표 6-3〉 산업특화계수의 추이(히로사키시)

	2000년	2005년	2010년
농업·임업	3.293	3.229	3.968
건설업	0.905	0.853	0.836
제조업	0.561	0.526	0.587
전기·가스·수도업	0.885	0.885	0.905
운송·통신업	0.746	0.569	0.546
도매·소매업, 음식점	1.004	0.984	0.975
금융·보험업	0.902	0.871	0.797
부동산업	0.646	0.603	0.567
서비스업	1.068	1.109	0.905
공무	1.163	1.175	1.205
분류가 불가능한 산업	0.204	1.435	0.937

주: 지역산업구성비＝전국산업구성비×지역산업특화계수
자료: 총무청통계국(総務省統計局), 『국세조사(国勢調査)』

<표 6-3>은 도매·소매업, 음식업, 서비스업의 특화계수의 감소를 나타내고 있다. 전국의 서비스업 종업원 비율은 2000년 27.4%, 2005년 28.9%, 2010년 33.7%로 계속적으로 증가하고 있는 것에 비하여 히로사키시는 2005년 31.7%, 2010년 30.5%로 감소하고 있다. 소비자 인구 감소가 노동시장에 영향을 미치고 있다는 것을 알 수 있다.

지금까지 인구 감소가 지역경제에 어떠한 영향을 미치는가를 개관하였다. 지역에서 청년층의 유출은 노동시장의 고령화를 가져와 인구 감소뿐만이 아니라 노동력 비율의 저하, 취업률의 저하를 가져온다. 또한 노동시장의 고령화는 산업구조의 고도화를 방해하고 노동생산성의 증가를 제한한다. 결과적으로 노동생산성은 인구감소에 따른 지역경제에 미치는 영향을 해소시킬 만큼 충분히 증가하지 못함으로써 지역의 역내총생산의 저하, 지역경제의 축소를 불러온 것이다. 또한 앞에서 서술한 바와 같이 인구 감소의 부(−)의 외부성이 새로운 인구유출을 불러일으키는 결과로 나타났다.

이러한 인구 감소의 부의 외부성은 부모의 유출로 자녀까지 유출됨으로써 자녀의 거주지 선택을 제한하게 된다. 그러한 선택권의 제한이 쇠퇴하는 일부지방에서만 발생하고 있기 때문에 태어나는 장소를 선택할 수 없는 젊은층 개인에게 있어서는 기회의 상실이라는 관점에서 사회적 문제가 되는 것이다. 이러한 현실을 개선하기 위해서 어떠한 대책이 필요할까?

지역경제의 축소가 부의 외부성을 초래한다면, 지역내총생산을 높이는 길이 부의 외부성을 극복하는 수단이 될 것이다. 제3식에서 지역내총생산 Y를 높이기 위해서는 다른 조건이 일정하다는 가정하에서 노동생산성을 높이는 것이 제1의 정책이 된다고 지적한 바 있다. 그러나 전술한 바와 같이 지방에서는 자본의 대체투자가 곤란한 영세한 중소기업 비율이 높기 때문에 이러한 지방의 조건이 노동생산성 개선을 방해하는 요인이 되고 있다.

그리고 노동생산성 개선의 제약요인으로 하나 더 지적하고 싶은 것은 지방노동시장에는 고학력자의 비율이 낮다는 점이다. 고등교육 졸업자의 비율은 전국 평균이 32.2%인 데 비하여 아오모리현은 18.3%이다. 그 배경으로는 아오모리현은 진학률이 낮다는 점과 다른 도시로 진학한 청년들이 충분히 귀환하지 않는다는 점, 현내 대학 졸업자가 현외로 취업한다는 것 등이 영향을 미치고 있다고 생각된다. 2015년 3월 졸업자를 보면 취업 내정자 2,244명 중, 현내 기업 취업 내정자가 749명으로 내정자의 33.4%에 지나지 않았다.

오오다케(大竹, 2009)가 지적하는 바와 같이, 기술혁신의 원천인 새로운 아이디어를 가진 사람이 태어나는 인구비율이 일정하다고 하면, 인구감소는 아이디어 발생 수를 감소시키게 된다. 만약 교육에 의한 인적자본의 축적이 인구 감소 효과보다 적으면, 지방에서 기술혁신에 의한 노동생산성 제고는 기대하기 어렵게 된다.

제3식에서 다음으로 생각할 수 있는 정책은 노동시간의 연장이다. 재론할 필요도 없이 노동시간의 연장은 저출산율에 영향을 미치게 되며, 장래 인구 감소의 원인이 된다. 또한 노동시간의 연장은 노동력 비율과 취업률을 높인다는 관점에서 고령자와 여성의 노동력 비율과 취업률을 장기적으로 높일 수 있다는 잠재력은 있지만, 총인구에 미치는 노년인구의 비율이 25.6%에 달하고 있다는 현 시점에서는 한계가 있다고 말할 수 있다.

제3식에서 남은 정책적 수단은 15세 이상의 인구를 증가시키는 것이다. 우선 생각할 수 있는 것은 외국인 노동자를 받아들이는 것이다. 그러나 오오다케(2009)가 지적하는 바와 같이 외국인 노동자를 받아들이기 위해서는 그에 상응하는 사회적 비용을 부담하여야 하기 때문에 지방에서 외국인 노동자를 받아들이는 것에 대해서는 신중한 검토가 필요하다. 다음으로 생각할 수 있는 것은 지역의 인구 재생력을 높이는 것이다. 그러나 히로사키시와 같이 청년층의 인구유출은 미혼율과 결혼연령을 높혔고, 그로 인해 지역의 인구 재생력을 저하시켰다.

[그림 6-1]은 국세조사 자료를 사용하여 3개의 연령 계층별로 히로사키시의 인구 동향을 작성한 것이다. 마스다(2014)가 주장하는 인구감소단계로 보면 히로사키시는 제1단계인 「노인인구증가＋생산/젊은 층 인구감소」 단계에 있다. 그러나 젊은층 인구의 감소폭이 크다. 젊은 층 인구는 1980년의 수준을 100으로 하면 2010년은 51.8로, 30년 동안에 거의 절반의 수준까지 줄어들었다. 그렇기 때문에 합계출산율의 극적인 회복이 없는 한 인구유출을 막는 것만으로는 인구회복을 기대하기 어려운 수준에 이르렀다고 말할 수 있다. 또한 출생률의 극적인 회복을 통하여 15세 이상의 인구 구성을 높이기 위해서는 긴 시간이 필요하기 때문에 단기적인 회복을 기대하기는 더더욱 어렵다.

다음으로 생각할 수 있는 방법은 마스다(2014)가 지적하는바, 인구의 재배치이다. 대도시로 유입하는 인구의 흐름을 바꾸는 방법이다. 그렇게 하기 위해서는 대도시로 향하던 청년들을 지방으로 귀환시키기 위한 정책이 필요하다. 그러한 인구의 재배치는 지방의 인구과소 상태를 개선할 뿐 아니라, 대도시의 인구과밀 상태를 개선하는 중요한 역할을 함으로써 거시적으로 인구 증가를 가져올 수 있다.

지금부터는 타 지역으로 이주한 지역청년들을 지방으로 귀환시키는 U·J턴과 타 지역의 청년들을 지방으로 불러들이는 I턴 등, U·J·I턴의 결정요인과 구체적인 이주 촉진책에 관해서 검토하고자 한다.

[그림 6-1] 연령 계층별 인구의 추이

〈전국〉

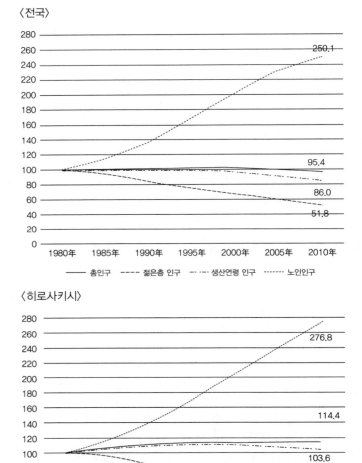

〈히로사키시〉

자료: 총무청통계국(総務省統計局), 『국세조사(国勢調査)』

제3절 이주자의 특징

■ 분석자료 및 U·J·I턴의 정의

일본의 조사대상 지역으로 선정한 곳은 일본 본토의 최북단에 위치한 아오모리현의 「중남쯔가루지역(中南津軽地域)」이고 이 지역의 중심도시는 히로사키시이다. 히로사키시는 아오모리현에서 유일한 국립대학이 있는 도시이며 역사와 문화의 중심지이다. 이 도시의 인구는 약 18만 정도이다. 또한 주변지역은 사과재배를 중심으로 하는 농촌지역이다.

본 조사는 2015년 2월에 실시되었고, 선거인 명부에서 무작위로 추출한 20세에서 70세까지의 남녀 1,880명을 대상으로 하였다. 유효응답표는 1,000표로, 유효응답률은 53.2%였다. 조사는 우편조사를 통해 실시되었다. 즉 조사표를 우편으로 조사대상자에게 배포하였으며 조사대상자가 조사표에 기입 후 반송하는 형식으로 이루어졌다.

이 책에서는 U·J·I턴을 다음과 같이 정의하기로 한다. U·J·I턴은 주로 대도시권에 거주하고 있던 사람이 지방으로 이주하는 지역간 이동을 말한다. 「U턴」은 출신지로 돌아가는 것, 「J턴」은 출신지에서 대도시로 이동하였다가 출신지 가까운 주변도시로 이주하는 형태, 「I턴」은 대도시에서 출신지 이외의 지방으로 이주하는 형태를 말한다.

대도시에서 지방으로의 이주를 분석하기 위해서 본 장에서는 이동 패턴을 5가지로 분류하였다. ① 대상 지역 외에서의 생활경험이 없는 「정주자」, ② 출신지 이외 지역에서의 생활경험이 있으며, 현재 출신지 지역에서 생활하고 있는 「U턴자」, ③ 출신지 이외에서의 생활 경험이 있으며 현재 출신지 이외의 조사대상 지역에서 생활하고 있는 「J턴자」, ④ 아오모리현 이외의 지방에서 조사대상 지역으로 이주하여 현재 그곳에서 생활하고 있는 「I턴자」, ⑤ 조사대상 지역이외의 아오모리 현에서 조사대상 지역으로 이주한 「현내유입자」로 분류하였다.

■ 이주자의 특징

앞에서 분류한 이주자의 특징을 살펴보기로 하자. <표 6-4>는 이동 유형별로 인구구성비율을 개인 속성별로 정리한 것이다.

〈표 6-4〉 이동 유형별 인구구성비율

(단위: %)

속 성		총수(명)	정주자	U턴자	J턴자	I턴자	현내유입자
			(268명)	(196명)	(28명)	(26명)	(54명)
성 별	남성	410	55.1	19.4	4.4	7.3	13.7
	여성	176	42.0	35.8	5.7	6.2	10.4
연 령	20~29세	53	66.3	17.5	0.0	10.0	6.3
	30~39세	102	48.1	26.6	5.2	5.8	14.3
	40~49세	117	48.3	26.4	5.0	9.0	11.4
	50~59세	145	49.4	25.7	5.8	5.0	14.1
	60~70세	169	46.7	29.4	5.4	6.5	12.0
학 력	중졸이하	50	52.1	31.0	9.9	0.0	7.0
	고졸	319	54.5	24.9	4.7	5.1	10.8
	단과대, 전문대졸	104	51.8	22.3	4.9	5.8	15.2
	대학, 대학원졸	112	31.3	34.3	3.6	15.7	15.1
혼 인	미혼	284	52.3	32.7	3.7	3.7	7.7
	기혼	300	48.3	23.4	5.5	8.3	14.5

주: 성별, 학력, 혼인유무에 대해서는 카이자승검정에서 1% 수준에서 유의하였다(p < 0.000). 학력 및 혼인유무가 불명확한 사람은 각각 1명과 2명이었다.

남녀 간의 차이에 주목하면, U턴자의 성별비율에 큰 차이가 있다. 여성의 U턴자 비율은 남성보다 16.4%포인트 높다. 마스터(増田)는 지방에서의 여성의 유출은 지역의 지속가능성을 위협하는 주요한 요인이라고 지적하고 있지만, 앞의 결과는 유출한 여성의 일정 비율이 회귀하고 있다고 하는 사실을 보여주고 있다.

연령 계층별로는 통계적으로 유의한 차이점을 찾을 수 없었다. 여기서 지적하고자 하는 것은 세대별로 볼 때 이동의 유형이 동일하다는 점이다. 30대 이상에서 약 30%가 U·J턴자이다. 또한 전 연령에서 I턴자는 10% 이하였다. 또 하나 더 지적하고자 하는 것은 이동패턴이 30대 이상의 연령에서 안정적이라는 점이다. 지역 간의 이주가 20대에서 완결된다는 실태를 보여주고 있다.

학력별 인구구성을 보면, I턴자는 고학력자 비율이 높다는 점을 확인할 수 있다. 경제학의 인적자본론에 의하면, 교육투자는 기대임금을 높인다. 또한 평균임금수준이 높을수록 지역 간 임금 격차도 크게 된다. 그 때문에 고학력자의 이동성향이 높을 것으로 예상된다. 그러나 본 조사에서는 대학원 졸업 이상의 학력자는 지역 간 임금격차가 거의 없어 주거지에 관계없이 일정한 소득이 보장되고 있다. 일본에서 I턴자 중에 고학력자가 많다는 사실은 어느 지역에서도 인적자본에 부합하는 소득이 안정적이기 때문이라고 생각된다.

■ 이주자의 일과 생활 실태

<표 6-5>는 성별 이동유형별로 취업상황을 정리한 것이다. 그 특징은 다음과 같다. 첫째는 남성의 경우에는 이동유형별로 취업상황에 차이가 보이는 데 반하여, 여성의 경우에는 이동 유형별로 차이가 확인되지 않았다. 이것은 여성의 경우, 이동으로 인하여 취업에서의

유리한 점이 한정적이라는 것을 의미한다. 둘째는 남성에 있어서 I·J 턴자와 현내유입자에는 정규직 고용자 비율이 높다는 점이다, 반면 U 턴자의 경우에는 동일한 이동 경험자임에도 불구하고 정규직 고용자 비율이 낮고 비정규직 고용자 비율이 높아 불안정한 고용상황에 있다는 점을 확인할 수 있었다.

<표 6-6>은 직업별 차이를 정리한 것이다. 그 특징은 첫째, 현내유입자와 U턴자의 경우 관리직, 전문기술직의 비율이 높고, I턴자의 전문기술직의 비율이 다른 유형에 비하여 높다는 점이다. 전문기술직의 경우에는 지역 간 이동으로 인한 경제적 수익의 차이가 거의 없기때문에 비교적 지역 간 이동이 자유롭다고 생각된다. 또한 정주자, U·J·I턴자에서는 농림수산업 관련의 직업이 5% 이상 존재하는 것으로 보아

〈표 6-5〉 성별 이동 유형별 취업상황

(단위: %)

성 별	이동패턴	자영업, 가족종업원	정규직	비정규직	무업자
남 성	정주자	22.5	47.3	7.1	23.1
	U턴자	18.3	44.4	17.6	19.7
	J턴자	26.1	56.5	8.7	8.7
	I턴자	12.5	58.3	8.3	20.8
	현내유입자	9.8	65.9	9.8	14.6
여 성	정주자	5.8	39.4	34.6	20.2
	U턴자	2.0	38.0	38.0	22.0
	J턴자	0.0	33.3	66.7	0.0
	I턴자	25.0	0.0	50.0	25.0
	현내유입자	0.0	38.5	46.2	15.4

주: 남성은 카이자승검정에서 10%수준에서 유의(p < 0.096), 여성은 유의하지 않았다.

농림수산업이 이 지역의 중요한 기간산업이라는 것을 보여주고 있다.

<표 6-7>은 이동 유형별로 연간수입을 비교한 것이다. 평균치를 보면 I턴자, U턴자, J턴자, 정주자의 순이고, 중위치를 보면 I턴자, 현내유입자, U턴자, J턴자, 정주자의 순이다. 수입의 표준변차를 보면 I턴자가 가장 크고, J턴자, 현내유입자 순으로 낮아진다. 수입의 표준

〈표 6-6〉 이동 유형별 직종별 구성비율

(단위: %)

이동 유형	관리직	전문 기술직	사무직	판매직	영업직	서비스직	기능직	보안직	제조 생산직	농림 수산업	운송업	그외
정주자	3.5	1.2	24.0	1.8	0.6	21.6	5.3	8.2	12.9	5.3	8.2	7.6
U턴자	7.5	3.0	30.1	0.0	0.8	12.0	6.0	3.8	13.5	4.5	11.3	7.5
J턴자	0.0	0.0	27.8	0.0	0.0	5.6	5.6	11.1	22.2	5.6	22.2	0.0
I턴자	0.0	5.3	15.8	0.0	5.3	21.1	0.0	5.3	15.8	5.3	10.5	15.8
현내 유입자	9.8	7.3	17.1	7.3	0.0	19.5	2.4	12.2	2.4	2.4	12.2	7.3
계	5.2	2.6	25.1	1.6	0.8	17.3	5.0	7.1	12.6	4.7	10.5	7.6

주: 카이자승검정에서 10% 수준에서 유의함(p < 0.093).

〈표 6-7〉 이동 유형별 연간수입의 분포

(단위: 만엔)

이동패턴	평균치	중앙치	하위 10%점	하위 25%점	상위 25%점	상위 10%점	표준편차
정주자	258.6	200.0	84.0	120.0	320.0	500.0	263.7
U턴자	295.1	240.0	84.0	132.0	400.0	600.0	227.5
J턴자	284.4	240.0	84.0	120.0	400.0	700.0	209.6
I턴자	383.0	260.0	57.0	106.0	455.0	1000.0	379.6
현내유입자	301.9	245.0	72.0	133.5	400.0	600.0	217.5

편차를 보면 I턴자가 가장 크고 J턴자, U턴자 순으로 낮아진다.

정주자와 U턴자를 비교하면, 평균치나 중위치나 모두 U턴자가 약 40만 엔 정도 높다. 하위에서는 큰 차이가 없으나 상위 쪽으로 갈수록 차이가 커진다는 것을 알 수 있다. I턴자의 소득은 다른 유형과 비교하여 평균소득이 높다. 그 이유는 상위 25% 이상의 소득이 다른 유형에 비교하여 높기 때문인데, 이는 앞에서 언급한 바와 같이 I턴자에게 전문 기술직의 비율이 높은 것이 영향을 미치고 있는 것으로 보인다. 반대로 I턴자의 하위 25%의 소득은 다른 유형보다 낮아 I턴자의 소득이 양극화되어 있다는 사실을 알 수 있다.

제4절 이주의 이유·동기·조건

이 절에서는 U·J·I턴자의 이주 이유와 이주의 직접적인 동기, 이주를 가능하게 한 조건에 대해서 분석하고자 한다. 지방으로의 이주를 희망하여도 실제로 이주를 하는 것은 그렇게 쉽지 않다. 이주에는 이사 비용, 교통비 등의 직접적인 비용뿐만이 아니라, 전업이 필요한 경우에는 일자리 찾는 비용, 일을 찾는 동안에 발생하는 기회비용 등이 필요하다. 또한 가족이 있는 경우에는 교육 기관을 찾거나 배우자의 일자리를 찾는 등 생활에 필요한 여러 가지의 비용이 동반된다.

물론 경제적 비용뿐만이 아니라, 지금까지의 인간관계를 잃어버리게 되고, 낯선 지역에서의 생활에 대한 불안감 등의 심리적 비용도 발생하게 된다. 그렇기 때문에 지방으로의 이동을 희망하여도 조건이 되지 않으면 이주하는 것은 쉽지 않다. 또한 조건이 되어도 실제로 행동으로 옮기는 데에는 직접적인 동기가 없으면 불가능하다. 이동

유형별로 이동 이유를 자세히 보기로 하자.

    〈표 6-8〉은 이동 유형별로 현재 거주지역으로 이사한 이유를 정리한 것이다. 이 지역 출신자인 U·J턴자의 경우, 「본가에 돌아왔다」라고 대답한 사람이 가장 많아 U·J턴자 210명 중의 73.5%에 달하였다. 다음으로는 「일자리나 학교에 가까워서」, 「본가에 가까워서」의

〈표 6-8〉 이동 유형별 이주 이유(복수회답)

U·J턴의 이동이유	U·J턴자 (210)		I턴자 (26)		현내유입자 (32)	
	명	%	명	%	명	%
본가에 돌아왔다.	161	73.5	5	19.2	7	21.9
본가에 가까워서	22	10.0	0	0.0	2	6.3
배우자의 본가에 동거하게 되어서	8	3.7	3	11.5	4	12.5
배우자의 본가에 가까워서	7	3.2	3	11.5	1	3.1
직장이나 학교에 가까워서	34	15.5	16	61.5	18	56.3
배우자의 직장이나 학교에 가까워서	5	2.3	1	3.8	0	0.0
장보기에 편리해서	8	3.7	1	3.8	2	6.3
오락시설이 있어서, 취미활동에 편리해서	2	0.9	0	0.0	0	0.0
교통이 편리해서	4	1.8	0	0.0	2	6.3
아이들의 통학에 편리해서	9	4.1	0	0.0	1	3.1
그 외, 아이들을 위하여	9	4.1	0	0.0	1	3.1
친구나 애인이 있어서	8	3.7	0	0.0	2	6.3
지역활동이나 행사에 참석하고 싶어서	2	0.9	0	0.0	0	0.0
지역주민이 매력적이어서	0	0.0	0	0.0	1	3.1
자연환경, 주거환경이 매력적이어서	10	4.6	4	15.4	6	18.8
그 외	6	2.7	1	3.8	0	0.0

주: 〈표 6-4〉와 표본수가 다른 이유는 이주 이유에 답하지 않은 표본을 제외하였기 때문.

대답이 많았다. 그와는 반대로 I턴자와 현내유입자에 있어서 가장 많았던 것은 「일자리나 학교가 가까워서」로 I턴자의 61.5%, 현내유입자의 56.3%가 그렇게 응답하였다.

그리고 「자연환경, 거주환경이 매력적이어서」라고 답한 사람은 전 유형에 일정한 비율을 차지하고 있어 히로사키시 주변 지역의 매력이 널리 인식되어 있다는 것을 알 수 있다. 반대로 「지역의 활동이나 행사에 참석하고 싶어서」, 아니면 「지역주민이 매력적이어서」 등을 이유로 이동하는 사람은 거의 없었다.

다음은 이동을 가능하게 한 조건에 주목하고자 한다. I턴자와 현내유입자의 경우에는 「근무지의 지점이 있어서」, 「전직이나 정규직에 취업할 수 있어서」 등, 일자리와 관련한 조건이 압도적으로 많았다. 그래서 지금부터는 U·J턴자로 분석대상을 한정하여 검토하고자 한다.

분석하는 데 있어서, 이동이 어떠한 생애단계(life stage)에서 일어났는지에 따라 이동을 가능하게 한 조건이 다를 수 있다. 그러나 분석에 사용한 자료에는 생애단계에 관한 정보가 포함되어 있지 않았기 때문에 이 분석에서는 연령으로 생애단계를 구분하고자 한다. 이주 시기의 연령이 30세 미만이었던 자와 30세 이상이었던 자로 구분하여 이동을 가능하게 한 조건을 정리한 것이 <표 6 - 9>이다.

우선 주목되는 것은, 이동 시기와 관계없이 「본가에서 살 수 있게 되었다」가 이주를 가능하게 하는 가장 중요한 조건이라는 점이다. 또한 30세 이전에 이주하는 사람에게 그러한 경향이 강하고, 출신지로의 귀환이 거주 장소의 확보와 부모로부터의 경제적 지원을 기대하고 이주하는 것이라는 것을 알 수 있다. 30세 이상에서도 「본가에 살 수 있게 되었다」로 대답한 사람이 많았다. 즉 거주할 수 있는 주택이 지역으로 사람을 불러들이는 풀(pull) 요인이라는 것을 알 수 있다.

〈표 6-9〉 U·J턴을 가능하게 한 조건

U·J턴의 조건	합계(210)		30세 이전 이동(123)		30세 이후 이동(87)	
	명	%	명	%	명	%
본가에서 살 수 있게 되었다	139	66.2	90	73.2	49	56.3
본가 이외에 살 집과 땅이 있어서	20	9.5	8	6.5	12	13.8
본가로부터 생활의 지원을 받을 수 있게 되었다	24	11.4	16	13.0	8	9.2
친척으로부터 생활의 지원을 받을 수 있게 되었다	0	0.0	0	0.0	0	0.0
친구, 지인, 애인 등으로 부터 생활의 지원을 받을 수 있게 되었다	2	1.0	2	1.6	0	0.0
이주하는 것에 대하여 가족의 이해가 있었다	22	10.5	11	8.9	11	12.6
근무지의 지점이나 지부가 있었다	25	11.9	8	6.5	17	19.5
전직이나 정규직에 취업할 가능성이 있었다	34	16.2	21	17.1	13	14.9
정규직이 아니어도 생활을 해 나갈 수 있을 것 같아서	11	5.2	6	4.9	5	5.7
자식들이 자립해서	1	0.5	0	0.0	1	1.1
생활비용이 저렴하여서	6	2.9	2	1.6	4	4.6
지자체의 이주지원이 있었다	0	0.0	0	0.0	0	0.0
그 외	3	1.4	2	1.6	1	1.1

다음은 이주를 가능하게 한 직접적인 계기에 관해 살펴보기로 하자. 이동시기에 상관없이 「일을 자발적으로 사직했다」라고 답한 사람이 가장 많았다. 특히 「본가에서 살 수 있게 되었다」를 조건으로 꼽은 사람의 29.4%가 하고 있던 일을 자발적으로 사직하고 이주를 선택했다. 그 외에는 「특히 문제는 없으나 부모님이 돌아오라고 해서」

〈표 6-10〉 U·J턴의 직접적인 계기

U·J턴의 동기	합계(210)		30세 이전 이동(123)		30세 이후 이동(87)	
	명	%	명	%	명	%
가족의 병이나 큰 사고가 있어서	15	6.9	7	5.7	8	9.2
가족의 개호가 필요해서	10	4.6	3	2.4	7	8.0
본가의 가족에게 문제가 생겨서	11	5.1	9	7.3	2	2.3
특별한 문제는 없으나 부모님이 돌아오라고 해서	28	13.0	13	10.6	15	17.2
본인이 결혼해서	6	2.8	3	2.4	3	3.4
자식이 태어나서	3	1.4	2	1.6	1	1.1
자식이 초등학교나 중학교에 진학해서	1	0.5	0	0.0	1	1.1
자식이 고등학교에 진학해서	0	0.0	0	0.0	0	0.0
집을 구입해서	2	0.9	1	0.8	1	1.1
학교를 졸업해서	26	12.0	23	18.7	3	3.4
이 지역이나 이 지역에서 통근할 범위 안에서 취직하여서	16	7.4	11	8.9	5	5.7
전근 또는 배치전환	34	15.7	14	11.4	20	23.0
전직할 근무지를 아오모리현 내에서 찾았기 때문에	20	9.3	10	8.1	10	11.5
본인의 부상 또는 병이 생겨서	8	3.7	5	4.1	3	3.4
다니던 직장을 스스로 퇴직하였다	53	24.5	34	27.6	19	21.8
해고당했다. 계약이 끊어졌다.	13	6.0	4	3.3	9	10.3
친구나 지인이 권유해서	2	0.9	2	1.6	0	0.0
친척이 권유해서	0	0.0	0	0.0	0	0.0
그 외의 지인이 권유해서	2	0.9	1	0.8	1	1.1
이주지원사업 등, 지자체의 권유가 있어서	0	0.0	0	0.0	0	0.0
그 외	11	5.1	4	3.3	7	8.0

가 13.0%로 되어, 거주 장소가 있는 경우에는 본인이 적극적으로 이주를 선택하고 있다는 것을 알 수 있다. 이 점은 이주 촉진책을 생각하는 데 있어서 대단히 중요한 의미를 시사하고 있다. 본가의 존재, 즉 주택이 지방으로의 귀환에 최대의 풀(pull) 요인이라는 점을 충분히 고려할 필요가 있다는 것이다.

다음은 개인속성과 사회경제적 환경에 따라 이동을 가능하게 한 조건이 어떻게 다른지를 밝히고자 한다. 종속변수에 본가(더미변수)와 일자리(더미변수)를 사용하여 로지스틱분석을 하였다. 본가 더미변수는 본가로부터의 경제적 지원을 의미하는 변수로서 「본가에서 살 수 있게 되었다」, 「본가 외에 집과 땅이 있어서」, 「본가로부터 경제적 지원을 받았다」를 조건으로 답한 사람을 1, 그 외의 대답은 0으로 하는 더미변수이다. 일자리 더미변수는 「전근할 수 있는 지점이 있어서」, 「전직이나 정규직의 일자리가 예정되어서」를 조건으로 답한 사람을 1, 그 외를 0으로 하는 더미변수이다.

독립변수에는 개인속성변수로서, 성별(남성더미), 연령, 결혼 여부(혼인더미), 학력 더미변수를 사용하였다. 취업과 생활상황에 관한 변수로는 자영업 더미, 비정규직 더미와 연간수입의 대수값을 사용하였다. 그리고 이동시기의 특징을 나타내는 변수로서 30세 미만 이동 더미와 사전취업 더미(이주 전에 일자리를 정하고 이동하는 경우 1, 그 외는 0으로 하는 변수)를 사용하였다. 그리고 이동유형을 나타내는 더미변수를 사용하였다.

분석결과를 <표 6-11>에 정리하였다. 흥미로운 점은 이동시기의 특징이다. 본가로부터의 경제적 지원을 이유로 이주한 사람의 개인속성은 혼인 더미 계수가 부(-)로 통계적으로 유의한 결과로 나타났다. 독신의 경우 본가로부터의 경제적 지원을 이유로 귀환하는 경우가 많다는 것을 알 수 있다. 또한 취업형태로 보면 자영자에 귀환자가 많다는 것을 알 수 있다. 이동시기에 대해서는 30대 미만 청년 이주자 더미가 정(+)의 값으로 통계적으로 유의하다. 본가의 경제적 지원을 조건으로 이주하는 사람은 젊을 때에 이주하는 사람이 많다는 것을 알 수 있다.

사전 취업 더미는 계수가 부(−)로 통계적으로 유의하다. 즉 본가의 경제적 지원을 이유로 이주하는 사람은 이주하기 전에 일자리를 정하지 않고, 이주 후에 일자리를 찾는다는 사실을 알 수 있다. 그와는

〈표 6-11〉 일과 가족에 대한 이주의 조건(로지스틱분석 결과)

종속변수 독립변수	본가 더미		일 더미	
	계수	표준오차	계수	표준오차
남성 더미	0.435	0.545	−1.710	0.847*
연령	−0.010	0.017	0.003	0.022
기혼더미	−1.144	0.469**	0.258	0.663
단기대, 전문대졸업자 더미	−0.096	0.450	−0.264	0.709
대학, 대학원졸업자 더미	−0.395	0.404	0.693	0.537
자영업 더미	0.805	0.486*	−1.403	0.749*
비정규직 더미	0.200	0.469	0.297	0.644
30세 이전 이동 더미	0.609	0.344*	−0.369	0.475
사전 취업 더미	−0.758	0.356**	3.184	0.630***
연간수입의 대수값	−0.298	0.272	0.622	0.402
U턴 더미	1.289	0.375***	−0.206	0.515
I턴 더미	−0.911	0.787	0.120	0.756
정수항	1.749	1.745	−5.702	2.582**
표본 수	218		218	
유사결정계수	0.2212		0.3177	

주: *는 10% 수준, **는 5% 수준, ***는 1% 수준에서 유의하다는 것을 의미한다.

반대로 일자리를 조건으로 이주하는 사람은 사전 취업 더미가 정(+)으로 나타났다. 이주 전에 일자리를 정하고 이주를 한다는 것을 알 수 있다. 그리고 본가를 이유로 이주하는 사람은 대부분이 U턴자이다. 학력 더미와 연간수입의 대수값은 통계적으로 유의한 결과가 아니었다. 분석하기 전에는 고학력자와 고소득자는 본가에 대한 의존도가 낮을 것으로 추정하였으나, 분석결과는 그러한 추정을 지지하지 않았다.

이상의 결과로 보면, 본가라고 하는 주택과 본가로부터의 경제적 지원을 조건으로 이주하는 사람은 선(先)이주 후(後)일자리라는 경향을 나타내고 있고, 이 결과는 이주 촉진책을 검토하는 데 있어서 아주 중요한 논점이 될 것으로 생각된다.

제5절 이주자의 정주 가능성

지금부터는 이주 후의 정주 가능성을 '일의 만족도'와 '행복도'를 척도로 평가하고자 한다. 여기서 말하는 '일의 만족도'는 「현재의 직장에 대해 종합적으로 수입, 일과 사생활의 밸런스에 만족하십니까, 아니면 불만입니까」라는 질문에, 만족을 5점, 불만을 1점으로 5단계로 평가한 지표를 사용하였다. '행복도'는 「현재 당신은 어느 정도 행복하십니까」라는 질문에 '대단히 행복하다를 10점, 대단히 불행하다를 0점으로 할 때 몇 점 정도로 평가하십니까'의 답변을 사용하였다.

종속변수로는 일의 만족도, 수입의 만족도, 워크 라이프 밸런스(work-life balance)의 3가지 만족도와 행복도를 설정하였고 독립변수로는 개인속성 더미, 고용형태 더미, 직종 더미, 기업규모 더미, 그리고 노동시간, 연간수입의 대수값을 사용하였다. 분석 결과는 <표 6-12>와 <표 6-13>이다.

〈표 6-12〉 만족도의 분석 결과(최소자승법)

독립변수	일 종합만족도		수입 만족도		워크 라이프 밸런스 만족도	
	계수	표준오차	계수	표준오차	계수	표준오차
남성 더미	-0.0650	0.15	-0.2166	0.15	-0.2518	0.15*
연령	-0.0098	0.01*	-0.0073	0.01	-0.0117	0.01**
중졸 더미	0.4489	0.27*	0.3052	0.28	0.5795	0.27**
단기대, 전문대졸업자 더미	0.4433	0.15***	0.1342	0.16	0.3184	0.16**
대학, 대학원졸업자 더미	0.2968	0.17*	0.2882	0.17*	0.3828	0.16**
자영업 더미	0.1964	0.19	0.1965	0.19	0.3109	0.19*
비정규직 더미	0.1432	0.17	0.2171	0.17	-0.0132	0.17
관리직 더미	0.2082	0.23	0.1383	0.23	0.2464	0.23
전문 기술직 더미	-0.0138	0.17	0.1526	0.17	-0.2440	0.17
사무직 더미	0.0527	0.18	0.1573	0.18	0.0692	0.18
기업규모 더미 (30~99명)	-0.2621	0.18	-0.1688	0.18	0.1428	0.18
기업규모 더미 (100~299명)	-0.2013	0.19	-0.2587	0.19	-0.0920	0.19
기업규모 더미 (300명 이상)	-0.0815	0.16	0.0211	0.16	0.0958	0.16
노동시간	-0.0096	0.00**	-0.0163	0.00***	-0.0147	0.00***
연간수입의 대수값	0.4729	0.11***	0.7012	0.11***	0.1397	0.11
본가 더미	0.1268	0.13	0.0969	0.13	0.4015	0.13***
일 더미	0.1298	0.20	0.0977	0.20	0.1968	0.20
정수항	1.3610	0.56**	-0.1622	0.57	3.4424	0.56***
표본 수	413		413		415	
자유도 수정 결정계수	0.0791		0.1328		0.0746	

주: *는 10% 수준, **는 5% 수준, ***는 1% 수준에서 유의하다는 것을 의미한다.

〈표 6-13〉 행복도의 분석 결과(최소자승법)

독립변수	모델 1		모델2	
	계수	표준오차	계수	표준오차
남성 더미	-0.9070	0.32***	-0.8494	0.32***
연령	-0.0317	0.01***	-0.0298	0.01***
기혼 더미	1.0933	0.32***	1.0087	0.32***
자식 있음 더미	0.4805	0.27*	0.4795	0.27*
중졸 더미	0.6309	0.49	0.4950	0.49
단기대, 전문대졸업자 더미	0.2542	0.27	0.2787	0.27
대학, 대학원졸업자 더미	0.4875	0.29*	0.5198	0.29*
자영업 더미	0.3104	0.33	0.2763	0.33
비정규직 더미	-0.1847	0.29	-0.1274	0.29
관리직 더미	0.3906	0.39	0.4057	0.40
전문 기술직 더미	0.2374	0.30	0.1962	0.30
사무직 더미	0.1369	0.32	0.1593	0.32
기업규모 더미(30~99명)	-0.0317	0.31	-0.0177	0.32
기업규모 더미(100~299명)	-0.3393	0.33	-0.3079	0.33
기업규모 더미(300명이상)	0.0733	0.28	0.0958	0.28
노동시간	-0.0118	0.01	-0.0126	0.01
연간수입의 대수값	0.5538	0.20***	0.5622	0.20***
본가 더미	0.4616	0.22**		
일 더미	0.3136	0.34		
U턴자 더미			0.1512	0.23
J턴자 더미			0.3567	0.45
I턴자 더미			0.3564	0.47
현내유입자 더미			-0.2725	0.35
정수항	4.5173	1.03***	4.4919	1.03***
표본 수	410		410	
자유도 수정 결정계수	0.1171		0.1077	

주: *는 10% 수준, **는 5% 수준, ***는 1% 수준에서 유의하다는 것을 의미한다.

만족도 분석 결과에 의하면, 연간수입은 일·직장 만족도와 양 (+)의 관계를 가지며 직장의 종합적 만족도는 고학력자보다 저학력자에게서 더 높게 나타났으며 통계적 유의성도 높았다. 만족도 분석에서 주목되는 것은 '워크 라이프 밸런스'의 추정 결과이다. 본가 더미의 계수가 정(+)이고 통계적으로도 유의하다. 즉, 가족의 존재를 조건으로 귀환한 사람의 대부분이 워크 라이프 밸런스에 만족하고 있다는 결론이다. 이 결과에서 청년이 지방으로 귀환하는 원점에는 삶의 만족과 일−생활의 밸런스가 존재하고 있으며, 히로사키 주변지역이 그러한 조건을 만족시키고 있다는 것을 확인할 수 있다.

행복도의 분석결과를 보면, 여성, 기혼자, 자녀가 있는 사람 그리고 연간수입이 높을수록 행복도가 유의미하게 높게 나타났다. 또한 학력에 있어서는 대학, 대학원졸업의 더미변수가 정(+)으로 유의미하여, 고학력자의 행복도가 높다는 것을 알 수 있다. 나머지 변수인 고용형태와 직장의 더미변수에서는 유의미한 결과를 얻지 못하였다.

여기서 주목해야 할 결과는, 본가 더미의 계수가 정(+)으로 유의하다는 것이다. 즉 가족을 이유로 이동하는 사람은 종합적으로 생활 만족도가 높다는 것을 의미한다. 이 결과로부터 본가의 존재를 이유로 귀환한 사람들의 지방에서의 정주 가능성이 다른 유형으로 이주한 사람에 비하여 상대적으로 높다고 기대할 수 있다.

제6절 이주·정주 지원의 새로운 도전

지금까지 본 바와 같이 지방의 청년층 유출에 의한 인구감소 문제는 지역경제의 총생산력을 저하시킬 뿐만이 아니라 지방노동시장 구조를 변형시켜 고령인구의 증가로 노동력 비율을 감소시킨다. 또한 산업구조의 고도화를 방해하고, 노동 생산력 상승을 억제하는 원인이기도 하다. 그리고 지역경제의 축소는 일자리를 감소시켜, 장기적으로 보면 새로운 인구유출로 이어지게 된다. 이러한 지역경제 축소의 악순환을 막기 위해서는 인구의 재배치가 중요한 열쇠가 된다. 지금까지의 인구흐름인 지방권에서 도시권으로의 인구흐름을 도시권에서 지방권으로의 인구이동으로 방향을 완전히 전환시키는 것이다.

지금까지 도시권에서 지방권으로 인구이동을 결정하는 요인에 대하여 분석하였다. 분석결과, 도시권에서 지방권으로 이동을 촉진하는 요인으로써 다음의 두 가지 키워드를 제안한다. 하나는 「고향」이다. 전국의 모든 지역은 장점과 매력뿐만 아니라 불편한 점과 미약한 점을 동시에 가지고 있다. 일상생활에 있어서도 장점뿐만이 아니라 불편함을 실감하게 된다. 그러한 장단점은 잠시 다녀가는 관광이나 여행으로는 충분히 이해하기 어렵다. 각 지역의 두 측면을 충분히 이해하기 위해서는 지역에서의 생활 경험이 중요할 것이다. 실제로 본 장의 분석대상지역인 히로사키시 주변 이주자의 90% 이상이 이 지역 출신자이다. 고향에서의 생활 경험을 가진 이 지역 출신자를 이주 정책의 대상자로 하는 것이 정책의 유효성을 높일 수 있다.

또 하나의 키워드는 「주택」이다. 이주를 가능하게 하는 제1의 조건이 일자리라고 생각하기 쉬우나 실제로는 일자리보다 「주택」이 중요하다는 것을 잊어서는 안 된다. 앞에서도 말한 바와 같이 「본가」의 존재를 조건으로 이주하는 사람은 워크 라이프 밸런스의 만족도와 행복도도 유의하게 높았다. 이러한 측면을 이주 정책에서 충분히 고려해야 할 필요가 있다고 생각된다.

여기에서는 현재 히로사키시가 실시하고 있는 「고향」과 「주택」을 중시한 이주정주 촉진책을 소개하고자 한다. 첫 번째로 소개하고자 하는 것은 이 지역 출신자들의 귀환을 촉진하기 위하여 실시하고 있는 지원책이다. 「동창회 지원 사업비 보조 사업」은 고향으로 돌아오는 계기를 만들어 정주인구 증가와 지역경제 활성화를 위해, 히로사키 시내에서 개최되는 동창회에 대하여 보조금을 지원하는 사업이다. 이 제도는 고향과의 관계를 유지하여 장래의 이주자를 확보하고자 하는 중요한 정책이라고 할 수 있다.

두 번째로 소개하고자 하는 사업은 도시와 지방을 연결하는 「취업지원 컬리지 사업」이다. 이 사업은 청년층의 인구유출로 인하여 노동력의 확보가 어려운 농업부문에 도시권의 취업 곤란자를 새로운 노동력으로 활용할 수 있는 환경을 정비하는 사업이다. 지자체간의 연계를 통하여 신규 취농자를 확보하고자 하는 목적으로 실행되고 있는 사업이다.

구체적으로는 오오사카부(大阪府) 이즈미사노시(泉佐野市)와 연계하여 여러 가지 이유로 취업이 곤란한 청년들을 사과재배 취업연수 프로그램을 통하여 농업체험과 지방에서의 생활을 경험시키는 것이다. 이것은 현지에서의 체험을 통하여 지방으로의 이주를 선택지의 하나로 고려하기를 바라는 프로그램이다.

물론 히로사키시로서는 인구유출로 인한 농업 노동력 부족문제의 해결과 지역 내의 청년무업자의 취업 등으로 인한 취업인구의 증가를 최종목적으로 한 사업이다. 2016년 4월에서 10월 말까지 60명이 이주체험, 취농체험을 하였고, 체험자의 소감은 대부분 긍정적이었다.

이러한 사업은 단기적인 성과를 기대하기는 어렵지만, 장기적인 관점에서는 도시부에서 새로운 길을 모색하는 청년들에게는 새로운 만남의 가능성을 제공하게 된다. 또한 거시적으로 보면 지역 간의 노동수급의 미스매치 문제를 해결하고 실업과 노동력 부족을 동시에 해소하는 방안이 될 수도 있다. 앞으로 지역적 범위를 넘어 노동 수급의 미스매치를 제도적으로 지원하는 제도로써 이러한 정책 경험은 아주 귀한 사례가 될 것으로 생각된다.

마지막으로, 활동적인 시니어(Active Senior)가 활약하는 「히로사키 이모작 인생 프로젝트(Hirosaki Second Life Project)」를 소개하고자 한다. 이 사업은 히로사키의 매력을 공감하고 지역이 안고 있는 과제 해결에 공헌하고자 하는 의욕을 가진 활동적인 노년층의 이주를 받아들이는 정책이다. 이들은 지역주민을 비롯한 다양한 주체들과 교류·협동을 통하여 취업, 자원봉사 등에 종사하며 지역과제의 해결에 기여하는 일에 동참시키고자 하는 사업이다.

이 사업의 특징은 사업의 대상으로 이 지역 출신의 U·J턴자를 타겟으로 삼고 있다는 점이다. 또 하나의 특징은 「다세대 교류형」, 「관광지 인접형」 등의 주택환경 정비사업에 중점을 두고 있다는 점이다. 특히 이 지역 내 빈집을 활용하여 새로운 주택으로 제공하고자 하는 프로그램이 포함되어 있는데, 이것은 빈집 문제와 이주촉진을 동시에 해결할 수 있을 것으로 기대되고 있다.

이상의 정책들은 정책대상을 명확히 해 보다 효율적인 정책성과를 기대하는 사업들이다. 그리고 지역 내의 정주를 위한 시책도 동시에 실시하고 있다. 그러나 이 정책들은 생활 그 자체를 받쳐주는 일자리에 대한 지원을 충분히 하고 있다고 말하기는 어려울 것이다. 본가의 존재를 이유로 귀환하는 사람의 소득은 대체로 낮고, 경우에 따라서는 부모에게 생활을 의지하는 청년들도 포함되어 있을 수 있다. 그러한 청년들은 다시 이 지역을 떠날 가능성이 높다. 그러한 유출을 막기 위해서는 적절한 일자리 지원이 불가피하다. 그 지원책의 하나로 이주 전에 일자리를 알선하는 취업상담체제를 정비하는 것이 있다. 다른 지역으로 진학한 청년들을 대상으로 하는 고향 취업 알선이나 이주 희망자를 대상으로 하는 취업 지원이 그러한 지원책이 된다.

또한 이상의 정책 대부분은 이 지역으로의 이주에 관심이 있는,

아니면 도시에서의 생활에 어떠한 문제를 가지고 있는 사람을 대상으로 한 것이다. 보다 많은 이주자를 확보하기 위해서는 실제로 이 지역에서 타 도시로 이동하여 생활하고 있는 사람들의 실상을 파악하는 것과 이 지역에 유입하여 온 타지역 출신자들의 삶의 실태를 조사하는 일이 우선되어야 할 것이다. 그런 연후에 이들의 삶의 실태에 기반을 둔 이주자 정착 지원책이 필요하다.

그리고 이 장에서 밝힌 본가의 존재, 구체적인 조건으로서는 「주택」이 지방으로 귀환하는 풀 요인이 되었다는 점을 주목할 필요가 있을 것이다. 다만 주택 문제가 풀 요인이 안 되는 고소득층의 사람에 있어서 무엇이 풀 요인이 되고, 귀환의 장해 요인이 되는지에 대해서는 상세한 분석을 필요로 한다. 나아가 이주를 희망하면서도 실현하지 못한 사람(풀 요인), 그리고 정착에 성공하지 못하고 재유출된 이주자(푸쉬 요인)에 관한 분석도 중요하다.

제Ⅲ부

경험의 공유와
청년귀환 정책

제 7 장

•

한국과 일본 청년의 지역귀환 행동의 결정요인 비교

제1절 인구흐름 전환의 필요성

인구감소 문제는 한국과 일본 양국에 있어서 지방의 존속을 위협하는 사회문제로 되고 있다. 일본의 아베정권은 인구감소, 저출산 문제를 국가의 토대를 뿌리부터 흔드는 '조용한 사건'으로 규정하고, 인구감소 대책에 나라의 전력을 다하는 태도를 분명히 하고 있다. 한국 역시 인구감소와 저출산이 한국사회에 미칠 전반적 충격을 염려하고 있다. 학령인구의 감소로 인한 초·중·고등학교뿐만 아니라 대학의 대대적인 구조조정이 진행되고 있으며, 인구감소로 인한 지방의 소멸, 수도권과 지방 간의 불균형발전을 극복하기 위한 다양한 처방전이 나오고 있다.

[그림 7-1]은 유엔의 『세계인구전망 2017』(World Population Prospects 2017)의 자료를 사용해서 한·일 양국의 1950년부터 2050년까지 100년간의 인구동향을 나타낸 것이다. 일본의 인구는 1950년 8,280만 명에서 안정적으로 증가해왔지만 1980년경부터는 인구성장률이 서서히 낮아졌다. 인구는 2009년의 1억 2857만 명에서 정점을 쳤고, 그 이후는 계속해서 감소하고 있다. 한국도 마찬가지로 1950년 1,921만 명에서

[그림 7-1] 한국과 일본의 인구 추이

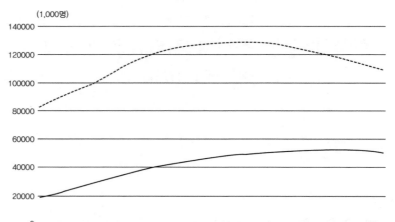

(1,000명)

----- 일본 ——— 한국

자료: 유엔, 『World Population Prospects 2017』

2005년까지 안정적으로 성장해왔다. 인구의 피크는 일본보다 35년 늦은 2035년의 5,282만 명으로 예상되고 있다.[1] 유엔의 장기추이 측면에서 보면 한국의 인구감소 문제는 일본과 비교하면 아직은 시간적 여유가 남아 있는 것으로 보인다.

[그림 7-2]는 [그림 7-1]과 같은 자료를 사용하여 5년간의 인구성장률을 나타낸 것이다. 일본에서는 제1차 베이비 붐 세대가 포함된 1950년부터 1955년까지의 인구성장률이 가장 높은 1.45%이었고, 다음으로 높은 것은 제2차 베이비 붐 세대가 포함되어 있는 1970년부터 1975년간의 1.37%이다. 그 이후는 인구성장률이 계속 감소해서 2010~2015년에는 마이너스 성장으로 변하고 있다.

---

1) 한국의 통계청(국가통계포털 KOSIS)에 따르면 한국의 인구감소는 2032년(총인구 52,956,398명)부터 감소하는 것으로 추정되고 있다. 유엔의 추계와 조금 차이를 보인 것은 통계적 방법에서 온 것이다.

[그림 7-2] 한국 일본의 5년간 인구성장률 추이

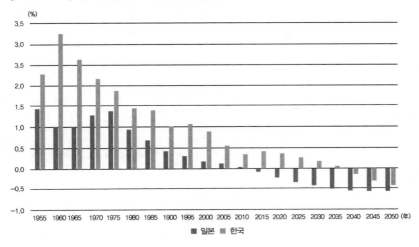

자료: 유엔, 『World Population Prospects 2017』

한편, 한국에서는 한국전쟁 후의 베이비 붐 세대가 나타난 1955년부터 1960년까지 인구성장률이 크게 상승하여 3.26%였다. 그 이후부터 1990년대까지 경향적으로 계속 감소하였지만 1990~1995년, 2010~2015년에는 약간 증가하는 시기도 있었다.

그런데 [그림 7-3]의 합계출산율(한 명의 여성이 평생 동안 출산하는 평균적인 아이 수)의 수치를 보면 한국의 인구동향도 위기적 상황에 있다는 것을 잘 알 수 있다. 장기시계열로 보아도 일본의 합계출산율은 1970년에 2.1이었지만, 1999년에 1.30으로까지 떨어졌다. 당분간 그 경향이 계속되고 있지만 2008년에는 1.40으로 회복하고 2015년에는 1.50으로까지 회복하고 있다.

그러나 한국의 합계출산율은 1970년 4.50이었던 것이 1984년에는 1.70으로까지 급감하였다. 그 배경에는 국가에 의한 출산억제정책이 있었다. 1953년의 한국전쟁 휴전과 동시에 북한으로부터의 피난민과

[그림 7 - 3] 한일 양국의 합계출산율의 추이

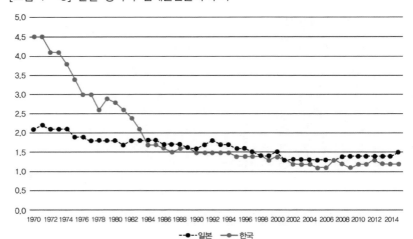

자료: OECD

전후 베이비 붐에 의해 합계출산율이 6.0을 상회하여 인구는 폭발적
으로 증가하였다. 당시의 한국정부는 급격한 인구증가와 높은 출생률
이 발전에 걸림이 되고 빈곤을 영속화시켜, 경제사회발전의 저해요인
이 된다고 인식했다. 그래서 자녀의 수를 줄이는 정책을 취하였다. 한
국정부는 자녀 한 명 당 더 많은 교육비를 투입함으로써 노동의 질과
생산효율을 높여 경제성장으로 연결하려는 목적에서 인구증가억제정
책을 도입하였다. 불임·피임수술 조건부로 임신중절을 합법화하는
내용의 「모자보건법」(1986년)이나 "딸 아들 구별 말고 둘만 낳아 잘
기르자"라는 슬로건을 내걸고 출산억제 캠페인을 전개하였다. 거듭되
는 출산억제정책에 의해 합계출산율은 단숨에 감소해서 1987년에는
1.50에 이르렀다. 그러나 2000년대에 들어와서는 국가에 의한 명시적
인 인구억제정책을 극복하기 위해 인구증가억제 정책에서 인구유지
정책으로의 정책전환이 일어났다. 그럼에도 불구하고 인구감소경향은

[그림 7 - 4] 1970년대와 1980년대의 대한가족계획협회 산아제한 포스터

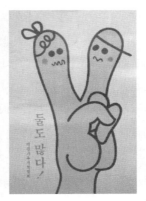

거치지 않았고 합계출산율은 인구유지수준인 2.1을 훨씬 밑돌아서 2017년에는 1.05명으로까지 떨어져 초저출산 사회가 되고 있다.

　　이러한 한국과 일본의 저출산 경향에 박차를 가한 것이 수도권 일극집중 경향이다. 한일 양국의 지방에서 수도권으로의 인구이동은 주로 청년층의 이동에 의해 일어났다. 인구의 재생산력은 한 여성이 평생 동안 출산하는 여자 아이의 수(합계출산율)를 의미하는데, 청년 여성의 유출로 인하여 지방에서는 '인구 재생산력' 그 자체가 소멸되고 인구감소가 가속적으로 진행되었다. 한편 수도권에서는 청년층의 유입으로 인해 일시적으로는 인구가 증가되었지만, 유입된 청년층이 수도권에서 결혼하고 자녀를 낳아 기를 경우, 육아를 포함한 생활 환경 측면에서 수도권이 반드시 바람직한 것은 아닐 것이다. 인구집중으로 인해 수도권에서는 주택 등의 생활 인프라 가격이 매년 치솟고 있기 때문이다. 또한 어린이집 대기 아동 문제 등으로 표현되는 유아 인구과밀은 육아세대의 생활을 어렵게 하고 있다. 그런 영향으로 청년층에서는 만혼화·미혼화 청년층 그리고 결혼을 했다고 해도 자녀 출산을 거부하는 청년층이 증가하고 있다.

이러한 지방에서 도시로의 청년층 인구이동은 지방과 도시 양 지역 모두에 인구과소와 과밀에 의한 지역의 인구재생능력을 저하시키고, 두 나라 공히 인구감소문제의 늪에 빠져들고 있다.

그래서 수도권과 지방의 인구문제를 동시에 해결하고 인구증가 국면으로 이끌기 위해서는 청년 이동 방향의 전환이 불가결하다. 결국 도시에서 지방으로의 새로운 인구흐름을 만듦으로써 도시에서는 인구과밀에 의한 폐해를 해소하고 지방에서는 인구과소에 의해 야기되는 문제를 새로운 인구유입에 의해 해결하는 것이 가능할 것이다. 따라서 본 장에서는 한일 양국 간의 지방-도시 비교분석을 통해서 도시에서 지방으로의 인구흐름을 전환하기 위한 결정요인이 무엇인가를 밝히고자 한다.

제 2 절 청년 이주자의 특성

■ 분석대상 지역

여기에서 다루고 있는 한일 양국의 분석대상 지역은 한국의 대구광역시와 일본의 히로사키시(弘前市)이다. 한국의 대구광역시는 인구가 약 250만 명의 대도시이고 인구 규모로는 한국에서 4번째 중핵도시이다. 또한 경상북도를 포함해서 지역의 산업과 경제 그리고 행정의 중심도시이다. 한편 히로사키시는 인구가 17만 명인 소규모 도시이고 아오모리현(靑森縣)의 3번째 도시이다. 일본 전국에서는 260개 중규모 도시 중의 하나이다. 우선 도시의 규모라든가 기능면에서 다른 대구광역시와 히로사키시를 왜 비교하는가를 설명할 필요가 있을 것이다.[2] 첫째 이유는 두 지역은 수도권에 노동력을 공급해 온 노동

---

2) 이 두 도시를 대상으로 한국의 연구재단(NRF)과 일본의 문부성(JSPS)의 지

력 공급기지라는 점에서 동일하다. 둘째 이유는 수도권과의 경제적 격차이다. 한국의 고용노동부 2017년 상반기 「상용고용자 임금보고서」에 의하면 서울의 평균월급은 344.6만 원인 데 비해 대구는 263.4만 원이다. 서울의 평균월급을 100으로 하면 대구는 76.4로 지역 간의 큰 임금격차가 있음을 알 수 있다. 마찬가지로 히로사키시를 포함한 아오모리현의 임금수준은 동경을 100으로 하면 79.4이다. 한국이 일본보다 약간 그 격차가 크지만 양 지역 모두 수도권과의 상당한 임금격차가 있다는 점에서 동일하다. 한편 고용기회를 나타내는 유효구인배율(有效求人倍率＝구인자 수/구직자 수)도 도쿄권이 3.24배인 것에 비해 아오모리현에서는 1.57배로 약 2배의 차이가 있다. 그러나 한국의 경우는 상황이 많이 다르다. 2016년 서울의 유효구인배율은 0.39배인 것에 비해 대구의 그것은 0.53배이다. 우선 일본은 구인이 구직을 초과한 상태이지만, 한국은 구인이 구직의 절반에도 미치지 못하고 있는 상황이다. 그리고 대구에 비해 서울의 상황이 더 나쁜 것으로 조사되고 있다.[3] 다만 유효구인배율만 제외하면, 양 지역 공히 수도권과 비교해서 고용환경이 열악하다는 점에서 공통적이다. 셋째 이유는 대구광역시와 히로사키시 모두 학원도시라는 점이다. 히로사키시는 인구 17만 명의 소규모 도시임에도 불구하고 현내 유일의 국립대학인 히로사키대학이 위치하고 있을 뿐만 아니라 시내에는 6개 대학의 고등교육기관이 설립되어 있고, 총 학생수는 약 10,000명을 상회한다. 대구광역시 역시 지역거점 국립대학인 경북대학교를 위시하여 대구 인근의 대학을 포함하면 24개의 대학(4년제 11개, 전문대 13개)에 약 22만 명의

원에 의해 양국 간 교류세미나를 3차례 진행한 바 있다.
3) 유효구인배율은 1보다 작으면 구인보다 구직이 많아 실업상태를 보여주는 지표이다. 한국의 유효구인배율은 한국고용정보원의 '워크넷 구인 구직 및 취업동향'에서 발표되고 있어 한국 전체의 구인/구직비율이라고는 할 수 없다.

대학생이 있는 '학원도시'이다. 전인구에서 차지하는 학생비율로 보면 대구시(경산시와 영천시를 포함)가 7.6% 정도라면 히로사키시는 5.9% 정도로 높은 비중을 차지하고 있다는 점이다.

넷째 이유는 주변지역이 농업을 중심으로 하는 농촌지역이라는 점이다. 그래서 많은 청년이 주변지역에서 유입되고 있는 지역이라는 점에서도 공통적이다. 대구경북지역 농촌부의 젊은층 인구가 대구지역으로 유입되고, 이 청년층이 다시 서울권으로 유출되는 것과 마찬가지로 아오모리현의 농촌부 젊은층도 히로사키지역로 유입되었다가 학업을 마친 후 도쿄권으로 유출되는 이중구조라는 점에서 유사하다.

이상과 같이 사회경제적 환경의 상이점과 공통점을 갖고 있는 양 지역을 비교분석함으로써 청년층의 지방귀환을 촉진하는 요인과 방해하는 요인을 보다 명확히 하는 데 큰 시사점을 확인할 수 있을 것으로 생각된다.

■ 사용된 자료

여기에서 사용하고 있는 한국의 자료는 대구광역시와 「대구경북연구원」이 2016년 5월에 대구시에 거주하는 19~39세의 시민을 대상으로 한 「2016년 대구시 청년실태조사」의 결과를 사용하였다. 일본의 자료는 히로사키대학의 「지역미래창생센터(地域未來創生센터)」가 히로사키시의 수탁을 받아 2015년 2월에 히로사키시와 주변 6개 시정촌(市町村)의 20~70세 남녀 1,880명을 대상으로 행한 「중남 츠가루(中南津輕)지역주민의 일과 생활에 관한 조사」의 결과를 사용하였다. 자료를 분석하는 데 있어서 한국과 일본의 자료분석을 동일한 조건에서 수행하기 위해 앞에서 설명한 자료에서 다음과 같은 조건에 합당한 것을 추출해서 분석에 사용하기로 했다. 우선 주소에 대해서는 조사시점에서 대구광역시와 히로사키시에 주거하고 있는 자에 한한다. 또한 이동자의 생활상황을 비교하기 위해 현재 재학 중의 사람을 제외했다. 그리고 이동의 의사 선택의 차이를 비교하기 위해 수동적으로 이동할 가능성이 높은 배우자가 있는 여성도 제외했다. 그 결과 대구시는 544명, 히로사키시는 377명을 분석대상으로 선정하여 분석하였다.

다음으로 본 장에서 사용된 '이주'를 정의하고자 한다. 본 분석에서는 이동의 패턴에 따라 다음과 같이 5가지 유형으로 분류하였다. ① 출신지역 밖에서 생활한 경험을 갖고 있지 않은 '정주자', ② 출신지역 밖에서 생활한 경험을 갖고 있고 현재 출신지역에서 생활하고 있는 'U턴자', ③ 출신지역 밖에서 생활한 경험을 갖고 있고 현재 출신지역 밖에서 생활하고 있는 'J턴자', ④ 조사대상 지역 밖에서 조사대상 지역으로 이주(유입)해서 생활하고 있는 'I턴자', ⑤ 조사대상 지역 외부(경상북도 혹은 아오모리현)에서 이주해 온 '역내 유입자'등 5개 유형이다.

다만 한국의 조사에서는 주변도시에 대한 조사가 없었기 때문에 J턴자와 U턴자를 합하여 편의상 U·J턴자로 정의한다. 그래서 여기에서는 '정주자', 'U·J턴자', 'I턴자', '역내 유입자'의 4가지 구분하여 분석하고자 한다. 또 한 가지 주의해야 할 점은 '출신지'의 정의이다. 한국의 조사에서는 태어난 지역을 '출신지'로 정의한다. 그러나 일본의 조사에서는 '출신지'를 졸업한 중학교 소재지로 정의하고 있다. 한국과 일본의 양국에서는 의무교육이 6·3제로 되어 있다는 점에서 공통적이다. 또한 중학교까지는 거주지 학군의 학교에서 다니는 것이 일반적이므로 앞에서 말한 출신지 정의가 거의 일치한다고 판단하여 따로 구분하지 않기로 하였다.

■ 청년 이주자의 특징

우선적으로 기술적 통계를 통해서 어떤 개인적 특성을 갖고 있는 사람이 이주하고 있는가를 개관하고자 한다. <표 7-1>은 한·일 간의 성별의 차이를 나타내고 있다. 우선 한국에서는 성별 차이에 관해 통계적으로 유의미하지 않으나 일본에서는 유의미하다는 차이를 보이고 있다. 특히 일본의 경우 남성에서는 정주자의 비율이 낮고 이주자의 비율이 높고, 이주자 중에서도 U·J턴자가 많다. 반면 일본의 여성은 정주자 비율이 높고 이주자 비율이 낮다. 그러나 한국에서는 남녀 간의 유의미한 차이는 없지만 남녀 동일하게 정주자와 이주자가 각각 반반씩을 차지하고 있다. 이주자 중에서는 U·J턴자와 역내 유입자가 거의 같고, I턴자가 다음 순으로 작다. 일본에 비해 대구의 역내 유입자가 많은 것은 대구·경북이 역사적으로 동일지역이면서 경제적으로 통합되어 있다는 구조적 특성을 반영하고 있다. 그리고 I턴자의 경우 한국에서는 10.0% 넘는 데 비해 일본에서는 남성이 8.7%, 여성이 3.2.%로 약간 적다. 이는 대구시와 히로사키시의 도시 규모와 도시의 중핵성을 반영한 것이라고 생각된다.

〈표 7-1〉 성별 유형별 구성비

(단위: %)

유 형	한 국		일 본	
	남 성	여 성	남 성	여 성
정주자	51.2	51.0	38.3	51.6
U·J턴자	18.2	18.8	40.3	34.7
I턴자	10.7	13.0	8.7	3.2
역내유입자	19.9	17.3	12.7	10.5

주: 한국의 경우는 카이자승 검정이 유의하지 않은 데 반해 일본의 경우는 5% 수준에서 유의하다(p < 0.045).

다음으로 매우 흥미로운 점은 교육정도에 관한 차이이다. 우선 한·일 간의 공통점으로는 저학력자일수록 정주자의 비율이 높고, 고학력자일수록 이주자의 비율이 높다는 점이다. 경제학의 인적자본 이론이 설명하는 바와 같이 양국가 공통적으로 학력이 높을수록 임금수준이 높다. 임금의 절대적 수준이 높아지면 높아질수록 지역 간의 격차는 커지게 되고, 그런 이유로 지역 간 이동에 수반되는 금전적 편익이 커지게 될 것이다. 따라서 이론적으로는 고학력자일수록 이동이 많아지는 경향이 있다. <표 7-2>는 이러한 이론과 양국 자료가 일치하고 있음을 보여주고 있다. 특히 대구와 히로사키지역에서 공통적으로 주변 농촌지역으로부터 인구를 빨아들이는 구심력이 존재하며 고학력자를 끌어들이는 구심력은 대구시보다 히로사키시가 더 강해 보인다. 아오모리현 농촌지역의 고학력자가 도쿄권으로 끌려가는 힘보다 경상북도 농촌지역의 고학력자가 서울권으로 끌려가는 힘이 더 크기 때문일 것이다.

다만 대구지역에서는 대학·대학원졸에 있어서도 50.4%의 정주자가 있는 데 반해 히로사키지역에서는 정주자가 31.3%여서 한국보다 19.1%포인트나 낮다. 이 점은 대구시와 히로사키시의 대학 노동력의

〈표 7-2〉 학력별 유형별 구성비

(단위: %)

구 분		정주자	U·J턴자	I턴자	역내유입자
한 국	고졸	53.3	13.3	18.3	15.0
	전문대졸	51.8	11.7	13.9	22.6
	대학·대학원졸	50.4	21.9	9.5	18.2
일 본	고졸	48.2	37.5	5.1	9.3
	전문대졸	42.7	39.7	1.5	16.2
	대학·대학원졸	31.2	39.8	14.0	15.1

주: 카이자승검정에서 한국은 10% 수준, 일본은 1% 수준에서 통계적으로 유의함

차가 반영된 것이라고 할 수 있다.

다음으로 흥미로운 것은 I턴 자의 비율이다. 대구지역에서는 I턴 자가 저학력자에 많은 것에 반해 히로사키지역에서는 고학력자에 많았다. 대구지역의 경우는 지역의 중소기업을 중심으로 하는 산업구조의 특성에서 비롯된 것으로 보이는데, 히로사키에 관한 해석은 좀 다르다. 일본학자들은 지역만들기의 중심인물(key person)로서 청년, 열성활동가로 타 지역 고학력자가 유입되었기 때문이라고 말하는 전문가들이 많이 있다. 일본에서는 고학력자의 외지사람이 지역 재생사업의 핵심인물로 들어와서 활동하는 사례가 많기 때문인 것으로 해석하고 있다.

제3절 이주 결정요인의 비교

■ 청년 이주의 이유

지역 간 노동자의 이동은 노동시장의 지역 간 임금격차에서 일어난다고 보는 것이 경제학의 주류이다. 그 대표적인 이론이 해리스와 토다로(1970)의 '보상임금가설'(compensated wage hypothesis)이다. 그들은 저임금지역의 노동자는 보다 높은 임금을 얻기 위해서 고임금지역으로 이동한다고 주장한다. 그 결과 고임금지역에서는 노동공급이 증가함으로써 시간이 지남에 따라 노동의 한계생산성이 낮아져서 임금이 낮아지고 결국 실업률이 증가한다. 반면 노동력이 유출된 저임금지역에서는 노동력 공급이 희소해짐에 따라 노동의 한계생산성이 상승하게 되고, 그로 인해 임금이 상승하고 실업률이 낮아지게 된다. 장기적으로 보면 이러한 지역 간의 이동에 의해 양 지역의 임금과 실업률은 균등화되고, 결국 지역 간의 노동 이동이 소멸한다고 생각하고 있다. 그들이 말하는 지역 간 이동은 지방에서 도시로의 일

방향 이동을 상정한 것이기 때문에 도시에서 지방으로의 지방회귀와 같은 현상은 포함되어 있지 않다.[4]

그런데 여기에서는 한국과 일본의 지방도시 실태조사의 결과를 이용해서 수도권에서 지방도시로의 귀환요인에 대해 두 국가 간의 유사점과 차이점을 주목해서 분석하고자 한다. 한국과 일본의 실태조사에서 이동(이사)한 이유를 묻는 질문 항목이 서로 다르기 때문에 비교분석을 위해서 이동(이사) 이유를 3가지 그룹으로 나누어 정리하였다. 첫째는 이동이유가 '가족'인 경우이다. 말하자면 부모(배우자의 부모를 포함)와의 동거나 가까이에서 생활하기 위해서, 혹은 가족과 함께 생활하기 위해서라고 응답한 자를 이 그룹으로 분류하였다. 둘째는 '일'이다. 직장이 가까워서, 혹은 통근하기 위해서, 새로운 일을 찾아서 등의 응답으로 이동한 경우가 여기에 해당한다. 셋째는 '생활'이다. 질문지의 내용으로 보면 '오래 살아 정이 들었기 때문에', '타 지역에서의 생활이 힘들어서'와 같은 응답이다. 주거환경이나 친구 등의 이유로 이동한 경우도 이 그룹으로 분류하였다.

<표 7 – 3>은 이주(이동, 이사)의 이유를 정리한 것이다. 이 표는 한국과 일본에 있어서 이주 이유에 큰 차이가 있다는 점에서 흥미롭다. U턴자를 중심으로 본다면, 한국에서는 전반적으로 이주 유형에 따라 통계적으로 유의미한 차이가 없지만 가장 많은 이유는 '생활'('오래 살아 정이 들어서', '타 지역에서의 생활이 힘들어서')이고, 다음으로는

---

4) 또 한국과 일본의 지역 간 이동에 관한 연구에는 엄창옥·박우식(2011), 김준영(2016), 최석현(2016) 연구와 겐다·오오이·시노자키(玄田, 大井, 篠崎 2005), 오오야·이가와(大谷, 井川 2011)연구 등이 있다. 이들 연구는 지역 간의 경제격차에 의한 지역간 이동에 초첨을 맞추고 있으므로 유효구인배율이나 평균임금 등의 거시적 데이터를 사용하여 분석하고 있다. 또 그런 이동에서는 해리스·토다로와 같이 지방에서 도시부로의 이동을 전제하고 있는 연구가 대부분이다.

<표 7-3> 유형별 이주 이유

(단위: %)

구 분	한 국			일 본		
	가 족	일	생 활	가 족	일	생 활
U·J턴자	23.7	34.4	41.9	68.1	17.0	14.9
I턴자	33.3	33.3	33.3	32.0	52.0	16.0
역내유입자	27.3	36.4	36.4	22.2	44.4	33.3

'일', 가장 적은 이유가 '가족'이다. 반대로 일본에서는 제1 이유가 '가족', 제2 이유가 '일', 제3 이유가 '생활'로 나타났다. 전반적으로 한국과 일본의 이주 이유가 다르다는 것을 알 수 있다. 일반적으로 한국은 유교의 가르침을 중시하고 있어 부모에 대한 마음이 강하다고 생각되지만 금번의 조사 결과에서는 완전히 반대 경향이 나타나고 있다.

그 이유에 대해서는 여러 가지를 생각할 수 있지만 여기서는 필자들이 생각한 주관적인 해석을 붙이자면 첫째는 심리적인 거리감이다. 대구의 경우, 만약에 본인이 서울에 살고 있어도 부모가 시급한 일이 생겼거나 위독할 경우에는 당일 안으로 급히 달려오는 것이 물리적으로 가능하다고 다수의 청년이 생각하고 있다는 점이다. 그러나 히로사키의 경우에는 물리적으로도 심리적으로도 어렵다고 생각하는 것이 일반적일 것이다. 그러한 심리적 거리감의 차이가 반영된 것이라고 생각된다.

또 하나의 가능성은 부모나 가족의 의미에 있다. 이영준·스기우라(李永俊·杉浦 2017)에 의하면 일본의 조사결과에서는 부모라든가 가족만이 아니라 삶의 터전으로서의 집의 존재가 중요하다. 결국 '사는 장소'로서의 집이 중요한 요인이 된다는 것이다. 한국에서는 삶의 장소로서의 집을 생각하는 청년은 적다. 한국의 청년은 집을 자산의

한 형태로 생각하고 있다. 이들에게는 급등하는 주택(아파트) 가격으로 인해 거주공간의 확보가 매우 중요한 요소로 작용하지만, 그리고 하나 혹은 둘의 자녀에게 집을 유산으로 물려주는 경향이 강하지만, '사는 장소'로서의 중요성은 그리 크지 않다. 그것에는 주택의 형태라든가 주택시장의 유동성이 크게 관련되어 있다.

한국의 경우에는 아파트, 맨션 등의 공동주택이 일반적이다. 반대로 일본의 경우, 특히 지방에서는 토지가 붙어 있는 단독주택이 일반적이다. 그래서 일본의 지방에서는 개인주택을 매매하는 일은 그다지 많지 않다. 개인주택은 자식이 물려받아 수리해서 부모와 함께 거주하는 경우가 많다. 그러나 한국에서는 아파트나 맨션은 쉽게 매매되고 현금화될 수 있기 때문에 주택의 유동성이 상대적으로 높다. 그러한 경향이 이러한 결과로 나타났다고 생각된다. 이처럼 주택을 둘러싼 제도 등을 포함한 문화의 차이가 청년의 지방 귀환에서 서로 다른 이유로 나타나고 있다고 말할 수 있을 것이다.

또 한 가지 더 지적해 둘 것은 한국에서는 '오래 살아 정이 들어서', '타 지역에서의 생활이 힘들어서'의 이유를 든 청년 대부분에게 '고향에 대한 정' 때문인가 아니면 '타 지역이 힘들어서'인가, 둘 중 어느 쪽인가 묻는다면 그 대답은 '타 지역에서의 생활이 힘들어서' 때문이라고 대답하고 있다. 결국 대구가 끌어당겨서(구심력)가 아니라 서울에서 밀어냈다(원심력)고 하는 점이 가장 큰 이유라는 것이다. 결국 청년의 지방귀환이 지방 주도의 것이 아니라 서울의 환경변화에 의존하고 있다는 점이다. 일본에서도 동경의 노동시장 환경에 의해 이동자의 동향이 크게 결정된다는 것을 분명히 하고 있다. 이 점은 한국과 일본의 공통점이고, 지방귀환정책을 지방 주도로 하는 것이 얼마나 어려운 일인가를 보여주고 있다고 말할 수 있다.

■ 이동으로 인한 소득의 변화

여기에서는 이동이 임금에 어떤 영향을 주는가를 살펴보고자 한다. 지역 간 이동에는 일차적으로 교통비나 이사 등에 수반되는 금전적 비용이 발생한다. 그뿐만 아니라 가족이나 친한 친구와 이별하게 되는 점이나 새로운 마을에 적응해야 하는 심리적 비용 등도 수반된다. 이런 이유로 이동은 우리들의 생활에서 매우 힘든 선택행동이다. 이동에 의한 경제적 편익이 충분하지 않으면 이동에 의한 비용을 보상받을 수 없을 것이다. 그래서 이동에 대한 임금의 보상이 충분한가 그렇지 않은가는 중요한 논점이다.

여기에서는 임금함수를 추계함으로써 이동이 임금에 미치는 영향을 밝혀보고자 한다. <표 7-4>는 추정결과를 보여주고 있다.

추정결과로부터 한·일 양국은 남성 더미가 양(+)의 값을 갖고 유의미한 변수로 되었다. 여성에 비해 남성의 임금이 더 높게 나타난다는 것을 의미한다. 동시에 남녀 간의 임금격차가 한국뿐만 아니라 일본에서도 공통으로 존재한다는 것을 의미한다. 다음으로 연령과 근속연수에 대해서 보면 한국에서는 연령은 통계적으로 유의미하지 않다. 그러나 근속연수는 양(+)에서 유의미하다. 근속연수가 길수록 임금이 높다는 것을 의미하기 때문에 한국은 근속연수를 중시하는 연공형 임금체계임을 알 수 있다. 그러나 일본의 연령과 연령의 제곱항(근속연수)의 계수를 보면 연령이 양(+)이고 연령의 제곱이 음(-)으로 나타나고 있어, 연령이 높아질수록 임금이 올라가지만 그 상승 폭이 연령이 높아질수록 적어지는 전형적인 연령에 대한 연공적인 임금임을 나타내고 있다. 그리고 한국의 경우 전문대학 졸업 더미, 대학·대학원 졸업 더미가 양(+)에서 유의미한 것으로 되어 있는데, 이것은 고졸 근로자에 비해 학력이 높을수록 임금이 증가한다는 것을 의미한다. 교육투자가 임금에 반영되고 있음을 알 수 있다. 그러나 일본의

<표 7-4> 연간 수입의 추정 결과[5]

변 수	한 국		일 본	
	계수	표준편자	계수	표준편자
남성 더미(ref.여성)	0.2313	0.04***	0.3379	0.09***
연령	0.0057	0.00	0.1151	0.02***
근속연수	0.1215	0.02***	−0.0012	0.00***
학력(ref.고졸이하)				
단기대학·전문대졸 더미	0.2515	0.06***	0.0983	0.10
대학(4년)·대학원졸 더미	0.3441	0.06***	0.0951	0.10
고용형태(ref.정규직)				
자영업 더미	−0.0102	0.06	0.0238	0.12
비정규고용 더미	−0.2018	0.05***	−0.8214	0.10***
기업규모(ref.종업원 29인 이하)				
30~99명 더미	0.0453	0.05	0.2045	0.12*
100~199명 더미	0.0720	0.05	0.1189	0.12
200명 이상 더미	0.2112	0.06***	0.4030	0.09***
가족 더미	−0.1091	0.09	−0.0094	0.16
일 더미	0.0244	0.08	0.2179	0.17
생활 더미	0.0779	0.09	0.1092	0.19
이주형태(ref.정주자)				
U·J턴자 더미	0.0794	0.08	−0.0308	0.17
I턴자 더미	0.1170	0.06**	0.0766	0.21
역내유입자 더미	−0.0635	0.05	−0.0508	0.15
상수항	6.9017	0.12***	2.7466	0.47***
표본 수		379		275
자유도 수정 결정계수		0.4107		0.4669

주: 근속연수에 대해서는 일본의 자료는 연령에 제곱을 사용하였음
   *: 유의수준 10% 수준, **: 유의수준 5% 수준, ***: 유의수준 1% 수준

5) 최소자승법에 의한 임금함수의 종속변수는 한·일 양국의 연간 소득을 로그
   값으로 전환해서 사용하였다. 설명변수 중에 개인의 속성변수로써는 성별
   (남성 더미), 연령, 근속연수, 학력 더미를 사용했고, 경제상황에 관한 변수
   로써는 고용상태 더미와 기업규모 더미를, 그리고 이동상태에 관한 변수로
   써는 이동이유 더미, 이동자 유형 더미를 각각 사용했다. 학력 더미는 고졸자
   를, 고용상태 더미는 정사원을, 기업규모 더미는 종업원 29명 이하의 기업을,
   이동이유 더미와 이동자 유형 더미는 정주자를 각각 기준으로 하였다.

경우는 학력 더미가 유의미하지 않은 것으로 분석되었다. 고졸자에 비해 학력이 높아져도 임금이 높아진다는 것이 통계적으로 증명되지 않는다는 것이다. 이것은 히로사키지역에서 교육에 대한 투자가 임금에 충분히 반영되지 않고 있다는 것이 의미한다. 다음으로 비정규직 고용 더미는 한국과 일본 양국에서 음(−) 관계로 유의미하다. 이것은 정규직에 비해 비정규직 청년의 임금이 낮다는 것을 의미하며, 한국과 일본 공통으로 정규직과 비정규직 간에는 큰 임금격차가 존재한다는 것을 알 수 있다. 또한 기업규모 더미도 양(+)의 관계에서 유의미하다. 기업규모가 임금격차를 가져온다는 것을 나타내는데, 29인 이하의 소규모 기업에 비해 200인 이상의 대규모 기업의 임금이 더 높다는 것을 의미한다. 재미있는 것은 한국과 일본 모두 영세기업과 비교할 때 30명~99명, 100명~199명의 중규모 기업과는 통계적으로 임금격차가 있다고 말할 수 없다는 점이다.

다음으로 이동에 영향을 미치는 변수를 보기로 하자. 일본의 경우는 모든 변수가 통계적으로 의미 없는 것으로 나타났고, 개인속성과 고용형태 그리고 기업규모 등을 통제하면 이동 유무에 의해 임금이 차이나지 않는다는 것을 알 수 있다. 구체적으로 말하자면 일본의 히로사키지역에서는 한 개인이 같은 기업에서, 같은 고용형태로 근무하게 되면 이동 유무에 관계없이 동일한 임금을 받는다는 것을 의미한다. 그러나 한국의 분석에서는 I턴자 더미가 양(+)의 관계를 보이고 있다. 이것은 타 지역에서 대구시로 이주해 온 사람이 대구 정주자와 비교하여 더 높은 임금을 얻고 있다는 것을 의미한다. 여기의 통계자료만으로는 그 배경을 구체적으로 설명할 수 없지만 이 분석에서 사용한 변수 이외의 변수, 예를 들면 동일한 학력이라고 해도 수도권의 대학을 졸업한 사람과 대구시 소재의 지방대학을 졸업한 사람 간에 임금의 차이가 있다거나 혹은 수도권에서 일정수준의 임금으로 직장생활을 하던 청년이 이동해서 대구로 들어올 때 수도권에서의 임금수준보다는 낮을지라도 대구지역 평균임금 수준보다는 높은 임금을 받기 때문에 이동했을 가능성도 있을 것이다.

■ 이동 이유별로 본 특징

여기에서는 '가족'을 이유로 이동한 사람과 '생활'을 이유로 이동한 사람의 특징을 개관해보고자 한다. 우선 <표 7-5>는 '가족'을 이동 이유로 한 경우를 1, 그 외의 경우를 0으로 하는 더미변수를 종속

<표 7-5> '가족'을 이유로 이주하는 청년의 특징(로지스틱 분석)

변 수	한 국		일 본	
	계수	표준편차	계수	표준편차
남성 더미(ref.여성)	-0.7996	0.66	0.1420	0.52
연령	0.0842	0.06	0.0093	0.02
기혼 더미(ref.미혼)	0.9697	0.73	-0.9774	0.51
학력(ref.고졸이하)				
단기대학·전문대졸 더미	0.5045	1.22	-0.4541	0.47
대학(4년)·대학원졸 더미	1.5141	1.10	-0.2112	0.45
고용형태(ref.정규직 고용)				
자영업 더미	-0.7519	0.76	-0.2759	0.51
비정규고용 더미	-1.6587	0.78**	-0.7733	0.52
연간 수입	-1.6513	0.61***	-0.2449	0.27
이주형태(ref.정주자)				
U·J턴자 더미	2.6866	0.56***	3.6569	0.44***
I턴자 더미	1.8389	0.71**	2.5226	0.67***
상수항	5.5939	4.61	-1.3313	1.67
표본 수		379		275
자유도 수정 결정계수		0.2405		0.3554

주: *: 유의수준 10% 수준, **: 유의수준 5% 수준, ***: 유의수준 1% 수준

변수로 한 로지스틱 분석 결과이다.

한국의 분석결과는 비정규직 고용의 더미변수 및 연간수입의 변수가 음(−)의 관계에서 통계적 의미를 가진다. '가족'을 이유로 이동한 사람은 비정규직에 비해 정규직 고용자의 비율이 높다는 것을 의미한다. 또 연간 수입의 계수가 음(−)인 것은 '가족'을 이유로 이동한 사람은 연간 수입이 낮다는 것을 알 수 있다. 그리고 이동 유형으로 보면, U·J턴자와 I턴자에게서 '가족'이 지방으로 귀환하는 큰 이유가 된다는 것을 알 수 있다. I턴자에서도 '가족'을 이유로 하고 있다는 점은 한국과 일본 양국의 공통된 이유로, 일정 수가 결혼을 이유로 지방으로 귀환하고 있다는 것을 알 수 있다. 또한 '가족'을 이유로 이동하는 데에는 가족과의 동거가 포함되어 있고 (부모님이 살고 계시는) 본가만이 아니라 본인의 배우자 및 자녀들과의 동거를 위해 이주하는 경우도 적지 않다.

〈표 7−6〉은 '생활'을 이유로 이주한 경우를 1, 그 외의 경우는 0으로 하는 더미변수를 종속변수로 한 로지스틱 분석의 결과이다. 한국과 일본의 공통적인 것은 U·J턴자 변수와 비정규직 고용 변수의 계수가 양(+)의 관계를 보이며 통계적으로 유의미하다는 것이다. 즉 한국과 일본의 U·J턴 청년은 수도권에서의 생활이 힘들어서 지방으로 이동한 자가 많고, 이동 후 고용형태가 불안정하게 되었다는 것을 알 수 있다.[6] U·J턴자가 출신지역에 정착하기 위해서는 지역에서 이동하려는 청년을 위해 고용안정을 위한 지원을 받는 것이 필요하다는 점을 지적할 수 있다. 추가적으로 언급할 것은, 비록 통계적으로 유의성이 없지만 '생활'을 이유로 이동한 대구지역 청년은 연령, 결혼, 학력과 음

---

6) 일본의 이영준·스기우라(2017) 연구결과를 보면 U·J턴자는 이동 전에 일을 결정하지 않고 이동하는 자가 많고 그 결과 고용형태가 불안정하고 수입도 낮은 경우가 많다는 것을 분석결과 알 수 있다.

<표 7-6> '생활'을 이유로 이주한 청년의 특징(로지스틱 분석)

변 수	한 국		일 본	
	계수	표준편자	계수	표준편자
남성 더미(ref.여성)	1.0364	0.59*	0.4346	0.76
연령	− 0.0016	0.53	0.0003	0.22
기혼 더미(ref.미혼)	− 0.7347	0.61	0.9444	0.72
학력(ref.고졸이하)				
단기대학·전문대졸 더미	− 0.3403	0.87	0.6935	0.58
대학(4년)·대학원졸 더미	− 0.2634	0.77	0.4689	0.59
고용형태(ref.정규직 고용)				
자영업 더미	0.6711	0.70	0.7814	0.61
비정규고용 더미	1.3496	0.55**	1.5007	0.69**
연간 수입	0.7731	0.74	0.0149	0.32
이주형태(ref.정주자)				
U·J턴자 더미	3.2828	0.56***	1.3520	0.51***
I턴자 더미	0.9902	0.78	0.6800	0.89
상수항	− 10.7276	5.62*	− 4.8636	2.20**
표본 수	379		274	
자유도 수정 결정계수	0.2922		0.1214	

주: *: 유의수준 10% 수준, **: 유의수준 5% 수준, ***: 유의수준 1% 수준

(−)의 관계를 가지지만, 일본의 청년은 양(+)의 관계를 가진다. 즉 일본과는 달리 연령이 높을수록, 결혼한 청년일수록, 학력이 높을수록 '생활'을 이유로 이주하지 않는다.

제4절 일의 만족도와 생활 만족도의 한일 비교

여기에서는 '일 만족도'와 종합적인 '생활 만족도'를 통해서 이주

자의 정주 가능성을 검토하고자 한다. 한국에서는 '현재의 일에 어느 정도 만족하는가?'라는 질문에 '대단히 만족한다'에 5점, '대단히 불만족한다'에 1점을 주는 방식으로 일의 만족도를 측정하였고, 마찬가지로 일본에서도 '현재의 일에 대해 종합적으로 만족하는가, 불만족하는가?'로 질문하고 '만족'을 5점, '불만족'을 1점으로 하는 5점 측도로 만족도를 측정하였다. <표 7-7>은 '일의 만족도'를 최소자승법으로 추정한 결과를 보여주고 있다.

<표 7-7>에서 알 수 있는 것은 한국과 일본에서는 공통으로 교육 정도가 높을수록 일의 만족도가 높아진다는 점이다. 동시에 통계적으로 유의미한 수준에서 연간 수입의 계수가 양(+)으로 추정되었다. 일의 만족도가 연간 수입과 양(+)의 상관관계를 가지고 있다는 것이다. 다음으로 주목되는 것은 '일'을 이유로 이주한 자의 일의 만족도가 한·일 공통으로 높다는 점이다. 그 외 다른 이유로 이주한 자의 일의 만족도는 통계적으로 유의한 차이가 보이지 않는다. 이 점은 일본의 추정결과와도 일치하고 있다. 이 분석결과로부터 알 수 있는 것은 지방에서 청년의 귀환을 성공적으로 달성하기 위해서는 이주할 곳에서 할 일을 이동 전에 결정한다는 점 혹은 일거리 탐색에 관한 세밀한 지원이 중요하다는 점이다.

다음으로는 '생활 만족도'에 대해 살펴보기로 하자. 생활 만족도는 한국에서는 '귀하는 현재 원하시는 삶을 살고 있습니까?'라는 질문에 매우 원하는 생활을 하고 있으면 10점, 원치 않는 삶을 살고 있으면 0점으로 자신의 점수를 표시하는 방식으로 측정하였고, 일본에서는 '행복도'로 측정하였다. 여기서 행복도란 '현재 당신은 어느 정도 행복하십니까? 매우 행복하면 10점, 매우 행복하지 않다면 0점으로 할 경우, 몇 점 정도 된다고 생각하십니까?'라고 하는 질문의 응답을 활용하여 측정하였다. <표 7-8>은 '생활 만족도'를 최소자승법으

<표 7-7> 일의 만족도 추정 결과

변 수	한 국		일 본	
	계수	표준편자	계수	표준편자
남성 더미(ref.여성)	0.2984	0.10	−0.2391	0.19
연령	0.0035	0.01	−0.0107	0.01
근속년수	−0.0631	0.04		
학력(ref.고졸이하)				
단기대학·전문대졸 더미	0.3068	0.14**	0.4033	0.19**
대학(4년)·대학원졸 더미	0.3071	0.13**	0.2937	0.19
고용형태(ref.정규직)				
자영업 더미	0.0864	0.14	0.2739	0.24
비정규고용 더미	−0.0619	0.11	0.2225	0.22
기업규모(ref.종업원 29인 이하)				
30~99명 더미	0.0046	0.12	−0.2673	0.24
100~199명 더미	−0.0981	0.12	−0.2003	0.25
200명 이상 더미	−0.0445	0.13	−0.0021	0.20
연간 수입	0.2985	0.12**	0.3658	0.12***
이주 이유(ref.정주자)				
가족 더미	0.0122	0.17	0.1422	0.17
일 더미	0.2565	0.12**	0.4492	0.23**
생활 더미	−0.0563	0.16	0.2210	0.26
상수항	0.7807	0.86	1.5873	0.70**
표본 수	379		266	
자유도 수정 결정계수	0.0397		0.0630	

주: *: 유의수준 10% 수준, **: 유의수준 5% 수준, ***: 유의수준 1% 수준

로 추정한 결과이다.

　일반적으로 한국과 일본 공통으로 여성에 대해 남성 이주자의 생활 만족도가 감소하고 있으며 연령이 증가할수록 이주자의 생활 만족도가 증가하고 있다. 한국에서는 정규직에 비해 자영업 혹은 비

제7장　한국과 일본 청년의 지역귀환 행동의 결정요인 비교 | **231** |

〈표 7-8〉 생활 만족도 추정 결과

(단위: %)

변 수	한 국		일 본	
	계수	표준편차	계수	표준편차
남성 더미(ref.여성)	-0.2332	0.13*	-0.2099	0.27
연령 더미	0.0680	0.01***	0.0074	0.01
학력(ref.고졸이하)				
단기대학·전문대졸 더미	0.0741	0.21	0.1086	0.31
대학(4년)·대학원졸 더미	-0.2785	0.19	0.5691	0.29**
고용형태(ref.정규직)				
자영업 더미	1.6266	0.22***	0.2029	0.37
비정규고용 더미	0.9062	0.18***	-0.4647	0.32
기업규모(ref.종업원 29인 이하)				
30~99명 더미	1.5579	0.19***	0.5595	0.39
100~199명 더미	1.3711	0.20***	0.2474	0.42
200명 이상 더미	1.5513	0.20***	0.3792	0.30
이주 이유(ref.정주자)				
가족 더미	-0.1668	0.32	0.0265	0.26
일 더미	0.5784	0.20***	1.0111	0.36***
생활 더미	-0.5874	0.19***	0.3756	0.43
상수항	-0.1202	0.38	5.5622	0.51***
표본 수	379		268	
자유도 수정 결정계수	0.3638		0.0269	

주: *: 유의수준 10% 수준, **: 유의수준 5% 수준, ***: 유의수준 1% 수준

정규직의 이주자가 생활 만족도가 더 높은 것으로 조사된 반면, 일
본에서는 통계적 유의성이 없게 나타났다. 또한 한국에서는 소기
업 직장인에 비해 기업규모가 큰 직장인일수록 이주에 의한 생활
만족도가 증가하는 것으로 나타났지만, 일본 역시 통계적 유의성
이 없다.

주목되는 것은 한국과 일본 양국 모두 '일'을 이유로 이주한 청년의 생활 만족도가 통계적으로 유의미한 수준에서 높다는 점이다. 이것은 이주 정책을 고려하는 데 중요한 의미를 갖는다. 또한 '가족'을 이유로 이주하는 경우에는(통계적 유의수준은 낮지만) 한국에서는 음(−)의 관계를 가지는 반면에 일본의 경우는 양(+)의 관계를 가진다. 대구 청년에게 있어서 '가족'을 이유로 이주한 경우 생활 만족도가 감소하는 반면, 일본의 청년은 증가한다는 것을 의미한다. 이주에 있어서 가족의 의미가 크게 다르다는 것을 알 수 있다. 이 결과로부터 유추할 수 있는 것은, 일본에서는 삶의 터전(부모와 동거하는 집)으로서의 가족 관련 대책이 이주정책에서 유효한 정책이 되지만 한국에서는 유효하지 않을 가능성이 있다는 것을 의미한다. 왜냐하면 한국의 청년은 부모와 같이 사는 것을 꺼려하며, 유동성이 높은 집으로부터 혜택을 받을 수 있기 때문일 것이다. 이것은 한·일 양국에서 이주 정책을 고려하는 데 큰 차이점이다.

한 가지 더 주목되는 점은 '생활' 더미의 계수가 한국에서는 통계적으로 유의미한 수준에서 음(−)의 관계를 가진다는 점이다. 앞에서 설명한 것처럼 수도권에서의 생활이 힘들어서 귀환했음에도 불구하고 충분한 생활 만족도를 얻지 못하고 있음을 알 수 있다. 수도권에서 어려움을 겪은 사람은 대구로 귀환해서도 마찬가지로 어렵게 된다는 것을 알 수 있다. 그러므로 청년층에 대한 생활 만족도 향상의 지원정책이 청년의 정주로 연결된다고 생각된다.

제5절 한일 간의 유사점과 차이점

본 장에서는 한국과 일본의 지방도시인 대구시와 히로사키시의 실태조사 결과를 이용해서 청년의 지방귀환을 결정하는 요인을 분석했다. 분석 결과 청년의 귀환 이유에는 한국과 일본 사이에 상당한 차이가 있다는 것을 알 수 있었다. 한국에서는 수도권에서의 밀어내는 요인(원심력)이 가장 큰 원인이 되는 것에 반해 일본에서는 지방에서의 본가의 존재가 끌어당기는 요인(구심력)이 되어 지방으로의 귀환을 유인하고 있다는 것을 알 수 있었다. 각각의 배후에는 유동성이 높은 주택시장이 존재한다든가 수도권에서의 엄혹한 생활환경 등이 영향을 미치고 있다고 생각된다. 또한 한국과 일본의 지방도시가 수도권의 경제적 동향에 의존하고 있다는 현상도 엿볼 수 있다.

이주자의 정주 가능성에 관한 분석에서는 한국과 일본 간의 공통점과 차이점을 발견할 수 있었다. 공통점이라고 하면 '일'을 이유로 이동하는 경우는 일의 만족도나 생활의 만족도 모두 높다고 하는 점이다. 양국 간의 차이점으로서는 '생활'을 이유로 이동하는 청년의 생활만족도가 한국에서는 정주자의 만족도에 비해 통계적으로 의미 있는 수준에서 낮다는 점에 비해 일본에서는 그 차이가 보이지 않는다는 점이다. 이상의 결과는 한·일 양국에서 유효한 이주촉진정책을 검토하는 데 중요한 실증자료가 될 것이다.

분석결과에 의하면 한국과 일본의 양국에서 이주자의 만족도를 높이고 정착으로 연결하기 위해서는 '일'을 중심으로 한 이주촉진정책을 검토하는 것이 중요하다고 말할 수 있다. 또 이때에는 보다 질 좋은 일을 창출하는 것이 중요하다. 특히 한국에서는 고학력자의 이주확률이 낮기 때문에 그들을 불러들일 수 있는 질 좋은 일터가 효과적이라고 생각한다. 일본에 있어서는 본가의 존재를 이유로 이동하는 청년이 압도적으로 많다는 것을 알 수 있었다. 그러나 그들의 일 만족도와 생활 만족도는 정주자와 비교해서 유의미한 차이가 보이지 않는다. 그래서 그들이 자기 출신지로 돌아왔다가 다시 유출되지 않

도록 하기 위해서는 일의 만족도와 생활 만족도를 높이는 지원정책
이 필요하다. 이영준·스기우라(2017)는 이주 전에 할 일을 선정하는
것이 중요하다는 점을 지적하고 있다.

제 8 장

•

지역청년의 정착과 귀환을 위한 정책방향

앞에서 살펴본 바와 같이 청년들이 지역을 떠나는 데에는 다양한 이유가 있다. 대체로 지역청년들의 유출과 정착을 결정하는 것은 도시의 '구심력 요인'과 '원심력 요인'으로 구분할 수 있다. 우선 구심력 요인은 청년들을 지역에 청착하게 하는 것으로 ① 취업의 용이함이나 생활비가 절약된다든가 하는 경제적 요인, ② 편안함과 애향심 그리고 문화의 친숙성 등 문화적 요인, ③ 부모와 친구 등 네트워크의 중요성을 의미하는 사회관계적 요인, ④ 정체성과 주민의식 그리고 자아실현과 같은 주체적 요인 등이다.

한편 청년들을 떠나가게 하는 원심력 요인으로 ① 낮은 취업가능성과 소득수준 그리고 직업안정성의 저하 등과 같은 경제적 요인, ② 교육·문화적 여건이나 사회분위기, 결혼·육아의 애로 등과 문화적 요인, ③ 부모 봉양, 형제관계의 부담, 친인척의 시선 등 사회관계적 요인, ④ 소속감의 부재 등 자아실현의 애로 등 주체적 요인이 주된 요인으로 지목된다.

청년들을 지역에 정착하게 하고, 지역을 떠난 청년들을 다시금 지역으로 귀환하게 하기 위해서는 구심력 요인을 최대화하는 한편 원심력 요인을 최소화하는 전략이 필요하다. 지금까지의 지역청년정책은 서울을 비롯한 수도권으로의 청년유출에 대한 대책으로 일자리 확보에 주력해왔다. 그러나 지역청년 정책을 단순히 일자리 확보에 국한시켜서는 현재의 지역청년문제를 해결할 수 없을 것이다. 근본적으로 청년들이 지역에서 자신들의 삶을 영위할 수 있는 토대를 마련해야 한다. 청년들이 지역으로 돌아오고 또한 안착하기 위해서는 청년들을 위한 주거, 복지, 청년들의 목소리에 귀기울이는 사회분위기 등보다 포괄적인 정책이 필요하다. 이러한 관점에서 본 장에서는 청년귀환정책으로 ① 지속가능한 청년의 삶 정책, ② 청년들의 삶을 지탱할 일자리 정책, ③ 안전하고 차별 없는 여성친화적 도시 정책, ④ 청년들의 활동보장과 목소리가 전달되는 정책 등 네 가지를 제안하고자 한다.

제1절 지속가능한 청년의 삶 정책

■ 도시권 관점에서 청년의 삶 보장

현대의 도시들은 위기에 처해 있다는 진단을 종종 받게 된다. 이러한 진단에 대한 처방은 인간적 도시 만들기이다. 한 도시에 살고 있는 주민들에게는 자신의 삶의 공간인 도시에 대해 도시권(City Right)이 있다는 것이다. 2016년 「해비타트(HABITAT)Ⅲ」에서는 새로운 도시의제로 '모두를 위한 도시권'과 '사회·경제·환경적 지속가능성'을 표명하면서 ① 포용적인 도시(Inclusive Cith), ② 회복력 있는 도시(Resilient City), ③ 안전한 도시(Safety Cith), ④ 지속가능한 도시(Sustainable City), ⑤ 참여적인 도시(Participatory City), ⑥ 고밀도 도시(Compact City) 등과 같은 6개의 지향점을 제시하였다.

위기에 직면한 도시에 살고 있는 청년들에게도 이러한 도시권 의제는 동일하게 적용된다고 할 수 있다. 동시대에 살고 있는 지역의 모든 청년들이 청년으로서의 자율적 인격과 적정한 삶을 실천적으로 보장받는 정책이 필요하다. 특히 비수도권에 살고 있는 청년들의 경우 수도권과 차별적 조건 속에서 신자유주의적 무한경쟁에 내몰리고 있다. 이러한 상황 속에서 청년들은 자신들의 삶을 보장받을 수 있는 '도시에 대한 권리'를 가진다. 이를 바꾸어 생각하면 지역사회는 청년들에게 지속가능한 삶을 살 수 있도록 다음과 같은 다섯 개의 권리를 보장해주어야 한다. 첫째는 주거권(habitat right)이다. 지역은 청년들에게 적정한 주거를 보장해주어야 한다. 둘째는 정보권(information right)이다. 지방정부는 지역청년 모두에게 동등한 기회를 제공하기 위해 공평한 정보를 접할 수 있는 권리를 보장해야 한다. 셋째는 학습권(learning right)이다. 지역사회는 청년들이 자신의 삶을 개선하고 급속한 경제사회의 변화에 능동적으로 적응하고 대처하기 위한 학습의 기회를 공평하게 가질 수 있는 권리와 청년의 리질리언스(resilience: 회복력)를 가능케하는 학습권을 보장해야 한다. 넷째는 공간권(space design right)이다. 이는 지역사회 공간을 청년공간으로 설계할 수 있는 권리를 의미하는 것으로 도시공간을 단순히 물리적으로만 설계하는 것이 아니라 사회·문화적으로 공간을 설계함으로써 공동체 문화 및 문화적 권리를 강화하도록 함을 의미한다. 마지막으로 발언권(voice right)이다. 이는 청년들의 목소리가 지역사회에 반영될 수 있도록 청년의회 설치권과 예산의 세대별 공정한 배분권, 청년 보이스의 실천성 등을 담보하는 발언권 보장 등을 확보하기 위함이다.

■ 사회진입 과정의 기본적 삶 지원

이상과 같이 지역사회의 구성원인 청년들의 삶을 지탱하기 위한 도시권과 더불어 당장의 현실적인 어려움에도 같이 대처해야만 한다.

최근 들어 노동시장으로의 진입시간이 길어지고 있는 점을 감안해 진입하기 전까지의 기본적인 삶을 지탱해 줄 수 있는 제도가 마련되어야 한다. 현재 서울에서 진행되고 있는 「청년수당」과 같은 제도도 지역에서 적극 도입할 필요가 있다. 물론 궁극적인 대책은 되지 못하겠지만 마중물의 역할은 충분히 할 수 있으리라 생각한다. 청년수당은 청년들의 무너져 있는 삶, 안정적이지 않은 심리상태, 미래진로와 취업에 대한 빈곤한 상상력 등을 해결함에 있어 아주 작은 디딤돌에 불과하다. 청년문제에 지금 적극적으로 대처하지 못하면 더욱 큰 사회적 비용을 지불해야 한다는 점을 잊지 말아야 한다. 사회적 재난이 발생했을 때 우리는 골든타임을 자주 언급하게 된다. 청년문제 해결에 있어 골든타임을 놓치는 어리석음을 범해서는 안 된다. 비틀즈가 노래한 '오블라디 오블라다'처럼 우리의 삶은 계속되어야 한다. 청년들의 삶이 굳건하게 설 때 우리 사회도 보다 건강하고 지속가능하게 될 것이다.

우리나라의 청년수당제도는 프랑스의 청년보장제도를 벤치마킹했다고 할 수 있다. 프랑스의 청년보장제도에서 가장 특징적인 것은 미씨옹 로컬(Mission Local)이다. 미씨옹 로컬의 정식 명칭은 '청년의 직업 및 사회진입을 위한 미씨옹 로컬'이다. 명칭에서 알 수 있듯이 지역단위에서 청년 구직자를 위한 프로그램을 실시하는 것이 미씨옹 로컬의 임무이다. 1982년에 실시된 미씨옹 로컬에서는 학업을 마친 청년들의 구직과 사회진입을 위한 다양한 프로그램이 시행되어 왔으며 청년보장은 그중 가장 최근에 실시된 프로그램이다.

프랑스 청년보장 실행의 기본 철학은 청년문제를 해결함에 있어 사회적 배제가 발생해서는 안 된다는 점이다. 모든 개인의 활동은 사회시스템에 포함되어야 하며, 사회시스템에 참여할 역량이 없는 것도 사회적 배제가 작동하고 있는 것으로 본다. 이러한 관점에서 미씨옹 로컬 활동의 핵심 개념은 청년들이 건강한 사회구성원으로서 사회진입을 할 수 있게 하는 것이다. 진입을 할 수 있게끔 도움을 받는 것 또한 정당한 시민의 권리로 인식하고 있다.

사회진입이라는 구체적인 목표를 실현함에 있어 미씨옹 로컬은 청년보장 참여자들에게 '동반(accompagnement)'이라는 형식의 프로그램을 제공한다. 즉 미씨옹 로컬의 상담 직원이 청년의 구직과 사회진입 준비과정 전체를 개별적으로 그리고 집단적으로 코칭해주는 것이다. 상담을 통해 청년시민으로서의 권리와 의무를 알게 하며 아울러 자신의 문제 해결에 있어 자발성을 키우도록 지도하고 있다. 이 과정에서 지급되는 청년보장 수당(allocation)은 참여자에게 제공되는 현금 수당이며, 미씨옹 로컬에 참가하는 청년은 계약의 주체로 청년보장계약에 서명하게 되며 참여하는 시점부터 수당을 받을 권리를 가지게 된다. 따라서 계약에 명시된 대로 동반 프로그램에 참여하는 것을 제외하면 모든 것이 자율적이다. 한국에서처럼 수당을 어디에 어떻게 사용하였는지에 대해 증명할 필요도 없다. 예컨대 참여하는 대부분의 청년들이 극빈층에 해당하는 경우가 많아 청년보장 수당이 가족 생계비로 사용되는 경우도 많다고 한다.

청년보장은 한국에서 실시되고 있는 청년수당이나 청년배당과 달리 기존 제도 및 장치와 매우 복잡한 관계를 맺고 있다. 국가 차원에서 보면 노동 및 고용정책으로 분류되지만 지역 실행기관은 전국에 설치된 약 450여 개의 미씨옹 로컬이며, 중앙정부 차원과 지역차원 거버넌스에 의해 운영되고 있다. 이런 이유로 운영 내용과 형식이 각 지역에 따라 매우 다양하다. 또한 청년보장을 효율적으로 수행하기 위해 여러 기관들이 다양한 협력적 거버넌스를 구축하고 있음을 볼 수 있다. 공공행정업무의 경우는 국가 단위에서 노동부가 주관하지만 여기에 교육부를 비롯하여 많은 중앙부서가 연계되어 있고, 특히 중앙정부와 지방정부의 거버넌스 구축이 매우 잘 되어 있다. 아울러 청년보장의 이행에 있어서 노동조합과 사업자 단체뿐만 아니라 청년조직과 교육 및 훈련 기관, 대학, 연구소 등 여러 기관들이 사회적 파트너십을 구축하고 있다. 이러한 파트너십의 구축이 가능한 이유는 교육을 받지도 않고 취업해 있지도 않은 취약한 청년들에게 다가가기 위한 시민정신에 기초하고 있기 때문으로 보인다.

제2절   청년들의 삶을 지탱할 일자리 정책

■ 일자리에 대한 청년들의 인식변화를 존중

일자리의 양적인 측면과 질적인 측면 모두 청년들을 지역에 정주하게 만들거나 또는 타지로 떠난 청년들이 돌아오는 데 있어 매우 중요하게 작용한다. 「대구시 청년실태 조사보고서」에 따르면 출향한 청년의 60%는 대구로 귀향 의향이 '있음'으로 응답하였다. 귀향의 주된 이유로는 응답자의 86.7%가 서울 생활의 경제적 부담 때문이며, 귀향의 최우선 조건으로 제시한 것은 '적정 연봉수준'이고, 그 다음은 '직장의 안정성'이라고 응답하였다. 청년들의 삶을 지탱하기 위해서는 다방면의 정책들이 필요하다는 것을 알 수 있다.

기존의 연구를 보면 지역대학 졸업자인 청년층이 수도권으로 이동하는 원인은 임금격차와 직장에서의 만족도인 복리후생제도, 하고 있는 일의 자율성과 권한, 현 직장에 대한 전반적인 만족도 등이 중요한 영향을 미치는 것으로 나타났다. 특히 다른 조건이 동일할 경우 임금이 정착과 유출에 미치는 영향은 매우 크게 나타났다. 수도권 소재 기업이 지역 소재 기업보다 임금이 100만 원 더 높다면 청년층 유출확률이 30~40% 더 증가한다는 연구결과도 있다. 또한 복리후생제도, 사회보험 및 부가급여의 경우 만족도가 1단위 증가할 경우 수도권으로 이동할 확률이 40.6% 높으며, 하는 일의 자율성과 권한이 높을수록 즉 1단위 만족도가 증가하면 수도권 등으로 이주할 확률이 47.6%나 높아지는 것으로 나타나고 있다. 이러한 연구결과를 보면 일자리에 대한 청년들의 태도가 변하고 있음을 알 수 있다.

청년들의 삶을 지탱할 일자리 정책은 이와 같은 관점에서 일자리에 대한 인식의 전환이 필요하다. 임금의 중요성은 오래전부터 언급되어 왔지만 최근 들어서는 일에 대한 자율성과 권한이 일자리를 선택하는 데 매우 중요한 영향을 미치고 있음을 알 수 있다. 이러한 흐름은 정부의 정책에서도 읽을 수 있다. 우리나라에서는 냉전시대를 거치면서 '노동', '노동자'라는 단어는 사회주의를 상징하는 것처럼 인식되어 사용을 꺼려왔다. 하지만 최근 들어 일보다는 사람·삶의 질이 중요한 '워라밸(Work Life Balance)'이 중시되는 사회가 되면서 상황이 변하고 있다. 정부에서는 '노동 존중사회'를 핵심 국정과제로 제시했으며 '근로'라는 명칭을 '노동'으로 대체하는 등 '노동 기본권 강화' 내용을 대거 포함시키고 있다. 중요한 것은 근로(勤勞)와 노동(勞動)에 대한 인식의 차이다. 근로와 노동에는 전혀 다른 세계관과 가치관이 자리 잡고 있다. 열심히 일하는 사람이라는 의미를 담고 있는 근로자라는 표현은 자본의 입장에서 바라본 것으로 피동적으로 일하는 월급쟁이를 뜻한다. 하지만 노동자는 스스로 일하는 자를 말하며 가치와 부를 창출하는 실질적인 주체로 인식된다. 이러한 가치관의 변화는 청년들의 일자리에 대한 태도를 명확히 드러낸다고 할 수 있다. 지금의 청년들은 열심히 일하는 사람인 근로자가 아니라 스스로 일하는 노동자적 인식을 가지고 있다고 할 수 있다.

■ 사회적 기업 등 다양한 일자리 확대정책

청년인구의 유출을 방지하기 위해서 청년들의 취업선호도가 높은 양질의 일자리를 창출·제공하는 것이 무엇보다 중요하다. 일자리의 양적 확대를 위해 많은 자치단체는 타 지역으로부터의 기업유치, 특히 제조업 기업유치를 통한 일자리 창출에 사활을 걸고 있다. 하지만 우리나라 경제 전체가 저성장 국면에 진입하고 있는 것과 동시에 대기업 중심의 경제구조는 고용창출을 더욱 어렵게 만들고 있는 실정이다. 이러한 상황에서 일자리를 확대할 수 있는 방향은 기존의 제조업에서 벗어나 새로운 분야의 일자리를 만들어 내는 전략이 요구된다. 최근 들어 사회적경제 분야에서 새로운 일자리를 창출하고자 하는 노력이 지속되고 있다. 기존의 시장경제 중심이 아니라 인간 중심의 경제에서 삶의 질을 향상시키기 위한 노력을 바탕으로 일자리를 창출하려는 것이다. 청년유출을 억제한다는 관점에서 볼 때 새로운 일자리의 창출은 매우 중요하다. 청년층의 취업선호도가 높은 사회서비스업(교육서비스업, 보건 및 사회복지서비스업, 공공행정·국방 및 사회보장행정 등), 출판·영상·방송통신 및 정보서비스업, 예술·스포츠 등 여가 관련 서비스업 등 서비스산업 일자리를 창출하는 것이 중요하다.

특히 구직의사가 높음에도 노동시장에 진입하지 못하는 사회적 배제 및 취약계층이 존재하고 있으며 이들을 노동시장에서 활용할 수 있고 숙련을 쌓고 일할 수 있는 일자리 마련이 필요하다. 대구의 사회적경제 영역은 재무적 어려움을 제외하면 대부분 취약계층 고용 문제와 사회문제 해결을 위해 중요한 역할을 수행하고 있다. 대구에는 2017년 5월 기준 예비 사회적기업 108개, 마을기업 79개, 협동조합 500개 등 687개 조직이 활동하고 있으며, 주로 먹거리, 문화예술, 교육분야에 집중되고 있다. 2017년에는 대구시내의 사회적경제 조직 및 중간지원조직과 지역 내 7개 종합대학 간의 업무협약이 있었다. 이러한 움직임은 사회적경제를 육성함에 있어 단순히 중간지원조직에 의존하는 것이 아니라 지역 내에 있는 모든 자원을 활용한다는 측면에서 매우 중요한 의미를 지닌다. 사회적경제를 활성화하는 다양한 방안이 제시되고 있지만 그중에서도 가장 중요한 요소 중의 하나가 조직 간 클러스터링을 통한 경쟁력 강화이다. 사회적기업가를 위한 전문교육이나 네트워킹을 통한 비즈니스 역량강화 등이 요구된다. 예를 들어 각 대학의 경영대학↔사회적기업협의회↔중간지원조직 등이 연계하여 사회적기업가를 위한 비즈니스 역량 교육 및 네트워킹 사업을 추진할 수 있다. 이와 같은 네트워킹이 지속적으로 이루어지기 위해서는 개별적 지원이 아닌 집단화 및 네트워크를 통해 유기적 관계망을 강화할 수 있는 협업화 프로그램이 요구된다.

청년의 일자리 창출과 관련하여 대구와 경북이 전략적으로 제휴할 필요가 있다. 대구지역에 소재한 대학의 학생 중 경상북도에서 유학온 학생들이 매우 큰 비중을 차지한다. 도시로 나온 청년의 경우 농촌으로 돌아가는 것이 한편으로는 쉬우면서도 한편으로는 어렵다. 쉽다는 것은 농촌에 대한 기본적인 이해가 있기 때문이고, 어렵다는 것은 대도시에 소재한 4년제 대학까지 졸업했으면서 농촌에서 농사를 짓는다는 주변 사람들의 눈총이 매섭다는 것이다. 하지만 최근 들어 정부의 정책과 더불어 청년들의 농업에 대한 관심도가 크게 변하고 있다. 정부에서도 농업이 새로운 블루오션이 될 수 있다면서 다양한 지원정책을 내놓고 있는 실정이다. 한국고용정보원의 연구에 따르면 경북의 경우 고령화 및 인구감소와 청년유출 등으로 30년 내 소멸위험이 있는 곳이 전국 85개 중 17개에 달한다고 보고하였다. 이들 소멸가능성이 있는 지역에 청년층의 수혈이 시급하다는 판단을 하고 있다. 이를 위해 '도시청년 시골파견제', '6차 산업분야에 청년 창농 및 귀농'을 활성화하는 전략을 수립하고 있다. 농업부문에 청년들이 투입될 경우 기존의 관행농업이 아니라 농업에 사물인터넷(IOT), 인공지능(AI)이 탑재된 스마트 농업이 가능할 것으로 기대하고 있다.

■ 기업문화 등 일자리의 질적 개선

일자리의 질적인 측면은 임금을 포함한 전반적인 기업의 문화까지 포함해야 함을 의미한다. 장시간 근로환경과 가부장적 전 근대적인 기업문화는 청년들로 하여금 직장을 떠나게 하는 주된 요인이 되고 있다. 직장에 대한 청년들의 인식조사를 보면 정시에 퇴근하는 것을 매우 중요하게 여기고 있다. 퇴근시간이 되어도 상사의 눈치를 보며 퇴근을 하지 못하는 경우도 많다는 것이다. 단순히 근무시간만 늘이는 기업문화는 직무에 대한 몰입을 방해하는 요소가 되기도 한다. 대구의 경우 상용근로자 근로시간은 2016년 전국 평균 176.7시간 보다 긴 179.5시간, 제조업은 전국평균 186.9시간보다 긴 192.9시간이다. 대구지역 제조업체 105곳을 대상으로 근로시간 단축에 대한 영향 등을 설문조사한 결과, 응답 기업 중 79.6%가 휴일에 연장근로를 실시하고 있으며, 생산직 근로자의 주당 평균 근로시간은 55.7시간으로 나타나고 있다. 이와 같은 장시간 근로는 지역인력수요에 대한 공급이 원활하게 이루어지지 않는 원인이 되고 있다. 특히 청년층의 지역 일자리 기피는 장시간 근로에서 기인하는 바가 크다. 청년층의 경우, 비혼세대로서 가족보다는 동료 및 친구와 같은 또래집단 내부의 사회적 관계를 중요시하며, 이러한 관계와 양립할 수 있는 근로시간의 조정이 필요하다.

또한 청년들이 견디기 힘들어 하는 것이 기업의 회식문화이다. 예전보다 많이 개선되기는 했지만 기업문화가 청년들의 눈높이와는 많은 차이가 있음을 알 수 있다. '인격없는 직장'이라는 말이 자주 회자된다. 최근 들어 자주 발생하고 있는 기업오너들의 갑질행태는 청년들을 더욱 좌절하게 만든다. 지금의 청년들은 '인격 있는 직장'을 요구하고 있다. 노동시간과 기업문화 등과 아울러 복리후생제도에 대한 개선도 요구된다. 복리후생제도는 지역기업 공동 복지제도 도입을 통해 각종 편의시설의 지정 할인제를 도입한다든지 창조적인 근무환경을 구축하기 위해 연구개발성과에 대한 인센티브제도 도입 등이 필요할 수 있다. 중장기적인 사업으로는 위의 단기사업의 효율적 관리를 위해 '산학연협력사업 내실화'와 '지역청년 인턴십지원센터의 설립'이 필요하다.

아울러 지역청년들이 직장을 선택할 때 중요하게 고려하는 것이 미래에 대한 전망이다. 지역 대학 졸업생들을 지역인재로 활용하기 위해서는 지역노동시장에서 경력을 형성하고 보다 나은 일자리로 이행할 수 있다는 비전을 보여 주어야만 한다. 청년들이 노동시장으로 진입하는 초기에는 고용환경개선이 중요하게 작용할 수 있다. 청년들의 노동시장 유입을 촉진하기 위해서는 이러한 고용환경개선과 더불어 노동권을 보장해주며 인적자원에 대한 효과적인 관리를 병행할 때 성과를 높일 수 있을 것이다.

■ 지역고용거버넌스를 통한 노동시장의 미스매치 해소

노동시장의 미스매치는 거시적인 미스매치와 미시적인 미스매치로 구분할 수 있다. 거시적인 측면에서는 노동수요인 산업구조적 측면과 노동공급인 인력양성 측면에서의 미스매치를 의미한다. 노동수요적 측면을 보면 기업구조조정, 세계적 기술진보와 한국경제의 역동성 저하, 경기변동 등이 청년고용에 대한 수요부족요인으로 작용하고 있는 것이다. 한편 미시적인 측면에서는 노동수요에서의 기술수준과 노동공급의 임금 간에 미스매치가 발생하고 있다. 노동시장의 미스매치에 대한 해결책으로는 우선 산업정책, 교육정책, 고용정책을 상호연계선상에서 고려할 필요가 있다. 산업구조의 변화에 따라 기업의 노동수요는 변하고 있지만 교육정책은 이러한 변화에 따라가지 못하고 있기 때문이다. 미시적 측면의 미스매치를 해소하기 위해서는 job-탐색 컨설턴트를 활용함으로써 미스매치를 완화할 수 있다. 경제사회의 구조는 매우 빠르게 변하고 있으며 이 과정에서 다양한 직업들이 새로 생겨나고 사라지기도 한다. 청년들로 하여금 어릴 적부터 자신의 적성에 맞는 직업을 택할 수 있도록 컨설팅하는 것이 필요하다. 이러한 컨설팅을 통해 목표가 명확한 미래를 준비할 수 있도록 지원하는 전문인력 '진로 컨설턴트'를 활용하여 취업 미스매치를 완화할 수 있을 것이다.

이상에서 언급한 미스매치를 줄일 수 있는 정책들은 지방정부만으로는 역부족이며 중앙정부와의 거버넌스 차원에서 설계되어야 한다. 중앙에서 전달되는 서비스는 전국적으로 획일적인 경우가 많기 때문에 지역의 실정에 부합하지 않는 경우가 발생한다. 따라서 중앙정부에 의해 제공되는 서비스는 대상자의 요구에 맞추어 지역단위에서 알맞게 재구성되어야 할 것이다. 이를 위해 지역고용거버넌스는 지역사회의 노동력 수급을 판단하고 예측할 수 있는 능력을 배양하며 근로자에게 개별화된 서비스를 제공하여야 한다. 즉, 근로자들의 고용능력을 향상하기 위한 관련 서비스들을 개별화하기 위해서는 실제로 지역 차원에서 실업자들에게 제공될 수 있는 서비스의 성격, 종류, 그리고 범위들이 보다 상세하게 정리되고 공고되어야 한다.

현재의 고용정책의 많은 부분이 고용노동부에서 결정되고 이를 지방정부에서 수행하는 과정을 밟고 있다. 지역 노동시장의 특수성을 잘 반영하기 위해서는 지역고용거버넌스가 구축되어야 한다. 지역고용거버넌스 구축에 필요한 고용서비스를 제공하기 위해서는 분절화되고 단절되어 있는 서비스를 연계함으로써 구직자의 특성에 따른 맞춤형 서비스를 제공하여야 한다. 이를 위해서는 ① 정보 접근성 강화, ② 서비스간의 연계성 강화, ③ 서비스 효율성 및 고객 중심성 강화, ④ 노동력 수요자와의 네트워크 강화, ⑤ 원스톱서비스 강화, ⑥ 사례 관리강화 등이 요구된다. 이러한 지역고용거버넌스 차원에서 OECD(2010)는 ① 유연적인 숙련기술인력 양성, ② 지역경제단위에서 기존 기술 인력의 보다 효율적인 활용, ③ 고용지원과 기술향상 지원체제 구축, ④ 새로운 노동력 수요분야의 교육 및 훈련 강화, ⑤ 지역 거버넌스 체제 구축 등 다섯 가지 아젠더를 제시하고 있다. 이를 통해 근로자들의 일반기술(generic skills) 향상을 위한 투자와 유연한 평생교육 체제 도입, 공급과 수요가 균형 잡힌 지역의 기술발전전략을 통해 유연한 기술인력 공급과 이동을 가능하게 하는 목표를 성취할 수 있다고 주장하고 있다.

지방분권화 시대를 맞아 지방정부의 역할과 기능은 점차 확대되고 있다. 하지만 지방정부는 다양한 일자리 사업영역 가운데 지원사업 수행에 국한되어, 정책 개발 및 수립, 일자리 평가 및 고용영향평가 등의 사업영역 역량이 미진한 상황이다. 향후 지방정부는 지역의 산업구조에 대한 로드맵 수립과 이를 뒷받침할 수 있는 인력수급정책의 수립을 통해 실질적인 거버넌스를 구축하도록 해야 한다. 지역고용정책에 대한 자율성 부여와 더불어 과도한 행정절차에 대한 간소화를 통해 사업의 본질에 충실하도록 유도하고 현장의 업무효율성이 강화될 수 있도록 해야 한다.

■ 청년 니트에 대한 정확한 실태조사와 대책 마련

청년 니트(NEET)는 "Not in Education, Employment or Training"의 약자로 교육을 받지도 않고 취업하지도 않으며, 취업을 위한 직업훈련도 받지 않는 청년층을 의미한다. 청년들이 지역사회의 건강한 활동주체로 자리매김하기 위해서는 니트상태에 빠지지 않게끔 세밀한 정책설계가 필요하다. OECD의 보고서에 따르면 한국의 니트족 비중은 회원국 평균(15%)보다 3.5% 포인트 높은 18.5%로 회원국 중 8번째이다. 니트상태에 빠진 청년들은 일반 실업자보다 취업에 애로를 겪을 가능성이 훨씬 높다. 청년고용문제를 해결하기 위해서는 니트문제에 대한 전면적인 접근이 필요한 시점이다. 하지만 우리나라의 청년고용정책은 대부분 구직활동을 하는 청년을 대상으로 하고 있으며, 니트상태의 청년들이 정부지원을 받기 위해 적극적으로 나서고 있는 상황도 아니다. 상황이 이러하다 보니 니트는 관심과 대책의 사각지대로 남아 있게 되었다. 니트상태에 빠진 기간이 길어질수록 인적자본의 퇴화가 심화되어 노동시장 복귀는 더욱 어려워지게 된다. 대체로 니트상태의 청년들은 20대, 대졸 이상의 고학력, 특히 인문사회계열과 예체능계열의 비중이 높게 나타나는 특징을 보이고 있다. 이들 니트청년들은 직업기초능력의 부족, 자존감 결여, 잘못된 생활태도, 신체적 장애 등의 문제가 있어 구직의사를 가진 청년들을 중심으로 전개되고 있는 기존의 청년고용정책만으로는 이들의 노동시장 참여를 유도하기에는 불충분하다.

청년 니트로 인한 경제적 비용은 어느 정도일까? 청년 니트가 많다는 것은 그만큼 청년 노동력이 사장되어 사회경제적으로 막대한 기회비용을 부담하고 있음을 의미한다. 한국노동사회연구소(2017)는 2016년 한국의 청년 니트는 178만 명(청년 인구의 18.9%)으로, OECD 회원국 중 청년 니트 비율이 일곱 번째로 높다고 언급하였다. OECD는 니트의 경제적 비용을 니트가 취업하면 받게 될 총 노동소득으로 정의하고, 사용자의 사회보장 분담금을 포함하는 총 노동비용으로 측정하고 있다. 한국노동사회연구소가 경제활동인구조사를 기초로 추정한 한국의 청년 니트로 인한 경제적 비용은 최소 23.8조로 GDP 대비 1.5%, 최대 37.1조 GDP 대비 2.3%에 달한다.

청년 니트문제를 해결하기 위해서는 다음과 같은 정책적 접근이 요구된다. 첫째, 청년 니트에 대한 발생경로를 분석함으로써 사전에 예방할 수 있도록 해야 한다. 이를 위해서는 학교교육 과정을 통한 니트 발생을 예방하는 조치가 있어야 한다. EU의 청년보장제도(Youth Guarantee)는 청년들의 노동시장 진입 전 조기개입의 중요성을 언급하고 있다. 특히 프랑스의 경우 4개월을 골든타임으로 설정하고 실직한 청년에게 4개월 이내에 어떠한 일자리든지 연결시킴으로써 노동시장에서 도태되는 것을 막고 있다. 또한 영국의 웨일즈에서는 '니트위험성지수(a set of Risk of NEET Indicators, RONIs)'를 개발하여 조기에 대처하고 있다. 특히 교육기관과 공공고용서비스(PES, Public Employment Service)의 협력을 강화해야 한다. 일정기간 동안 추적·상담 후에도 니트로 남아 있거나 남아 있을 가능성이 높은 청년들에 대해서는 지역 내 니트 지원기관에서 계속 상담받도록 해당 기관으로의 연결을 의무화하고 있다. 지속적인 상담을 통해 [그림 8-1]에서 보듯이 타인과의 관계설정 능력을 비롯하여 사회생활을 할 수 있는 기본 소양을 갖출 수 있게 될 것이다. 영국의 경우 2008년부터 16세 이상 청소년이 학교나 훈련기관에서 중도 탈락시 커넥션즈 서비스(13~19세 청소년들에게 개인적 발달 기회를 위해 필요한 정보, 조언, 지도 및 접근에 관련된 통합서비스 제공)를 받도록 해당 학교와 훈련기관의 고지를 의무화하고 있다. 노동시장으로부터의 이탈이 장기화될 경우 모든 활성화 정책의 효과가 약화되는 것으로 나타나고 있기 때문에 정책적 개입은 조기에 이루어져야 한다.

[그림 8-1] 미씨옹로컬의 상담·멘토를 통한 사회역량 제고

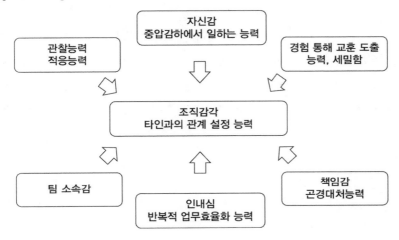

둘째, 청년 니트를 찾아 내는 노력을 기울여야 한다. 니트 상태에 있는 청년의 규모가 어느 정도 되는지 어떤 상태에 빠져 있는지에 대한 정확한 파악이 선행되지 않으면 정책적 성과를 달성할 수 없을 것이다. 현황을 파악하기 위해서는 니트 상태에 빠진 청년들이 찾아오기를 기다려서는 곤란하다. 이들 청년들은 복합적인 어려움을 겪고 있기 때문에 스스로 찾아오기를 기대할 수 없는 상황이다. 따라서 니트 상태에 빠진 청년들을 찾아가는 정책이 필요하다. 룩셈부르크의 경우 2,500명 니트 청년들을 심층 조사 후 행정 DB와 연결을 통해 니트에 대해 지속적인 동태를 파악하고 있다. 폴란드는 자발노동단(the Voluntary Labor Corps)을 구성하여 가족·노동·사회정책부 소속 학교, 교육청, 지방정부, 교회 등과 협력하여 노동시장에서 어려움에 처한 청년들을 파악해 내고 이들에게 교육과 고용측면의 지원을 하고 있다. 아일랜드의 경우는 길거리 상담사(Street Counselors)를 두어 저녁시간에 거리를 다니면서 어려운 처지에 있는 청년들을 찾아 상

담하고 이들과 신뢰관계를 구축하고 있다.

셋째, 니트를 유형화하고 유형별 맞춤형 대책을 세워야 한다. <표 8-1>에서 보듯이 니트는 장애형, 부족형, 취업준비형 등으로 구분한 후 이를 다시 과도기형, 반복형, 장기지속형 등 9가지로 구분하여 이들 각각에 대해 맞춤식 정책을 실시할 수 있다. <표 8-2>와 같이 취업준비형&과도기형은 취업지원정책으로, 장애형은 복지정책과

〈표 8-1〉 존재가능 니트 유형

	과도기형	반복형	장기지속형
장애형	×	×	○
부족형	×	○	○
취업준비형	○	×	○

자료: 채창균(2017)

〈표 8-2〉 존재가능 니트 유형과 정책적 대응

니트유형	정책방향	정책내용
취업준비형 & 과도기형 니트	취업지원정책	중소기업 취업지원 유도
장애형 니트	복지정책 +인적자원개발정책 +고용할당제	- 직장내 훈련과 의무고용 결합 프로그램 도입 - 반듯한 시간선택제 일자리 활성화
반복형 니트	인적자원개발정책	일학습병행제 적극 활용
부족형 니트 & 장기지속형 니트	종합적 접근	- '일의 인문학 학습 기회 부여' - 자신감 회복, 핵심기초능력의 숙달 등을 위한 교육기회 제공 - 기숙 형태의 프로그램 제공 - 다양한 일 경험이나 사회생활 경험 기회제공 - '사회혁신형 일자리' 참여기회 제공

고용할당제를, 반복형 니트는 인적자원개발정책을, 부족형 니트에 대해서는 자신감 회복과 핵심기초능력의 숙달 등 교육기회를 제공하는 정책을 실시할 수 있을 것이다. 예를 들어 영국의 E2E(Entry to Employment)프로그램은 니트 상태에 빠진 청년들에게 자신감 회복, 취업의욕 고취, 핵심기초능력 배양 등을 위한 교육을 실시하고 있으며, 이 교육을 마친 이후에는 직무와 관련한 추가 교육훈련 기회를 제공하고 있다.

넷째, 지역에 기반을 둔 니트 지원기관 중심의 네트워킹이 필요하다. 취업상담 및 지원을 넘어 보다 종합적인 접근을 가능하게 하기 위해서는 니트에 특화된 새로운 지원기관의 구축이 요구된다. 이를 위해서는 니트 지원기관과 사회의 다양한 기관 간의 사회적 파트너십을 구축해야 한다. 이를 통해 청년들이 니트 지원기관에 수시로 모여 고민과 정보를 공유하고 다양한 시도를 해 볼 수 있도록 해야 한다. 일본의 경우 전국 각지에 160개의 청년서포트스테이션(Youth Support Station)을 두고 이들 기관이 중심이 되어 지역 내 취업지원기관(Hello Work, JOB카페 등), 교육기관, 복지기관, 지자체, 지역사회(자치회, 반상회 등)를 네트워킹하고 있다. EU의 청년보장제도 역시 다양한 유관기관 간의 네트워크를 강조하고 있으며, 단발식의 정책보다는 총체적 접근을 강조하고 있다.

다섯째, 올바른 법적·제도적 틀을 갖춤과 동시에 청년문제에 대한 사회적 인식의 전환이 필요하다. 청년문제가 심각하다고 말을 하지만 정작 이들의 고민에 대해 크게 귀기울이지 않았음을 인정하고 청년들의 현실적 눈높이에서 이들의 문제를 바라봐야 한다. 이와 더불어 청년이 자신의 문제를 해결하고자 할 때 행정적으로나 심리적으로 쉽게 접근할 수 있도록 만들어야 한다. 문제를 해결하고자 할 때 어디에서 누구를 만나야 하는지 쉽게 알 수 있어야 하고, 낙인효과와 같은 심리적 부담을 갖지 않도록 해야 한다.

지역의 청년들이 지역발전의 동력으로 등장하기 위해서는 이러한 니트 상태에 빠진 청년에 대해 적극적인 대책이 요구된다. 하지만 지역의 경우 니트 청년에 대한 정확한 실태조차 파악되지 못하고 있다. 정확한 실태의 파악과 더불어 이에 기초한 정책을 구축하여야 한다. 니트 청년에 대한 정책은 청년들의 지역정착을 한층 강화시키게 될 것이다.

제3절 안전하고 차별 없는 여성친화적 도시 정책

청년을 지역에 정주하게 하고 타 지역으로 유출된 청년이 지역으로 귀환할 수 있도록 하기 위해서는 청년 여성에 대한 정책적 배려가 매우 중요하다. 청년여성은 노동시장으로의 진입과정에 있어서도 남성과 비교할 때 어려움을 겪지만 진입한 이후에도 다양한 측면에서 차별에 의한 어려움을 겪게 된다. 청년여성의 입장에서 노동시장에 대한 환경개선을 다음과 같이 요약할 수 있을 것이다.

첫째, 탄력적인 근무형태를 통해 여성의 경제활동 참여를 높여야 한다. 시간제 일자리에 종사할 경우 선택이 자발적이든 비자발적이든 근로의 지속성이 떨어지는 것이 일반적이다. 하지만 이를 출산과 연관해서 보면 자발적으로 시간선택제를 선택한 경우는 출산 의사가 높은 것으로 나타난다. 이는 시간제 일자리의 선택이 출산증대에 기여할 수 있음을 의미한다.

둘째, 출산과 보육은 사회적 책임이라는 인식이 필요하다. 현재 우리나라의 기업문화를 볼 때 경제활동과 육아를 병행하기 어렵다는 것이 현실적 인식이다. 일과 가정을 양립할 수 있음을 보여주지 못한다면 지금의 저출산율은 피하지 못할 것이다. 젊은 여성의 경우 경제적 자립에 대한 욕구는 매우 강하여 출산과 육아문제가 경제활동을 어렵게 한다면 출산을 포기하려는 경향이 갈수록 증가하고 있다. 따라서 정부는 육아휴직과 육아기에 근로시간을 단축한 노동자뿐만 아니라 사업주에게도 지원금을 제공하고 있다. 하지만 정책이 제대로 홍보되지 못해 이러한 제도가 있음을 알지 못하는 청년도 매우 많을 것이다.

셋째, 직장 내에서의 성차별적 요소를 근절해야 한다. 인사권이나 업무지시권을 이용해서 근로자를 괴롭힐 경우 근로자의 고통과 괴로움을 구제하기가 어려운 것이 현실이다. 프랑스는 2002년 노동법에 직장내 괴롭힘 금지조문을 제정하였다. 노동법은 직장 내 괴롭힘을 존엄과 정신건강 훼손, 직업적 미래를 위태롭게 하는 행위로 정의하고, 회사는 이를 막기 위한 조치를 취해야만 한다고 규정하고 있다. 만약 근로자가 제소하면 회사는 그런 사실이 없음을 입증해야만 한다.

넷째, 직장 내부의 어려움을 호소할 통로가 마련되어야 한다. 노동자가 보호되어야 한다는 것은 누구나 알고 있다. 하지만 부당함에 저항할 방법도 알고 있는지는 의문이다. 주관적인 의견의 차이를 자유롭게 발언할 수 있어야 하지만 한국의 경우 아직은 먼 나라의 이야기로 비쳐지고 있다. 특히 청년여성 근로자의 경우 심적 고통에 대해 매우 민감하게 반응하고 있음을 알아야 한다. 기업 차원에서 이에 대한 적극적인 인식개선 없이는 청년을 이해하고 있다고 말할 수 없다. 많은 직장인들이 갑을관계로 대변되는 회사생활에 인격이 없다고들 한다. 하지만 지속가능한 직장이 되기 위해서는 회사생활에서도 근로자들의 인격이 보장되어야 한다.

다섯째, 여성에 대한 지역알리기를 추진할 필요가 있다. 지역에 대한 이해도가 높을수록 지역정착률이 더 높게 나타나는 경향이 있다. 수도권으로의 이동이 능사가 아니라는 것과 지역을 알게 되면서 지역으로의 귀환도 증가할 것이다. 특히 한 번 유출된 여성의 경우 지역으로의 회귀가 어렵다고 한다. 일자리를 타 도시에서 찾았을 경우 지역으로의 회귀가능성은 더욱 낮아지는 것이다. 청년의 유출현상에 대해서도 사후적으로 대처할 것이 아니라 선제적으로 지역알기 등과 같은 프로그램을 통해 지역사회에 대한 이해도를 높일 필요가 있다.

이상에서 살펴 본 바와같이 노동시장 측면뿐만 아니라 사회 전반에서 여성친화적 도시환경을 구축하여야 한다. 여성친화도시는 '삶의 질을 살피는 지역정책을 통해 여성이 참여하는 행복한 지역공동체'를 구현할 수 있어야 한다. 이와 같은 여성친화도시를 구현하기 위해 다음과 같은 몇 가지 선결요건들을 제시할 수 있다.

첫째, 양성 평등 정책을 추진할 수 있는 기반을 구축하여야 한다. 여성친화도시 구축은 공간정책과 사회정책의 측면을 모두 포괄하므로 여성정책부서를 중심으로 모든 부서의 협력과 조정이 요구된다. 이를 위해서는 자치단체장의 적극적 의지와 함께, 법·제도적 근거마련, 추진체계 정비 등이 필요하다. 또한 여성친화도시는 여성을 도시발전의 수혜자로 보는 제한적인 인식에서 벗어나 도시발전의 주체로 전제하고 적극적 참여를 보장하는 젠더 거버넌스 구축을 통해 조성될 수 있다.

둘째, 여성이 경제나 사회적으로 평등해야 한다. 여성친화도시는 여성의 경제적·사회적 참여를 촉진하고 이들의 기여를 동등하게 인정해야 한다. 이를 위해 여성의 직업훈련 및 취·창업 지원을 강화하고 양성이 평등한 고용관행을 촉진하며 여성·가족 친화적인 기업을 발굴하여 확산시키는 사업들을 수행해야 한다.

셋째, 안전하고 편리한 도시를 조성해야 한다. 여성은 남성에 비하여 도시생활의 불안을 더 크게 경험하기 때문에 여성친화도시는 공간적 배치와 조경, 사회적 안정장치를 통해서 여성과 약자는 물론, 모든 주민이 도시의 모든 공간에서 안전을 누릴 권리를 보장해야 한다. 또한 여성친화도시는 여성과 가족의 생애주기별 다양한 건강 요구에 부응하는 보건서비스 인프라를 구축함으로써 건강과 활력을 촉진할 필요가 있다.

넷째, 여성참여 활성화와 지역공동체의 강화가 요구된다. 여성친화도시는 지역 내 거주하는 다양한 연령대와 계층의 여성들이 소통하고 교류하고 협력하면서 지역사회에 활력을 불어넣고 공동체 회복에 기여하도록 지원해야 한다. 이를 위해 여성의 다양한 교육, 문화활동 참여를 촉진하고 단체 활동, 자원봉사활동 등을 통하여 지역사회에 기여하는 바를 인정하고, 여성의 참여를 보장하여야 한다.

제4절 청년의 활동보장과 목소리가 전달되는 청년정책

노마드라는 단어는 '특정한 가치와 삶의 방식에 얽매이지 않고 끊임없이 자기를 부정하면서 새로운 자아를 찾아가는 것을 의미하는 철학적 개념'으로 프랑스의 철학자 들뢰즈(Gilles Deleuze)가 『차이와 반복』이라는 저서에서 언급하였다. 청년이 가지는 긍정적 의미의 노마적 특성을 지역사회는 어느 정도 수용하고 있을까? 지역에 거주하는 청년이 무엇을 원하는지에 대해 깊이 고민해야 하는 시점에 도달해 있다. 한편 부정적인 노마드(Nomad)는 청년층이 졸업 유예, 사회적 유예, 청춘 유예 등 어디에도 정착하지 못하는 불안정한 노마드적 성격을 보여주고 있다. 지역사회는 현재 청년이 겪고 있는 부정적인 노마드를 긍정적인 노마드로 전환함에 있어 그 역할을 담당해야 한다.

도시의 지속가능성과 청년문제는 동전의 양면성과 같다. 지역이 지속적으로 발전하기 위해서는 지역청년의 문제에 관심을 가지지 않으면 안된다. 지역청년의 전반적인 삶의 모습과 관련한 그들의 목소리를 들어야 하고 이를 행정에서는 구체화하는 작업을 끊임없이 고민해야 한다. 청년을 유목민으로 만드는 것이 아니라 지역사회에 정착하고 지속가능한 지역발전의 원동력이 되게끔 하기 위해서는 청년의 보편성과 특수성을 담는 그릇으로써의 지역사회의 역할을 정립해야 한다. 행정기관에서도 앞서지도 뒤처지지도 않는 행정으로 청년과의 호흡을 맞추어야 한다. 청년의 삶은 아동 청소년 → 청년 → 중장년 → 노년으로 이어지는 세대 간 연결고리에서 핵심적인 역할을 담당하고 있다고 할 수 있다.

청년의 삶을 규정하는 요인으로는 경제적, 환경적 요인 이외에 사회심리적 요인에 주목하여 사회 자본, 사회적 관계망, 주민의식 요인(시민주체성)등 매우 다양하다. 대구경북연구원에서 실시한 「대구시 청년실태조사 결과보고서 2016」에 의하면 대구지역 청년은 생활 안정성, 애향심과 정체성 그리고 지역만족도 등 여러 가지 측면에서 취약한 것으로 나타나고 있다.

대구의 경우 지역의 청년이 당면하고 있는 문제를 같이 고민하고 이를 해결하기 위한 노력으로 청년위원회 설립, 청년조례 제정, 그리고 2016년 7월에 대구청년센터를 개소하였다. 2017년 대구시 청년센터는 '길이 보이는 사회, 길을 만들어 가는 청년'이라는 비전하에 여러 가지 사업과 실험을 통해 청년들이 정책을 개발하고, 개발된 정책을 지역의 전문가 및 시정 담당자들과의 소통을 통해 구체화해 가고 있다. 청년 스스로 일상적인 삶의 과정에서 겪게 되는 다양한 문제들을 인식하고 이러한 문제를 해결하기 위한 모임인 청년정책네트워크 「청년 on」을 실시하고 있다. Off 되어 있던 청년의 문제를 청년의 시각에서 On 시켜 보자는 뜻이다. 2016년에는 창업, 취업, 소통,

건강, 여성, 교육, 문화예술, 복지 등 8개 분야의 소그룹에서 21개 정
책제안이 있었고, 이 중 6개가 시정에 반영되었다. 「청년 on」 출발파
티에는 시청의 청년관계자, 청년센터의 운영위원, 다양한 청년단체
들이 참여하여 청년문제 해결을 위한 거버넌스를 유지하고 있다. 청
년은 스스로 자신들의 목소리를 지역사회에 던지고 있다. 지역사회는
이러한 청년의 목소리에 귀 기울여야 할 때다.

〈참고문헌〉

강은택 외(2014), '수도권 대학으로의 이동 요인과 졸업 후 경제적 효과에 관한 연구', 「국토계획」, 49권 제6호

고영우(2017), '지역별 인구이동이 일자리 변동에 미치는 영향', 「지역고용 동향브리프」, 한국고용정보원

국회입법조사처(2015), 'OECD 주요 국가 청년 NEET의 특징 및 시사점', 「지 표로 보는 이슈」

금재호 외(2007), 「한국형 니트개념을 통한 청년실업의 경제학적 고찰」, 노 동부

김기헌·한지형(2017), 「청년 삶의 질 개선을 위한 청년정책 방향과 과제」, 2017년 청년정책포럼(연구보고서 17－R38), 대통력직속 청년위원회

김기헌 외(2017), 「청년사회·경제실태 및 정책방안 연구II」, 한국청소년정책연 구원

김동수 외(2009), 「고급인적자원의 광역권 간 이동과 정책적 시사점」, 산업연 구원.

김두순(2016), 「직업훈련과 노동이동: 훈련축적과 직종연계의 관점에서」, 한국고용정보원

김유선(2017), '한국의 청년 니트 특징과 경제적 비용', 「KLSI Issue Paper」, 제10호

김정홍 외(2010), 「지역경쟁력의 원천 및 특성에 관한 연구」, 산업연구원

김종욱(2016), '2016년 청년층 노동시장 특징', 「월간 노동리뷰」

김준영(2016), '청년인구의 지방유출과 수도권 집중', 「지역고용동향심층분 석」, 한국고용정보원

김중표(2009), 「경상북도 도시경쟁력 평가 기초연구」, 대구경북연구원

노광욱 외(2016), 「청년 정주도시 대구 아젠더 2017」, 대구광역시청년센터

대구광역시 청년센터(2017), 「2017년 청년정책 기본계획」

대구광역시(2016), 「2020 청년희망 대구－제1차 대구광역시 처연정책 기본 계획」

대구광역시(2017), 「청년 일자리 정책 인지도 및 선호도 조사」

대구광역시청년센터(2017), 「청년정책제도 선진국가 합동연수 결과보고」

대구사회연구소(2018), 「청년이 다시 쓰는 대구」, 대구 정체성 포럼

대구시(2018), 「지역 청년유출 현황 분석」, 대구시 청년정책과 내부자료.

대구직할시·대구경북연구원(2017) 「2016년 대구시 청년 실태조사」

류기락 외(2017), 「노동시장 이중구조화와 직업능력개발」, 한국직업능력개
　　　발원

박부명(2017), 「수도권 주택시장과 청년층의 인구이동 특성에 관한 연구」, 한
　　　양대학교 부동산융합대학원 석사학위 논문

박상우 외(2017), 「대경권 지역고용전략 연구보고서」, 경북인적자원개발위
　　　원회

박상우(2016), 「대구지역 고용·훈련 거버넌스 발전방향」, 대구상공회의소

신종각 외(2016), 「2016 대졸자직업이동경로조사 기초분석보고서」, 한국고용정
　　　보원

엄창옥·박우식(2014), '대구경북지역 노동시장의 구조적 특성에 관한 연구',
　　　「지역사회연구」, 22권, 3호, 한국지역사회학회

엄창옥 외(2011), '대구경북지역 인재유출 구조분석', 「한국지역경제연구」,
　　　18, 한국지역경제학회

엄창옥 외(2011), '지역인재 유출에 의한 경제력 유출 분석 – 대구·경북지역
　　　을 중심으로', 「산업경제연구」, 24권 4호, 한국산업경제학회

윤갑식(2015), '동남권의 지역간 인구이동 특성분석과 지역정책의 함의', 「한
　　　국지역개발학회지」, 제27권, 제2호

이규용 외(2016), 「청년층 지역노동시장 구조와 일자리 창출방안」, 한국노동연
　　　구원

이상림(2014), 「시·도단위 인구이동 유형과 지역 고령화」, 보건복지 포럼

이지민(2017), '대졸청년 니트족(NEET) 특징과 시사점', 「고용패널브리프」,
　　　여름호, 한국고용정보원

이찬영, 이흥후 (2016) '청년층의 지역간 인구이동 결정요인 분석과 전망',
　　　「경제연구」, Vol.34, No.4, 한국경제통상학회

이창무(2016), 「수도권 규제, 쟁점과 정책과제」, Keri 한국경제연구원

정서은(2017), 「집안배경이 청년층의 상향 노동이동에 미치는 영향 연구」, 연

세대학교 대학원 학위논문

조동훈·김민정(2017), 「강원도 청년층 인구의 유출과 정책과제」, 한국은행
강원본부

채창균 외(2017), 「한국형 청년보장제도 연구」, 한국직업능력개발원

채창균(2017), '청년 니트, 실태와 정책대안, 「청년니스 200만시대 무엇을
바꾸어야 하는가」, 서울시청년활동지원센터

최강식 외(2014), 「청년－중소기업 미스매치 완화를 위한 정책과제 연구」, 연세대
학교

최석현 외(2016), 「수도권 인구이동 요인과 고용구조 변화」, 경기연구원

최효철 외(2016), '대전·충남지역 청년층 노동시장 현황 및 정책과제', 「지역
경제조사연구」, 한국은행 대전충남본부

충남연구원(2018), 「인구감소시대 충남의 대응전략 모색 세미나」

통계청(2018), 「2017년 국내인구이동통계」, 통계청 사회통계국 인구동향과

황광훈(2017), '청년층 노동시장의 미스매치와 직장이동', 「고용이슈」, 한국
고용정보원.

황세영(2016), 「지속가능발전목표(SDGs) 달성을 위한 청소년 삶의 질 실태
및 지원방안 연구」, 한국청소년정책연구원

石倉義博(2009), 「地域からの転出と「Uターン」の背景」, 東大社研·玄
田有史·中村尚史編, 『希望学[3]希望をつなぐ─釜石からみた地域
社会の未来』, 東京大学出版会, pp. 205～236

石黒格·李永俊·杉浦裕晃·山口恵子(2012), 『「東京」に出る若者たち－社会·
社会関係·地域間格差』, ミネルヴァ書房(번역본: 『지역청년, 왜 떠나
는가』, 엄창옥 외, 박영사, 2014).

磯田則彦(2009), 「高等教育機関への進学移動と東京大都市圏への人口集中」,
『福岡大学人文論叢』, 41卷3号, pp. 1029～1052

江崎雄治·荒井良雄·川口太郎(1999), 「人口還流現象の実態とその要因
－長野県出身男性を例に－」, 『地理学評論』, 72A, pp. 645～667

江崎雄治·荒井良雄·川口太郎(2000), 「地方圏出身者の還流移動－長野
県および宮崎県出身者の事例－」, 『人文地理』, 52号, pp. 190～203

太田聰一·大日康史(1996), 「日本における地域間労働移動と賃金カーブ」, 『日

本経済研究』, 32号, pp. 111～132

太田聡一(2005), 「地域の中の若年雇用問題」, 『日本労働研究雑誌』, 539号, pp. 17
　　～33

太田聡一(2007), 「労働市場の地域間格差と出身地による勤労所得への影響」,
　　樋口美雄・瀬古美善・慶應義塾大学経商連携21世紀COE編, 『日本の家
　　計行動のダイナミズム[Ⅲ]－経済格差変動の実態・要因・影響』, 慶應義
　　塾大学出版会

大竹文雄(2009), 「人口減少の政治経済学」, 津谷典子・樋口美雄編, 『人口減
　　少と日本経済』, 日本経済新聞出版会

大谷剛・井川静恵(2011), 『非三大都市圏へのU・Iターンの促進とU・I
　　ターン者を活用した内発的雇用創出活性化に係る研究』, 労働政策
　　研究報告書, No.134, pp. 1～91

大谷剛(2012), 「U・Iターン時の仕事決定タイミングと正社員就職、報
　　酬、仕事上の満足度の関連」, JILPT Discussion Paper Series, 12－01

貴志匡博(2014), 「非都市圏出生者の東京圏転入パターンと出生県への帰還移
　　動」, 『人口問題研究』, 第70巻4号, pp. 441～460

玄田有史・大井方子・篠崎武久(2005), 「地域別に見た労働市場－労働移
　　動と賃金格差の視点から」, 『経済社会の構造変化と労働市場に関する調
　　査研究報告書』, 雇用能力開発機構・統計研究会, pp. 184～195

西野淑美(2009), 「釜石市出身者の地域移動とライフコース」, 東大社研・
　　玄田有史・中村尚史編, 『希望学[3]希望をつなぐ―釜石からみた地域社
　　会の未来』, 東京大学出版会, pp. 163～204

樋口美雄(1991), 『日本経済と就業行動』, 東洋経済新報社

増田寛也編著(2014), 『地方消滅―東京一極集中が招く人口急減』, 中公
　　新書

水野朝夫・小野旭(2004), 『労働の供給制約と日本経済』, 原書房

裴海善(2012), 「韓国の少子化と政府の子育て支援政策」, 『アジア女性研
　　究』, 第21号, pp. 24～41

李永俊・他(2015a), 「中南津軽地域住民の仕事と生活に関する調査報告書」, 弘
　　前大学地域未来創生センター

李永俊・他(2015b),「東青地域住民の仕事と生活に関する調査報告書」, 弘前
　　大学地域未来創生センター
李永俊・杉浦裕晃(2017),「地方回帰の決定要因とその促進策—青森県弘前市
　　の事例から—」,『フィナンシャルレビュー』, 第131号, 123〜143頁

Bjarnason, T. & Sigurdardottir, T.(2003), Psychological distress during unemployment
　　and beyond: socila support and material deprivation among youth in six
　　northen Europe countries, *Socila science & Medicine*, 56, pp. 973〜985
Eurofound(2012), NEETs-Young people not in employment, education or
　　training: Characteristics, costs and policy responses in Europe
Harris, J. R. and M. P. Todaro(1970), "Migration, Unemployment, and Development:
　　A Two Sector Analysis", American Economic Review, 60, pp. 126〜
　　142
OECD(2017), Youth not in employment, education or training(NEET)
　　(indicator), Retrieved September, 24, 7017 from http://data.oecd.org/.

〈부 록〉

■ 홋카이도   ■ 간사이 지방
□ 도호쿠 지방   ■ 주고쿠 지방
■ 간토 지방   ■ 시코쿠
■ 주부 지방   ■ 규슈/오키나와

1 홋카이도	2 아오모리 현	3 이와테 현
4 미야기 현	5 아키타 현	6 야마가타 현
7 후쿠시마 현	8 이바라키 현	9 도치기 현
10 군마 현	11 사이타마 현	12 지바 현
13 도쿄 도	14 가나가와 현	15 니가타 현
16 도야마 현	17 이시카와 현	18 후쿠이 현
19 야마나시 현	20 나가노 현	21 기후 현
22 시즈오카 현	23 아이치 현	24 미에 현
25 시가 현	26 교토 부	27 오사카 부
28 효고 현	29 나라 현	30 와카야마 현
31 돗토리 현	32 시마네 현	33 오카야마 현
34 히로시마 현	35 야마구치 현	
36 도쿠시마 현	37 가가와 현	
38 에히메 현	39 고치 현	
40 후쿠오카 현	41 사가 현	
42 나가사키 현	43 구마모토 현	
44 오이타 현		
45 미야자키 현		
46 가고시마 현		
47 오키나와 현		

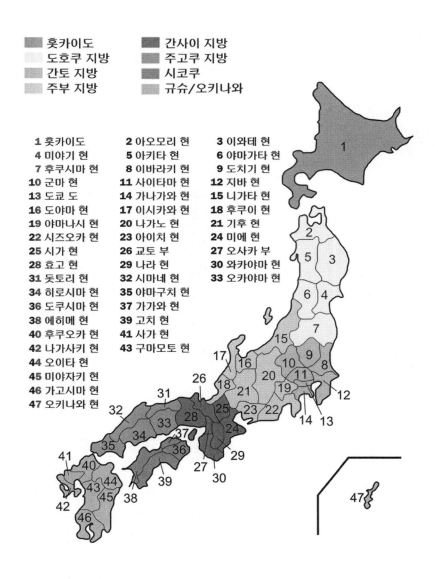

〈찾아보기〉

저자약력

엄창옥
1958년생, 경북대학교 대학원 경제학박사
현 경북대학교 경제통상학부 교수
일본 나고야대학 교환교수, 미국 웨스트버지니아대학 지역혁신연구소(RRI) 연구교수

〈저서〉
『20세기 자본주의』(한울) 공역, 『순환형사회형성의 정책과 제도』(시그마프레스) 공저, 『헨리조지: 100년만에 다시보다』(경북대학교 출판부) 공저, 『지역청년 왜 떠나는가』(박영사) 공역

노광욱
1958년생, 일본 동경공업대학 경제학박사
현 (재)지역개발연구원 원장
동경공업대학 객원연구원, (교협)지식과나눔 이사장, 영남대학교 연구교수

〈저서〉
『순환형사회형성의 정책과 제도』(시그마프레스) 공저, 『지역청년 왜 떠나는가』(박영사) 공역, 『아시아 지역경제 이렇게 잡아라』(동아출판사) 역서

박상우
1962년생, 경북대학교 대학원 경제학박사
현 경북대학교 경제통상학부 교수
미국 루이지에나 주립대학 연구교수
대구사회연구소 소장, 대구청년센터 센터장

〈저서〉
『순환형사회형성의 정책과 제도』(시그마프레스) 공저, 『지역청년 왜 떠나는가』(박영사) 공역, '도농순환을 통한 지역 내생적 발전에 관한 연구'(한국지역사회학회)

樋口義雄(히구치 요시오)

1952년생, 케이오대학원 상학연구과 박사과정 수료, 상학박사

현 일본 노동정책연구연수기구 이사장

미국 콜롬비아대학 경제학부 객원교수, 게이오대학 상학부 교수 역임

〈저서〉

『일본경제와 취업행동』 제34회 일본경제신문 경제도서문화상, 『고용과 실업의 경제학』 제42회 이코노미스트상 수상

太田聰一(오오타 소우이치)

1964년생, 경도대학 경제학부 졸업, 런던 스쿨 오브 이코노믹스(London School of Economics) 박사과정 수료, 런던 대학 Ph. D.

현 게이오대학 경제학부 교수

나고야대학 대학원 경제학연구과 교수

〈저서〉

『제조업의 기능(もの造りの技能)』, 『청년취업의 경제학』 제51회 이코노미스트상 수상

李永俊(이영준)

1968년생, 나고야대학 경제학부 졸업

나고야대학 대학원 경제학연구과 박사과정 수료, 경제학박사

현 히로사키대학 인문사회과학부 교수

〈저서〉

『동경으로 가는 젊은이들』(공저), 『동일본대재난으로 부터의 부흥 3부작』(일본도서협회 추천도서선정)

수도권과 지방 간의 인재순환: 일·여가·공간·사회적 자본의 밸런스
청년의 귀환

초판발행   2018년 10월 30일

지은이   엄창옥·노광욱·박상우·樋口義雄·太田聰一·李永俊
펴낸이   안종만

편 집   박송이
기획/마케팅   정성혁
표지디자인   권효진
제 작   우인도·고철민

펴낸곳   (주) **박영사**
               서울특별시 종로구 새문안로3길 36, 1601
               등록 1959. 3. 11. 제300-1959-1호(倫)
전 화   02)733-6771
f a x   02)736-4818
e-mail   pys@pybook.co.kr
homepage   www.pybook.co.kr
ISBN   979-11-303-0605-6 93320

정 가   18,000원